Das große Buch der Vornamen

W0278669

tosa

Zusammengestellt, ergänzt und erweitert von Mariella Leydolt

im Verlag Carl Ueberreuter Ges. m. b. H., Wien
Umschlag von Joseph Koó
Coverbild von Bildagentur Mauritius
Druck: CPI Moravia Books GmbH

www.tosa-verlag.com

Inhalt

Vorwort

Unser Name begleitet uns ein Leben lang und unterstreicht unsere einzigartige Persönlichkeit.

Viele Eltern möchten dieser Individualität ihres Kindes mit einem ganz besonderen Namen Nachdruck verleihen, der Sprössling soll sich schon durch seinen Vornamen von der Masse abheben. Dabei soll der Name auch noch wohlklingend sein und durch seine symbolische Aussagekraft dem Kind auf seinem Lebensweg Glück und Schutz oder ganz bestimmte Eigenschaften oder Fähigkeiten mitgeben. Es ist für werdende Eltern manchmal nicht ganz einfach, etwas Geeignetes zu finden, das zudem zum Familiennamen passt oder zu den Namen der Geschwister.

Dieses Buch soll die Namensfindung ein wenig erleichtern. Mehrere tausend Vornamen mit ihren Abwandlungen und Weiterbildungen sowie deren Abstammung und Bedeutung haben wir hier zusammengestellt - diese Neuauflage ist zudem aktualisiert und erweitert worden, nicht nur um zusätzliche 200 moderne und neue Namen, sondern auch um ein wichtiges Kapitel wie den ausführlichen Namenstagskalender. Außerdem haben wir für diese neue Ausgabe ein aktuelles Ranking der beliebtesten deutschen Kindernamen zusammengetragen sowie schräge Vornamen der Kinder diverser Prominenter (bei Ansteckungsgefahr bitte am örtlichen Standesamt erkundigen, ob der Name auch in Deutschland bzw. Österreich zugelassen ist!).

Auch erschien es uns wichtig, in Zeiten von Globalisierung und Zuwanderung eine beträchtliche Auswahl von Namen aus den verschiedensten Sprachräumen zusammenzustellen: europäische Namen ebenso wie afrikanische, arabische, japanische, indianische etc.

Dennoch sollten werdende Eltern bei der Namensgebung ihres Kindes folgende Dinge bedenken:

Ausgefallene Namen machen Kindern vor allem in jungen Jahren das Leben oft schwer. Kleine Menschen wollen nicht aufgrund ihres außergewöhnlichen Namens gehänselt oder Objekt von nicht immer netten Witzchen oder Reimen werden. Deshalb sollte der Name also auch für ein an die deutsche Sprache gewöhntes Ohr gut klingen und einfach auszusprechen sein sowie das Geschlecht des Kindes deutlich erkennbar machen (zur Not kann ein eindeutiger Zweitname herangezogen werden, z. B. Kai Peter).

Auch gibt es in der deutschen Sprache ein gewisses Klangmuster, das beachtet werden sollte.

So hört sich die Kombination von einsilbigen Vor- und Familiennamen ein wenig abgehackt an, z. B. Dirk Knapp. Bei dieser Verbindung kommt hinzu, dass der Vorname mit demselben Buchstaben endet, mit dem der Nachname beginnt. Das erschwert die fließende Aussprache und klingt mitunter recht hart. Ein sehr langer Vorname mit einem langen Familiennamen ist für den Namensträger hingegen oft sehr mühsam und umständlich, z. B. Marie-Antoinette Kreutzwiesner. Und wenn sich Vor- und Nachname reimen, kann das mitunter lächerlich wirken, z. B. Jasper Kasper, Alma Halma.

Bedenken Sie auch, dass ein Name für ein Kleinkind hübsch und niedlich, für einen Erwachsenen aber später oft zu kindlich sein kann.

Es gilt bei der Namensauswahl also ein paar Dinge zu berücksichtigen, aber wir hoffen, dass wir Ihnen mit unserem neuen Buch die Suche nach einem besonderen und schönen Namen für Ihr Kind erleichtern können, und dass Sie in unserer Auswahl aus mehr als 5000 Namen fündig werden.

Ihnen und Ihrem Kind wünschen wir für die Zukunft alles Gute!

Die 50 beliebtesten Jungennamen

1. Lukas/Lucas
2. Leon
3. Luca/Luka
4. Tim/Timm
5. Paul
6. Jonas
7. Finn/Fynn
8. Max
9. Niclas/Niklas
10. Luis/Louis
11. Felix
12. Maximilian
13. Philipp/Philip
14. Elias
15. Jan
16. Julian
17. Jannick/Jannik/Yannic
18. Yan(n)ick/Yanik
19. Noah
20. Simon
21. Moritz
22. Tom
23. Ben
24. Fabian
25. David
26. Jakob/Jacob
27. Nils/Niels
28. Florian
29. Erik/Eric
30. Nico/Niko
31. Alexander
32. Justin
33. Tobias
34. Marvin/Marwin
35. Kevin
36. Lennard/Lennart
37. Johannes
38. Linus
39. Sebastian
40. Julius
41. Daniel
42. Marc/Mark
43. Benjamin
44. Joël
45. Maurice
46. Rafael/Raphael
47. Colin/Collin
48. Pascal
49. Timo
50. Nick

Die 50 beliebtesten Mädchennamen

1. Anna
2. Leonie/Leoni
3. Lea/Leah
4. Lena
5. Hanna/Hannah
6. Laura
7. Lara
8. Emily/Emilie
9. Sara/Sarah
10. Lilli/Lilly/Lili
11. Nele/Neele
12. Emma
13. Mia
14. Julia
15. Sophie/Sofie
16. Alina
17. Amelie/Amely
18. Marie
19. Lisa
20. Louise/Luisa
21. Maja/Maya
22. Johanna
23. Lina
24. Sofia/Sophia
25. Chiara/Kiara
26. Angelina
27. Paula
28. Leni
29. Jule
30. Annika/Annica/Anika
31. Charlotte
32. Michelle
33. Jana
34. Vanessa
35. Katherina/Catharina
36. Clara/Klara
37. Jasmin/Yasmin
38. Emilia
39. Nina
40. Pia
41. Marlene/Marleen/Marlen
42. Emelie/Emely
43. Josefine/Josephine
44. Zoe
45. Antonia
46. Lucie/Lucy
47. Celina
48. Franziska
49. Melina
50. Maria

Die verrücktesten Vornamen von Promi-Kindern

Apple Rose (engl.; „Apfel", „Rose") – Gwyneth Paltrow & Chris Martin
Autumn (engl.; „Herbst") – Forest & Keisha Whitaker
Bluebell Madonna (engl.; „Glockenblume"; nach der Sängerin Madonna) – Geri Halliwell
Brooklyn (Stadtteil von New York) – Victoria & David Beckham
Chastity (engl.; „Keuschheit", „Reinheit") – Cher
Cheyenne Savannah – Uwe & Natascha Ochsenknecht
Cosma Shiva („Kosmos"; hinduistischer Gott: „der Gnädige; Gütige") – Nina Hagen
Cruz (span.; „Kreuz") – Victoria & David Beckham
Dandelion (engl.; „Löwenzahn") – Keith Richards
Daisy Boo (engl. Daisy = Gänseblümchen. Wahrscheinlich Mischform aus den Zeichentrickfiguren Daisy Duck und Betty Boo) – Jamie Oliver
Diego – Inés Sastre
Don Hugo – Franziska van Almsick
Duncan Zowie – Haywood Bowie – David Bowie
Dweezil – Frank Zappa
Elijah Bob Patricius – Guggi Q – Bono (U2)
Ella Bleu – John Travolta & Kelly Preston
Emma Tiger – Dana & Til Schweiger
Fifi Trixibelle – Bob Geldof & Paula Yates
Geronimo – Alex James (Blur)
Grier Hammond – Brooke Shields
Hazel Patricia – Julia Roberts
Heavenly Hiraani Tiger Lily – Michael Hutchence & Paula Yates
Henry Günther Ademola Dashtu Samuel – Heidi Klum & Seal
Hopper (nach dem Schauspieler Dennis Hopper) – Sean Penn & Robin Wright
Ireland (engl.; „Irland") – Kim Basinger & Alec Baldwin
Jade (Mineral; grüner Stein)– Mick & Bianca Jagger
Jaden Gil – Steffi Graf & André Agassi
Jayden James – Britney Spears
Jaz Elle – Steffi Graf & André Agassi
Jermajesty – Jermaine Jackson (Bruder von Michael Jackson)
Jett – John Travolta & Kelly Preston
Jimi Blue – Uwe & Natascha Ochsenknecht
Johan Riley Fyodor Taiwe Samuel – Heidi Klum & Seal
Kal-El Coppola (Geburtsname von Superman; nach dem Regisseur Francis Ford Coppola) – Nicolas Cage & Alice Kim
Kingston – Gwen Stefani & Gavin Rossdale
Kyd Miller – David Duchovny
Leni – Heidi Klum und Flavio Briatore
Liam Tai – Ursula Karven
Lila Grace – Kate Moss
Lilli Camille – Dana & Til Schweiger
Lily Rose Melody (engl.; „Lilie Rose

Melodie") – Johnny Depp & Vanessa Paradis
Lourdes (nach einem franz. Wallfahrtsort) – Madonna
Luna – Dana & Til Schweiger
Maddox – Angelina Jolie & Brad Pitt
Madelaine West – David Duchovny
Michael („Mickey") – (Tochter!) von Sting
Miller Alasdair James Willis – Stella McCartney
Milo – Liv Tyler & Royston Langdon
Misty Kyd – Sharleen Spiteri
Moon Unit – Frank Zappa
Moses – Gwyneth Paltrow & Chris Martin
Nicita Caja Floria – Jessica Stockmann
Ocean (engl.; „Meer", „Ozean") – Forest & Keisha Whitaker
Paris Michael Katherine – Michael Jackson
Pax Thien (lat.; „Frieden"; vietnam.; „Himmel") – Angelina Jolie & Brad Pitt
Peaches Honeyblossom (engl.; „Pfirsiche", „Honigblüte") – Bob Geldof & Paula Yates
Phinnaeus Walter – Julia Roberts
Pilot Inspektor – Jason Lee und Beth Riesgraf
(Little) Pixie (engl.; „kleine Fee", „kleiner Kobold") – Bob Geldof & Paula Yates
Poppy Honey (Mohnblumenhonig) – Jamie Oliver
Prince Michael – Michael Jackson
Prince Michael II – Michael Jackson
Rocco – Madonna & Guy Richie
Romeo – Victoria & David Beckham
Rowan Francis – Brooke Shields
Ruby Sweetheart (engl.; „Rubin(rot)", „Liebste bzw. Schätzchen") – Tobey Maguire & Jennifer Meyer
Rufus Tiger – Roger Taylor (Queen)
Rumer Glenn – Demi Moore & Bruce Willis
San Diego (Stadt in Kalifornien) – Verona Feldbusch & Franjo Pooth
Scout LaRue (engl.; „Pfadfinder", franz.; „die Straße") – Demi Moore & Bruce Willis
Sean Preston – Britney Spears
Shiloh Nouvel (kleine Stadt in Israel oder aus dem Hebräischen: „der Gesandte"; franz.; „neu(artig") – Angelina Jolie & Brad Pitt
Sonnet – Forest & Keisha Whitaker
Suri (unkorrekte Übersetzung aus dem Hebräischen „Prinzessin"; im Japanischen auch „Taschendieb") – Katie Holmes & Tom Cruise
Tallulah Belle – Demi Moore & Bruce Willis
Theodora Augusta – Keith Richards
True (engl. „wahr") – Forest & Keisha Whitaker
Violet (engl.; „Veilchen") – Ben Affleck & Jennifer Garner
Wilson Gonzales – Uwe & Natascha Ochsenknecht
Zahara (nach der afrikan. Wüste) – Angelina Jolie & Brad Pitt

Jungen
von A bis Z

A

Aaron
Aus dem Hebräischen. In der Bibel war Aaron der ältere Bruder des Moses. Bedeutung: „der Erleuchtete".

Abbas
Aus dem Arabischen. Bedeutung: „düster".

Abbe, Abbo
Kurzform von Namen, die mit „Adal-" beginnen. Z. B.: Adalbert. Vermutlich aus dem Ostfriesischen.

Abdul
Auch: Abdullah. Aus dem Arabischen. Bedeutung: „Knecht; Diener (Gottes)".

Abel
Aus dem Hebräischen. In der Bibel war Abel der zweite Sohn Adams und Evas, der von seinem Bruder Kain erschlagen wurde. Bedeutung: „Hauch, Vergänglichkeit".

Abi
Kurzform von Abraham. Oder aus dem Türkischen mit der Bedeutung: „älterer Bruder".

Abraham
Aus dem Hebräischen. In der Bibel war Abraham der Stammvater des Volkes Israel. Bedeutung: „erhabener Vater; Vater der Menge".

Abrahán
Spanische Form von →Abraham.

Abramo
Auch: Abrahamo. Italienische Form von →Abraham.

Absalom
Auch: Absalon oder Abschalom. Aus dem Hebräischen. In der Bibel war Absalom der Sohn Davids. Bedeutung: „Vater des Friedens".

Achaz
Auch: Achatz. Aus dem Hebräischen „achaz" oder dem Lateinischen „Achatius" oder „Achatus". Bedeutung: „der Herr besitzt".

Achill
Auch: Achilles oder Achilleas. Aus dem Griechischen, wahrscheinlich nach dem Schloss „Achilleion" auf der griechischen Insel Korfu. Achilles war der Sagenheld im Trojanischen Krieg.

Achille
(sprich: aschil). Französische Form von →Achill.

Achille
(sprich: akile). Italienische Form von →Achill.

Achim
Kurzform von →Joachim.

Achmed
Auch: Ahmed oder Ahmet. Aus dem Arabischen.
Bedeutung: „der Preiswürdige; der Lobenswerte".

Acke
Schwedische Form von →Axel.

Adalbert
Auch: Adelbert, Adalbero, Adelbrecht, Adalbrecht. Aus dem Althochdeutschen. Bedeutung: adal = „edel; vornehm" und beraht = „glänzend".

Adalbrand
Auch: Adelbrand, Aldebrand, Albrand. Aus dem Althochdeutschen. Bedeutung: adal = „edel; vornehm" und brant = „Brand; flammendes Schwert".

Adalfried
Auch: Alfried. Aus dem Althochdeutschen. Bedeutung: adal = „edel; vornehm" und fridu = „Friede; Schutz vor Waffengewalt".

Adalger
Auch: Adelger, Elger. Aus dem Althochdeutschen. Bedeutung: adal = „edel; vornehm" und ger = „Speer".

Adalhard
Auch: Adalhart, Adelhard. Aus dem Althochdeutschen. Bedeutung: adal = „edel; vornehm" und harti = „hart; stark".

Adalhelm
Auch: Adelhelm, Aldhelm, Adhelm. Aus dem Althochdeutschen. Bedeutung: adal = „edel; vornehm" und helm = „Helm".

Adalmar
Auch: Adelmar, Aldemar.
Aus dem Althochdeutschen. Bedeutung: adal = „edel; vornehm" und mari = „berühmt".

Adalrich
Auch: Adelrich, Alderich. Aus dem Althochdeutschen. Bedeutung: adal = „edel; vornehm" und rihhi = „mächtig; reich".

Adalwin
Auch: Adelwin. Aus dem Althochdeutschen. Bedeutung: adal = „edel; vornehm" und wini = „Freund".

Adam
Wahrscheinlich aus dem Hebräischen. Bedeutung: „der von (adamah =) roter Erde genommene Mensch". Eventuell aber auch aus dem Sumerischen „adamu" (= mein Vater), oder aus dem Assyrischen „admu" (mein Kind). In der Bibel war Adam der von Gott aus Lehm geschaffene erste Mensch, Vater der Menschheit.

Adamo
Italienische Form von →Adam.

Adan
Spanische Form von →Adam.

Adao
Portugiesische Form von →Adam.

Addi
Auch: Addy. Kurzform von Namen, die mit „Ad(al)- oder Ad(el)-" beginnen.

Addo
Auch: Ado. Kurzform von Namen, die mit „Ad(al)- oder Ad(el)-" beginnen. Meistens Koseform von →Adolf.

Adelar
Aus dem Althochdeutschen. Bedeutung: adal = „edel; vornehm" und aro = „Adler".

Adlai
Aus dem Hebräischen. Bedeutung: „mein Zeuge; meine Zier".

Adolf
Aus dem Althochdeutschen, von „Adalwolf". Bedeutung: „edler Wolf".

Adolfo
Italienische und Spanische Form von →Adolf.

Adolph
Englische Form von →Adolf.

Adolphe
Französische Form von →Adolf.

Adom
Aus dem Afrikanischen (Ghana). Bedeutung: „Hilfe Gottes".

Adonis
Aus dem Griechischen. In der griechischen Mythologie war Adonis der schöne Jüngling, der Geliebte der Göttin Aphrodite.

Adriaan
Niederländische Form von →Adrian.

Adrian
Auch: Arian. Aus dem Lateinischen, von Hadrian oder (H)adrianus. Bedeutung: „Mann aus der Stadt (H)adria". (Stadt südlich von Venedig).

Adrián
Spanische Form von →Adrian.

Adriano
Italienische Form von →Adrian.

Adriel
Aus dem Hebräischen. Bedeutung: „von der Gemeinde Gottes; Gottes Erhabenheit".

Adrien
Französische Form von →Adrian.

Aegid
Auch: Aegidius, andere Form von →Ägid.

Aemilian
Andere Form von →Emil.

Afanassi
Auch: Afanassij. Russische Formen von →Athanasius.

Affonso
Portugiesische Form von →Alfons.

Ägid
Auch: Ägidius, Egid, Egidius. Aus dem Griechischen. Bedeutung: „Schutzmantel des Zeus; Schild des Zeus".

Agathon
Aus dem Altgriechischen. Bedeutung: „das Gute", „das Gut".

Agil
Auch: Agilo. Kurzform von Namen, die mit „Agil-" beginnen.

Agilbert
Auch: Eilbert. Aus dem Althochdeutschen. Bedeutung: ekka = „Schwert" und beraht = „glänzend".

Agilhard
Aus dem Althochdeutschen. Bedeutung: ekka = „Schwert" und harti = „hart".

Agilolf
Auch: Agilulf, Aigolf. Aus dem Althochdeutschen. Bedeutung: ekka = „Schwert" und wolf = „Wolf".

Agimar
Auch: Egilmar, Agimo. Aus dem Althochdeutschen. Bedeutung: ekka = „Schwert" und mari = „berühmt".

Agimund
Auch: Agemund. Aus dem Althochdeutschen. Bedeutung: ekka = „Schwert" und munt = „Schutz".

Agin
Kurzform von Namen, die mit „Agi(n)-" beginnen.

Aginald
Auch: Ayold, Eginald, Agenald, Agiwald. Aus dem Althochdeutschen. Bedeutung: ekka = „Schwert" und waltan = „walten, herrschen".

Aginolf
Auch: Aginulf. Aus dem Althochdeutschen. Bedeutung: ekka = „Schwert" und wolf = „Wolf".

Agnolo
Italienische Nebenform von →Angelus.

Ago
Auch: Agi. Kurzform von Namen, die mit „Agi-" beginnen.

Agostin
Spanische Form von →August.

Agostino
Italienische Form von →August.

Agu
Aus dem Afrikanischen (Nigeria). Bedeutung: „der Leopard".

Ahanu
Aus dem Indianischen. Bedeutung: „der Lachende".

Ahasver
Aus dem Hebräischen. Bedeutung: „der Hauptkönig; Großfürst; Löwenkönig".

Ahmed
Auch: Ahmet. Arabische bzw. türkische Form von →Achmed.

Ahmik
Aus dem Indianischen. Bedeutung: „Biber" (Symbol für Geschicklichkeit).

Aidan
Aus dem Irischen. Bedeutung: „der kleine Feurige".

Aiko
Auch: Eike, Eiko. Aus dem Niederdeutschen. Kurzform von Namen, die mit „Ecke" oder „Eg-" beginnen.

Ailbert
Schottische Form von →Adalbert.

Ailfrid
Irische Form von →Alfred.

Aimo
Finnische Form von →Achaz.

Ainers
Friesische Form von →Andreas.

Akash
Aus dem Indischen. Bedeutung: „der Himmel".

Akim
Russische und Niederdeutsche Form von →Joachim.

Akin
Aus dem Afrikanischen (Nigeria). Bedeutung: „der Heldenhafte; der Tapfere".

Akshar
Aus dem Indischen. Bedeutung: „der Unvergängliche".

Aksel
Dänische Form von →Axel.

Al
Amerikanische Kurzform von →Alfred.

Aladdin
Aus dem Arabischen. Bedeutung: „die beste aller Religionen".

Aladar
Aus dem Ungarischen. Bedeutung: wahrscheinlich von „vladár" = „der Herrscher".

Alain
Französische Form von →Alan.

Alajos
Ungarische Form von →Alois.

Alan
Auch: Allan, Allen. Aus dem Keltischen, wahrscheinlich vom lateinischen „Alanus" (Namen des kaukasischen Bergvolkes der Alanen); oder aus dem Irischen mit der Bedeutung: „der Schöne; der Fröhliche"; oder aus dem Bretonischen mit der Bedeutung : „Friede; Fels".

Alani
Aus dem Hawaiischen. Bedeutung: „Orange; Orangenbaum". (Auch als weibl. Vorname möglich!)

Alard
Andere Form von →Adalhard.

Alarich
Aus dem Althochdeutschen. Bedeutung: alah = „Heiligtum" und rihhi = „mächtig; reich; Herrscher".

Alasdair
Auch: Allister. Schottische Formen von →Alexander.

Alban
Auch: Albanus. Aus dem Lateinischen. Bedeutung: „Mann aus Alba" (Mittelitalien).

Alberad
Andere Form von →Alfrad.

Alberich
Aus dem Althochdeutschen. Bedeutung: alb = „Naturgeist" und rihhi = „mächtig; reich; Herrscher".

Albero
Auch: Adalbero. Aus dem Althochdeutschen. Bedeutung: adal = „edel; vornehm" und bero = „Bär".

Albert
Kurzform von →Adalbert.

Alberto
Italienische Form von →Albert bzw. Adalbert.

Albin
Aus dem Lateinischen. Bedeutung: albus = „weiß".

Alboin
Auch: Albuin. Aus dem Althochdeutschen. Bedeutung: alb = „Naturgeist" und wini = „Freund".

Albrand
Andere Form von →Adalbrand.

Albrecht
Andere Form von →Adalbert, Adalbrecht.

Albwin
Andere Form von →Alboin, Albuin.

Aldemar
Andere Form von →Adalmar.

Alderich
Auch: Alderk (friesische Form). Andere Formen von →Adalrich.

Aldhelm
Andere Form von →Adalhelm.

Aldiger
Andere Form von →Adalger.

Aldo
Italienische Kurzform von Adalbrando →Adalbrand.

Aldous
Aus dem Englischen. Bedeutung: „altes Haus; alt".

Alec
Auch: Alick. Englische Kurzform von →Alexander.

Aleko
Bulgarische Kurzform von →Alexander.

Aleksandar
Serbokroatische Form von →Alexander.

Alekseji
Auch: Alexej. Russische Formen von →Alexander.

Alessandro
Italienische Form von →Alexander.

Alessio
Italienische Kurzform von Alessandro.

Alex
Kurzform von →Alexander.

Alexander
Aus dem Griechischen. Bedeutung: alé-xo, alexein = „schützen; verteidigen" und andrós = „Mann".

Alexandr
Auch: Aleksandr. Russische Formen von →Alexander

Alexandre
Französische Form von →Alexander

Alexandros
Neugriechische Form von →Alexander

Alexis
Kurzform von →Alexandros. (Auch als weiblicher Vorname möglich!)

Alexius
Kurzform von →Alexandros.

Alf
Kurzform von Namen, die mit „Alf-" beginnen. Auch Kurzform von →Adolf.

Alfons
Auch: Alphons. Aus dem Althochdeutschen, ursprünglich Adalfuns. Bedeutung: adal = „edel" und funs = „eifrig; bereit".

Alfonso
Italienische Form von →Alfons.

Alfrad
Aus dem Althochdeutschen. Bedeutung: alb, alf = „Naturgeist" und rat = „Ratgeber".

Alfred
Andere Form von →Alfrad.

Alfried
Kurzform von →Adalfried.

Alger
Auch: Alker. Aus dem Westfriesischen. Bedeutung: adal = „edel" und ger = „Speer".

Alhard
Auch: Alhart. Kurzform von →Adalhard.

Ali
Kurzform von Namen, die mit „Al-" bzw. „Adel-" beginnen. Oder aus dem Arabischen, mit der Bedeutung: „der Erhabene; der Edle".

Alick
Englische Kurzform von →Alexander.

Alik
Russische Kurzform von →Alexander oder →Albert.

Alim
Aus dem Arabischen. Bedeutung: „der Gebildete; der Weise".

Alja
Russische Verkleinerungsform von verschiedenen Vornamen. Meistens von →Alexander. (Auch als weibliche Koseform möglich!)

Aljoscha
Russische Koseform von →Alexander bzw. Alexandr.

Allan
Andere Form von →Alan.

Allrich
Andere Form von →Adalrich.

Almar
Andere Form von →Adalmar.

Almerich
Andere Form von →Amalrich.

Almeric
Englische Form von →Amalrich.

Aloin
Französische Form von →Alwin.

Alois
Auch: Aloisius, Aloys, Aloysius. Romanische Formen des althochdeutschen „Alwisi". Bedeutung: „Vollkommen weise".

Aloisio
Auch: Luigi. Italienische Form von →Alois.

Alon
Aus dem Hebräischen. Bedeutung: „Eiche".

Alonso
Spanische Form von →Alfons.

Aloyse
Auch: Louis. Französische Form von →Alois.

Alphonse
Französische Form von →Alfons.

Alrich
Auch: Alrik, Alrike. Kurzformen von →Adalrich.

Alsandair
Schottische Form von →Alexander.

Altfried
Auch: Aldefried. Andere Form von →Adalfried.

Alto
Friesische Form von Altmann bzw. Kurzform von Namen, die mit „Alde-" oder „Adal-" beginnen.

Altman
Auch: Altmann. Aus dem Althochdeutschen. Bedeutung: adal = „edel" und man = „Mann".

Aluino
Spanische Form von →Alwin.

Alvar
Aus dem Schwedischen. Bedeutung: elva = „Elfe; Naturgeist" und här = „Herr".

Alvaro
Aus dem Spanischen, wahrscheinlich germanischer Herkunft (auch: Alwart). Bedeutung: al(a) = „all; ganz" und wart = „Hüter".

Alvis
Andere Form von →Elvis.

Alwin
Kurzform von →Adalwin.

Alwyn
Englische Form von →Alwin.

Amadeo
Italienische Form von →Amadeus.

Amadeus
Aus dem Lateinischen. Bedeutung: ama = „liebe!" (von amare = lieben) und deus = „Gott".

Amalrich
Auch: Emelrich.
Bedeutung: Amaler = ostgotisches Königshaus oder amal (got.) = „tapfer" und rihhi (althochdt.) = „reich; mächtig".

Amandus
Auch: Amand. Aus dem Lateinischen. Bedeutung: amandus = „liebenswürdig".

Amatus
Aus dem Lateinischen. Bedeutung: „der Geliebte".

Ambrosius
Auch: Ambros; Ambrogio, Ambrosio (ital.); Ambroise (franz.); Ambrose (engl.). Aus dem Griechischen.
Bedeutung: „der Unsterbliche; der Göttliche".

Amédé
Französische Form von →Amadeus.

Amelios
Aus dem Griechischen. Bedeutung: „der Sorgenfreie".

Amerigo
Auch: Emerico. Italienische Form von →Amalrich.

Amir
Aus dem Arabischen. Bedeutung: „Prinz".

Amon
Aus dem Griechischen. Bezeichnung für den ägyptischen Sonnengott. Aus dem Hebräischen mit der Bedeutung: „geschickter Arbeiter".

Amor
Aus dem Lateinischen. Bedeutung: „Liebe". In der römischen Mythologie der Gott der Liebe.

Amos
Aus dem Hebräischen. Bedeutung: „der von Gott Getragene".

Anakin
Der junge Darth Vader aus Star Wars.

Anastas
Auch: Anastasius. Aus dem Griechischen. Bedeutung: „der Auferstandene".

Anastasio
Italienische Form von →Anastas.

Anatol
Aus dem Griechischen. Bedeutung: „der aus Anatolien (Land, in dem die Sonne aufgeht)".

Anatole
Französische Form von →Anatol.

Anatolij
Russische Form von →Anatol.

Anders
Skandinavische Form von →Andreas.

Andor
Ungarische Nebenform von →András.

András
Ungarische Form von →Andreas.

André
Französische Form von →Andreas.

Andrea
Italienische Form von →Andreas.

Andreas
Aus dem Griechischen. Bedeutung: „der Mannhafte".

Andrees
Auch: Andres, Andris. Niederländische Form von →Andreas.

Andrej
Auch: Andrei (russ.). Slawische Form von →Andreas.

Andrew
Englische Form von →Andreas.

Andro
Slawische Kurzform von →Andreas.

Andrzej
Polnische Form von →Andreas.

Andy
Englische und ungarische Kurzform von →Andreas.

Angelikus
Aus dem Lateinischen. Bedeutung: „der Engelgleiche".

Angelino
Italienische Verkleinerungsform von →Angelo.

Angelo
Italienische Form von →Angelus.

Angelus
Aus dem Lateinischen bzw. Griechischen. Bedeutung: „Bote Gottes; Verkündiger".

Angus
Aus dem Schottischen vom irischen Gott „Oengus".

Anil
Aus dem Indischen. Bedeutung: „Wind".

Anjo
Bulgarische Sonderform von →Angelus.

Annan
Aus dem Afrikanischen. Bedeutung: „der Viertgeborene".

Anno
Meist Kurzform von Namen, die mit „arn-" zusammengesetzt sind.

Anselm
Auch: Anshelm. Aus dem Althochdeutschen. Bedeutung: ans = „Gott (Ase)" und helm = „Schutz".

Anselmo
Italienische, spanische und portugiesische Form von →Anselm.

Answald
Aus dem Althochdeutschen. Bedeutung: ans = „Gott" und waltan = „walten; herrschen". Andere Form von →Oswald.

Antal
Ungarische Form von →Anton.

Ante
Slawische Kurzform von →Anton.

Antek
Slawische Koseform von →Anton.

Anthony
Englische Form von →Anton.

Antoine
Französische Form von →Anton.

Anton
Aus dem Lateinischen. Name der altrömischen Familie der Antonier.

Antonello
Italienische Verkleinerungsform von →Anton.

Antonín
Tschechische Form von →Anton.

Antoninus
Verkleinerungsform von →Anton.

Antonio
Italienische Form von →Anton.

Anup
Aus dem Indischen. Bedeutung: „der Unvergleichliche".

Anzo
Italienische Kurzform von →Anselmo.

Apollinaris
Lateinische Form von →Apollonius.

Apollonius
Aus dem Griechischen. Bedeutung: „dem Gott Apoll geweiht".

Apostolos
Aus dem Griechischen. Bedeutung: „Apostel (Sendebote)".

Araldo
Italienische Form von →Harold.

Aralt
Irische Form von →Harold.

Archibald
Englische bzw. Neuform von →Erkenbald.

Arduin
Auch: Arduino. Italienische Formen von →Hartwin

Arend
Auch: Arent. Kurzformen von Namen, die mit „Arn-" (= Adler) beginnen.

Ari
Aus dem Hebräischen. Bedeutung: „Löwe".

Arian
Niederländische Form von →Adrian.

Aribert
Französische Form von →Herbert.

Arif
Aus dem Arabischen: „der Gebildete".

Arik
Russische Kurzform von Alberik bzw. →Alberich, aber auch anderen russischen Vornamen.

Aristid
Auch: Aristide. Aus dem Griechischen. Bedeutung: aristos = „Bester; Vornehmster" und eidos = „Ansehen; Gestalt".

Aristoteles
Auch: Aristotelis. Aus dem Griechischen.

Bedeutung: aristos = „Bester; Vornehmster" und telos = „Ziel".

Arke
Auch: Arko. Niederländische Kurzform von Namen, die mit „Arn-" beginnen.

Arkadius
Aus dem Lateinischen. Bedeutung: „Mann aus Arkadien".

Armand
Auch: Armant. Neuere französische Form von „Harmand" →Hartmann bzw. →Hermann.

Armando
Italienische Form von →Hermann.

Armin
Auch: Arminius. Lateinische Form eines Irmin-Namens. Irmin war ein germanischer Stammesgott.

Arnaldo
Italienische Form von →Arnold.

Arnaud
Französische Form von →Arnold.

Arnd
Auch: Arndt, Arnt, Arne. Nordische Kurzformen von Namen, die mit „Arn-" (= Adler) beginnen.

Arnfred
Zusammenstellung aus →Arnfried und →Alfred.

Arnfried
Aus dem Althochdeutschen. Bedeutung: arn = „Adler" und fridu = „Friede".

Arnhelm
Aus dem Althochdeutschen. Bedeutung: arn = „Adler" und helm = „Schutz".

Arniko
Kurzform von Namen, die mit „Arn-" beginnen oder ungarische Kurzform von →Arnold.

Arnim
Eventuell ursprünglich entstanden aus Ortsnamen bei Potsdam, oder auch Umkehrung des Vornamens →Armin.

Arno
Kurzform von Namen, die mit „Arn-" beginnen. Meistens von →Arnold.

Arnold
Auch: Arnolt, Arnhold. Aus dem Althochdeutschen. Bedeutung: arn = „Adler" und waltan = „walten; herrschen".

Arnoldo
Italienische Form von →Arnold.

Arnoul
Französische Fom von →Arnulf.

Arnulf
Aus dem Althochdeutschen. Bedeutung: arn = „Adler" und wulf = „Wolf".

Arnwald
Aus dem Althochdeutschen. Bedeutung: arn = „Adler" und waltan = „walten; herrschen".

Aron
→ Aaron

Arpad
Aus dem Ungarischen. Bedeutung: „Gerstenkorn".

Art
Amerikanische Kurzform von →Artur.

Artur
Auch: Arthur, Artus. Wahrscheinlich aus dem Keltischen. Bedeutung: „Stein" oder „Bär".

Arturo
Italienische Form von →Artur.

Arwed
Auch: Arvid, Arved. Skandinavisch, ursprünglich aus dem Althochdeutschen. Bedeutung: arn = „Adler" und vidh = „weit (umher)" oder „Wald".

Arwen
Elbe aus Herr der Ringe.

Asa
Aus dem Hebräischen. Bedeutung: „Arzt".

Asbjörn
Aus dem Schwedischen. Bedeutung: ans = „Gott (Ase)" und björn = „Bär".

Aschwin
→ Aswin.

Askan
Auch: Ascan(ius). →Aswin.

Asmus
Kurzform von →Erasmus.

Aswin
Auch: Aschwin, Ascwin, Askwin. Aus dem Althochdeutschen. Bedeutung: ask = „Esche" und wini = „Freund".

Athanasius
Aus dem Griechischen. Bedeutung: „der Unsterbliche".

Attila
Aus dem Althochdeutschen. Bedeutung: „Väterchen".

Aubert
Französische Form von →Adalbert.

Aubry
Französische Kurzform von →Oberon.

August
Auch: Augustus. Aus dem Lateinischen. Bedeutung: „der Erlauchte; der Erhabene".

Augustin
Auch: Augustinus. Aus dem Lateinischen. Weiterbildung von →August.

Aurelian
Auch: Aurelianus, Aurelius, Aurel. Aus dem Lateinischen. Bedeutung: röm. Geschlechtername Aurelius; aureolus = „aus Gold gemacht".

Aurelio
Italienische Form von →Aurelian.

Aureus
Aus dem Lateinischen. Bedeutung: „golden; aus Gold".

Austen
Niederdeutsche Form von →August.

Austin
Englische Form von →August.

Ava
Russiche Kurzform von →August.

Avi
Aus dem Hebräischen. Bedeutung: „mein Vater; mein Gott".

Avidan
Aus dem Hebräischen. Bedeutung: „Gott ist gerecht".

Awa
Auch: Awe, Awo. Aus dem Althochdeutschen. Bedeutung: awa = „Wasser; Strom".

Axel
Auch: Aksel (dän.); Acke (schwed.). Norddeutsche Umwandlung des biblischen →Absalom.

Ayhan
Aus dem Türkischen. Bedeutung: „Mond; Oberhaupt".

Aye
Auch: Ayk, Ayke, Ayko. Friesische Kurzformen von Namen, die mit „Agi-" und „Ago-" (= Schwertspitze) beginnen.

Ayold
Friesische Vornamen, wahrscheinlich Abwandlung von →Aginald.

Azius
Kurzform von →Bonifatius, →Servatius, →Pankratius.

Azmi
Aus dem Arabischen. Bedeutung: „fest entschlossen; bestrebt".

Azo
Auch: Azzo, Azzing, Ezzo (ital.). Friesische Kurzformen von Namen, die mit „Ad-" beginnen.

Azrael
Einer der vier Erzengel (Todesengel) aus dem Koran.

B

Bado
Aus dem Nordischen. Bedeutung: „Kämpfer".

Bahne
Auch: Bane, Baan, Banne, Bannert, Bantje. Friesische Kurzformen, meistens von Namen, die mit „Ban-" oder „Bon-" beginnen. Wahrscheinlich aus dem Althochdeutschen. Bedeutung: ban, bon = „Aufgebot; Bann".

Baldebert
Aus dem Althochdeutschen. Bedeutung: bald = „mutig; kühn" und beraht = „glänzend".

Baldemar
Aus dem Althochdeutschen. Bedeutung: bald = „mutig; kühn" und mari = „berühmt".

Baldfried
Auch: Baltfried. Aus dem Althochdeutschen. Bedeutung: bald = „mutig; kühn" und fridu = „Friede".

Baldo
Friesische Kurzform von Namen, die mit „Bald-" beginnen. Italienische Kurzform von →Rambaldo und →Ubaldo.

Baldomar
Aus dem Althochdeutschen. Bedeutung: bald = „kühn" und mari = „berühmt".

Baldovino
Italienische Form von →Baldwin.

Baldram
→ Baltram.

Balduin
→ Baldwin.

Baldur
Nach dem altnordischen Gott des Lichts „Baldr".

Baldus
Kurzform von →Sebaldus bzw. →Sebald.

Baldwin
Auch: Baldewin, Balduin. Aus dem Althochdeutschen. Bedeutung: bald = „kühn" und wini = „Freund".

Balin
Aus dem Indisch-Pakistanischen. Bedeutung: „mächtiger Soldat".

Balte
Auch: Baltus. Meist Kurzform von Namen, die mit „Bald-" beginnen.

Balthasar
Biblischer Name babylonischer Herkunft mit der Bedeutung: „Gott (Bel; Baal) schütze den König".

Balthes
Kurzform von →Balthasar

Baltram
Aus dem Althochdeutschen. Bedeutung: bald = „kühn" und hraban = „Rabe".

Bantus
Aus dem Afrikanischen. Bedeutung: „Menschen".

Bao
Aus dem Chinesischen. Bedeutung: „Schatz".

Baptist
Auch: Baptiste (franz.), Battista (ital.). Aus dem Griechischen. Bedeutung: baptistes = „Täufer".

Bardo
Kurzform von →Bardolf

Bardolf
Auch: Bardulf. Aus dem Althochdeutschen. Bedeutung: barta = „Streitaxt" und wolf, wulf = „Wolf".

Barnabas
Auch: Barnabe (engl.), Barnabé (franz.), Barnaby (engl.), Barnebás (span.). Biblischer Name aramäischer Herkunft mit der Bedeutung: barnabia = „Sohn der (tröstenden) Weissagung".

Barnd
Friesische Form von →Bernd.

Barnet
Englische Form von →Bernhard.

Barney
Auch: Barny. Englische Koseformen von →Barnabas.

Barromeo
Auch: Borromeo. Kurzformen von →Bartholomäus.

Bart
Auch: Barthel, Bartel. Kurzform von →Bartholomäus.

Barthold
Neuere Form von →Berthold.

Bartholomäus
Auch: Bartholomé (franz.), Bartholomew (engl.), Bartolomeo (ital.), Bartosz (ungar.). Biblischer Name aramäischer Herkunft mit der Bedeutung: Bar Tolmai = „Sohn des Tolmai (Verwegenen)".

Baruch
Aus dem Hebräischen. Bedeutung: „der Gesegnete".

Basilius
Auch: Basil (engl.), Basilio (ital.). Aus dem Griechischen. Bedeutung: „der Königliche".

Bassam
Aus dem Arabischen. Bedeutung: „der Lächelnde".

Bastian
Auch: Bastien (franz.). Kurzform von →Sebastian.

Batiste
Französische Form von →Baptist.

Battista
Italienische Form von →Baptist.

Baudouin
Französische Form von →Baldwin bzw. →Balduin.

Beagan
Aus dem Irisch-Gälischen. Bedeutung: „der Kleine".

Bean
Friesische Kurzform von →Bernhard.

Beat
Auch: Beath, Beato. Schweizerische Kurzform von →Beatus

Beatus
Aus dem Lateinischen. Bedeutung: „der Glückliche; der Glückselige".

Beda
Auch: Bede. Aus dem Altenglischen keltischen Ursprungs. (Der heilige Beda „Venerabilis" war der Vater der englischen Kirchengeschichte).

Bedrich
Tschechische Form von →Friedrich.

Bekir
Aus dem Türkischen. Bedeutung: „rein; unberührt".

Béla
Ungarische Kurzform von →Abel oder →Adalbert oder ungarische Koseform von bél = „Herz".

Beltrán
Spanische Form von →Bertram.

Ben
Auch: Bene, Beno, Benno. Kurzform von →Benjamin oder →Bernhard. Oder aus dem Hebräischen von ben = „Sohn".

Bendicht
Auch: Benedicht. Neuere schweizerische Form von →Benedikt.

Bendiks
Auch: Bendix. Friesische Kurzformen von →Benedikt.

Benedek
Ungarische Form von →Benedikt.

Benedetto
Italienische Form von →Benedikt.

Bénédict
Französische Form von →Benedikt.

Benedicto
Spanische Form von →Benedikt.

Benedikt
Auch: Benedict, Benedictus, Benediktus. Aus dem Lateinischen. Bedeutung: „der Gesegnete".

Beneke
Niederdeutsche Kurzform von Namen, die mit „Bern-" beginnen.

Bengt
Auch: Benkt. Schwedische Kurzform von →Benedikt oder seltener auch →Bernhard.

Beni
Auch: Benit. Französische Kurzform von →Benedikt.

Beniamino
Italienische Form von →Benjamin.

Benignus
Aus dem Lateinischen. Bedeutung: „der Gütige; der Freundliche; der Liebevolle".

Benito
Italienische und spanische Form von →Benedikt.

Benjamin
Biblischer Name aus dem Hebräischen binjamin = „Sohn der rechten (glücklichen) Hand; Glückskind".

Bennet
Auch: Bennett. Englische Kurzform von →Benedikt.

Benno
Selbstständige Kurzform von Namen, die mit „Bern-" beginnen, aber auch von →Benedikt.

Benny
Englische Kurzform von →Benedikt.

Beno
Selbstständige friesische, aber auch bulgarische, serbokroatische und slowenische Kurzform von →Benedikt.

Benoît
Französische Form von →Benedikt.

Benso
Italienische Kurzform von →Bernardo.

Benvenuto
Aus dem Italienischen. Bedeutung: „der Willkommene".

Benz
Alte deutsche Kurzform von →Bernhard oder →Benedikt.

Beppo
Italienische Verkleinerungsform von →Giuseppe (→Josef).

Berchtold
Auch: Berchthold. Andere, ältere Form von →Berthold.

Berend
Niederdeutsche Kurzform von →Bernhard.

Bernald
Auch: Bernwald. Aus dem Althochdeutschen. Bedeutung: bero = „Bär" und waltan = „walten; herrschen".

Bernard
Englische, französische und niederländische Form von →Bernhard.

Bernardo
Italienische, spanische und portugiesische Form von →Bernhard.

Bernd
Auch: Bernt. Kurzform von →Bernhard.

Bernfried
Aus dem Althochdeutschen. Bedeutung: bero = „Bär" und fridu = „Friede; Schutz".

Bernhard
Aus dem Althochdeutschen. Bedeutung: bero = „Bär" und harti = „hart".

Bernhardin
Auch: Bernardin. Weiterbildung von →Bernhard.

Bernhelm
Aus dem Althochdeutschen. Bedeutung: bero = „Bär" und helm = „Schutz; Helm".

Bernie
Englische Kurzform von →Bernard.

Berno
Alte deutsche Kurzform von Namen, die mit „Bern-" beginnen, meistens von →Bernhard.

Bernold
Auch: Bernald, Bernhold, Berold. Aus dem Althochdeutschen. Bedeutung: bero = „Bär" und waltan = „walten; herrschen".

Bernwald
Ältere Form von →Bernold.

Bernward
Aus dem Althochdeutschen. Bedeutung: bero = „Bär" und wart = „Hüter".

Bero
Aus dem Althochdeutschen. Bedeutung: bero = „der Bär". Meistens Kurzform von Namen, die mit „Bern-" beginnen.

Bert
Aus dem Althochdeutschen. Bedeutung: beraht = „glänzend". Meistens Kurzform von Namen, die mit „Bert-" beginnen.

Bertfried
Aus dem Althochdeutschen. Bedeutung: beraht = „glänzend" und fridu = „Friede".

Berthold
Auch: Bertold, Bertolt. Aus dem Althochdeutschen (ursprüngl. „Berahtwald"). Bedeutung: beraht = „ glänzend" und waltan = „walten; herrschen".

Bertil
Auch: Bertilo. Kurzform von Namen, die mit „Bert-" beginnen, meistens von →Berthold.

Bertin
Kurzform von Namen, die mit „Bert-" beginnen.

Berto
Kurzform von Namen, die mit „Bert-" beginnen.

Bertolf
Auch: Bertulf. Aus dem Althochdeutschen. Bedeutung: beraht = „glänzend" und wolf, wulf = „Wolf".

Bertram
Aus dem Althochdeutschen (ursprüngl. „Berahthraban"). Bedeutung: beraht = „glänzend" und hraban = „Rabe".

Bertrand
Auch: Bertran. Aus dem Althochdeutschen. Bedeutung: beraht = „glänzend" und rand = „Schild".

Bertwin
Aus dem Althochdeutschen. Bedeutung: beraht = „glänzend" und wini = „Freund".

Bevan
Aus dem Walisischen. Bedeutung: „Sohn des Vornehmen".

Biasio
Auch: Biaggio. Italienische Form von →Blasius.

Bill
Auch: Billy, Billi. Englische Verkleinerungsform von →William.

Billfried
Aus dem Althochdeutschen. Bedeutung: billi = „Schwert" und fridu = „Friede".

Billhard
Aus dem Althochdeutschen. Bedeutung: billi = „Schwert" und harti = „hart".

Birger
Aus dem Althochdeutschen (ursprüngl. „Birghir; Byrghir"). Bedeutung: „helfen; schützen".

Birk
Kurzform von →Burkhard.

Bjarne
Norddeutsche Form von →Björn.

Bjarni
Isländische Form von →Björn.

Björn
Aus dem Schwedischen (björn = „Bär") oder dem Norwegischen (bjorn = „Bär; der Braune"). Nordische Form von →Bruno.

Blaise
Französische Form von →Blasius.

Blasius
Aus dem Griechischen. Bedeutung: basileios = „der Königliche".

Blazek
Slawische Form von →Blasius.

Bo
Aus dem Dänischen bzw. Schwedischen. Bedeutung: „der Sesshafte". Aus dem Chinesischen mit der Bedeutung : „der Wertvolle".

Bob
Auch: Bobby. Englische Verkleinerungsform von →Robert.

Bodewald
Aus dem Althochdeutschen. Bedeutung: boto = „Bote; Gebieter" und waltan = „walten; herrschen".

Bodmar
auch: Bodmer, Bodomar, Botmar. Aus dem Althochdeutschen. Bedeutung: boto = „Bote; Gebieter" und mari = „berühmt".

Bodo
Selbstständige Kurzform von Namen, die mit „Bodo-"; „Bode-"; „Bot-" beginnen.

Bodobert
Auch: Bodebert. Aus dem Althochdeutschen. Bedeutung: boto = „Bote; Gebieter" und beraht = „glänzend".

Bogdan
Aus dem Slawischen bzw. Russischen. Bedeutung: „Gottesgeschenk".

Bogislaw
Auch: Boguslaw. Aus dem Slawischen bzw. Russischen. Bedeutung: „Gottesruhm; zu Gottes Ehren".

Bogomir
Aus dem Slawischen bzw. Russischen. Bedeutung: bog = „Gott" und mir = „berühmt".

Bogumil
Auch: Bohumil. Aus dem Slawischen bzw. Russischen. Bedeutung: bog = „Gott" und milyi = „lieb; angenehm".

Bohuslaw
Tschechische Form von →Bogislaw.

Bohdan
Tschechische Form von →Bogdan.

Boi
Auch: Boie, Boje, Bojo, Boy, Boye. Friesische Kurzform von →Bodo oder Namen, die mit „Bodo-" oder „Bode-" beginnen.

Bojan
Aus dem Slawischen. Bedeutung: „Barde".

Boleslaw
Aus dem Slawischen bzw. Russischen. Bedeutung: bólee = „mehr" und slava = „Ruhm".

Bolko
Kurzform von →Boleslaw.

Bonar
Aus dem Altfranzösischen. Bedeutung „der Freundliche; der Gute".

Bonaventura
Aus dem Lateinischen. Bedeutung: „gute Zukunft".

Bonifatius
Auch: Bonifaz, Bonifazius. Aus dem Lateinischen. Bedeutung: „Gutes tun; der Wohltäter". (Einer der drei „Eisheiligen", neben →Pankratius und →Servatius.)

Borchard
Niederdeutsche Form von →Burkhard.

Boris
Aus dem Slawischen (ursprüngl. „Borislaw"). Bedeutung: boru = „Kampf" und slava = „Ruhm".

Bork
Niederdeutsche Kurzform von →Burkhard.

Borris
Auch: Börre, Borries, Börries. Niederdeutsche Kurzform von →Liborius.

Bosco
Italienische Kurzform von →Burkhard.

Bosse
Auch: Bosso. Niederdeutsche Kurzform von →Borchard bzw. Burkhard.

Bosshard
Aus dem Althochdeutschen. Bedeutung: bos = „eitel" und harti = „hart".

Botho
Auch: Boto. Neuere Form von →Bodo.

Botwin
Aus dem Althochdeutschen. Bedeutung: boto = „Bote; Gebieter" und wini = „Freund".

Brandolf
Auch: Brandulf. Aus dem Althochdeutschen. Bedeutung: brant = „Brand" und wolf, wulf = „Wolf".

Branko
Slawische Kurzform von →Bronislaw oder →Franziskus.

Braun
Ältere Form von →Bruno.

Brian
Auch: Bryan. Aus dem Englischen bzw. Keltischen. Bedeutung: „hoch; erhaben" oder „Hügel".

Bris
Auch: Brix. Kurzform von →Brixius.

Brisko
Slawische Koseform von →Friedrich.

Brixius
Auch: Brictius, Bricius, Briccius. Wahrscheinlich aus dem Keltischen. Bedeutung unbekannt.

Broder
Aus dem Althochdeutschen (ursprüngl. „Brodhir" oder „Bror"). Bedeutung: „Bruder".

Bronislaw
Auch: Branislaw. Aus dem Slawischen bzw. Russischen. Bedeutung: bronja = „Panzer" und slava = „Ruhm; Ehre".

Bruce
Aus dem Englischen nach einem alten Geschlechternamen. Oder aus dem Französischen bruis = „der aus dem Dickicht".

Brunello
Italienische Verkleinerungsform von →Bruno.

Brunhard
Aus dem Althochdeutschen. Bedeutung: brun = „braun; (Bär)" und harti = „hart".

Bruno
Selbstständige Kurzform von Namen, die mit „Brun-" beginnen. Bedeutung: „der Braune" bzw. „der Bär".

Brunold
Aus demAlthochdeutschen. Bedeutung: brun = „braun; (Bär)" und waltan = „walten; herrschen".

Buck
Aus dem Altenglischen. Bedeutung: „Hirsch".

Burdan
Aus dem Altenglischen. Wahrscheinliche Bedeutung „Bewohner des Burgbergs".

Burk
Auch: Bürk. Kurzform von →Burkhard

Burkhard
Auch: Burkart, Burkard, Burchard, Burghard. Aus dem Althochdeutschen. Bedeutung: burg = „Burg" und harti = „hart".

Busse
Auch: Busso. Niederdeutsche Kurzform von →Burkhard.

Burt
Amerikanische Kurzform von →Burkhard.

Byron
Aus dem Englischen nach einem alten Familiennamen. Bedeutung: byre = „Stall; Schuppen; Hütte".

C

Cäcilius
Aus dem Lateinischen. Name einer altrömischen Familie der Caecilier.

Cahil
auch: Kahil. Aus dem Türkischen. Bedeutung: „jung; unerfahren".

Cajetan
→ Kajetan.

Calixtus
Auch: Kalixt. Aus dem Lateinischen. Bedeutung: calix = „Kelch". Papst des Mittelalters.

Calvin
Aus dem Amerikanischen nach dem Schweizer Reformator Johann Calvin.

Cameron
Aus dem Schottischen. Bedeutung: „schiefe Nase". Ursprünglich ein schottischer Clanname. (Auch als weiblicher Vorname möglich!)

Camille
Französische Form von →Camillus.

Camillo
Italienische Form von →Camillus.

Camillus
Auch: Camill. Aus dem Lateinischen. Bedeutung: „der Ehrbare; aus guter Familie".

Can
Aus dem Türkischen. Bedeutung: „Leben". (Auch als weiblicher Vorname möglich!)

Candid
Aus dem Lateinischen. Bedeutung: „hell, glänzend, weiß, aufrichtig".

Carl
→ Karl

Carlo
Italienische Form von →Karl.

Carlos
Niederländische, spanische und portugiesische Form von →Karl.

Carlton
Auch: Carleton. Englische Nebenform von →Charlton.

Carol
Rumänische Form von →Karl.

Carolus
Lateinische Form von →Karl.

Carsten
→ Karsten.

Cäsar
Auch: Caesar. Aus dem Lateinischen. Beiname einer altrömischen Familie der Julier. Wahrscheinlich von caedere, caesum = „schlagen, hauen, herausschneiden", da angeblich der erste „Caesar" per Kaiserschnitt auf die Welt kam. (Daher auch der Name „Kaiser (= Caesar) Schnitt".)

Casimir
→ Kasimir.

Caspar
→ Kaspar.

Cassian
Andere Form von →Cassius.

Cassius
Aus dem Lateinischen. Ursprünglich ein altrömischer Geschlechternamen.

Castor
→ Kastor.

Cecil
Englische Form von →Cäcilius.

Cedric
Aus dem Keltischen. Wahrscheinlich ungenaue Übernahme von Cerdic (Gründer des westsächsischen Königreichs).

Cees
Auch: Kees. Niederländische Kurzform von →Cornelius.

Celio
Italienische Kurzform von →Cölestin.

Cemal
Aus dem Arabischen. Bedeutung: „Glanz; Schönheit".

Cesar
Romanische Fom von →Cäsar.

Cesare
Italienische Form von →Cäsar.

Çetin
Aus dem Türkischen. Bedeutung: „feurig; lebhaft".

Chandra
Aus dem Indischen. Bedeutung: „Mond". Auch als weiblicher Vorname möglich!

Charles
Französische und englische Form von →Karl.

Charlie
Auch: Charly. Englische Kurzform von →Charles bzw. →Karl.

Charlton
Aus dem Altenglischen. Bedeutung: „der vom Anwesen des Charles".

Chim
Aus dem Vietnamesischen. Bedeutung: „Vogel".

Chlodwig
Aus dem Fränkischen nach dem Frankenkönig Chlodwig. Ursprüngliche Form: Chlodovech = deutsche Form von →Ludwig.

Chlothar
Alte Form von →Lothar.

Chonz
Auch: Conz. Schweizerische Kurzform von →Konrad.

Chris
Auch: Christ. Kurzformen von →Christian bzw. →Christoph.

Christer
Auch: Krister. Dänische und schwedische Form von →Christian.

Christfried
Neubildung aus dem 18. Jahrhundert mit der Bedeutung: „Christus und Frieden".

Christhard
Zusammenstellung aus Christian und Namen mit „-hard".

Christian
Aus dem Lateinischen bzw. Griechischen. Bedeutung: lat. Christianus = „der Christ"; griech. Christós = „der Gesalbte".

Christlieb
Zusammenstellung aus dem 18. Jahrhundert aus Christian und Namen mit „-lieb".

Christmar
Zusammenstellung aus dem 18. Jahrhundert aus Christian und Namen mit „-mar".

Christo
Bulgarische Kurzform von →Christophorus.

Christoff
Auch: Christoffer. Neuform von → Christoph.

Christoph
Auch: Christof. Aus dem Griechischen. Bedeutung: christo phóros = „Christus tragend".

Christophe
Französische Form von →Christoph.

Christopher
Englische Form von →Christoph.

Chrysanthus
Auch: Chrysant(h). Aus dem Griechischen. Bedeutung: chrysós = „Gold" und ánthos = „Blume".

Chrysostomus
Aus dem Griechischen. Bedeutung: chrysós = „Gold" und stóma = „Mund".

Ciril
Romanische Form von →Cyrill.

Ciro
Spanische Form von →Cyrus.

Claas
→ Klaas.

Clamor
Aus dem Lateinischen. Bedeutung: „lauter Ruf; freundlicher Zuruf".

Clark
Auch: Clarke, Clerk, Clerke. Amerikanische Form zum lateinischen clericus = „Geistlicher; Gelehrter; Schreiber".

Claude
Französische Form von →Claudius.

Claudio
Italienische Form von →Claudius.

Claudius
Aus dem Lateinischen. Bedeutung: „der Lahme; der Hinkende". Nach dem Namen einer altrömischen Familie der Claudier.

Claus
→ Klaus.

Clemens
→ Klemens.

Clement
Englische und französische Form von →Clemens bzw. →Klemens.

Clemente
Italienische und spanische Form von →Clemens bzw. →Klemens.

Cliff
Auch: Clif. Englische Kurzform von Clifton oder →Clifford.

Clifford
Aus dem Englischen. Ursprünglich ein englischer Ortsname.

Clive
Aus dem Englischen. Wahrscheinlich nach dem Familiennamen des Robert Clive (1725–1774, Begründer der britischen Herrschaft in Ostindien).

Cola
Italienische Verkleinerungsform von →Nikolaus.

Colas
Französische Kurzform von →Nicolas.

Cölestin
Auch: Cölestinus, Zölestin, Zölestinus. Aus dem Lateinischen. Bedeutung: caelestis = „himmlisch; zum Himmel gehörig".

Colin
Auch: Collin. Englische Kurzform von →Nikolaus.

Columban
→ Kolumban.

Conan
Aus dem Keltischen. Bedeutung: „Intelligenz; Weisheit".

Connie
Auch: Conny. Englische Kurzform von →Conrad und →Constantin.

Conrad
→ Konrad.

Conradin
→ Konradin.

Constantin
→ Konstantin.

Consuelo
Spanischer und italienischer Vorname. Bedeutung consuelo (span.): „Trost; Tröstung". Oder von Consus = altlateinischer Gott der Erde.

Corbinian
→ Korbinian.

Cord
Auch: Curd. Niederdeutsche Formen von →Kurt.

Corentin
Aus dem Keltischen. Bedeutung: „Freund".

Corin
Französische Form von →Quirin.

Cornelio
Spanische und italienische Form von →Cornelius.

Cornelius
Auch: Cornel, Kornel, Cornelis, Cors, Kors (Kurzformen). Aus dem Lateinischen. Nach dem Familiennamen der Cornelier.

Corrado
Italienische Form von →Konrad.

Corsin
Auch: Corsinus. Aus dem Lateinischen. Bedeutung: corsus = „der Korse (Einwohner Korsikas)".

Corvinus
Aus dem Lateinischen. Bedeutung: „kleiner Rabe".

Cosimo
Italienische Form von →Cosmas.

Cosmas
Auch: Kosmas. Aus dem Griechischen. Bedeutung: kósmos = „Ordnung, Glanz, Ehre".

Cosmo
Englische und italienische Form von →Cosmas.

Crispin
Auch: Crispinus. Aus dem Lateinischen. Bedeutung: crispus = „mit krausem Haar".

Crispo
Spanische Form von →Crispin.

Cristian
Auch: Cristiano. Italienische Formen von →Christian.

Cristobal
Spanische Form von →Christoph(er).

Cupido
Aus dem Lateinischen. Bedeutung: „Begehren; Lust". Römischer Liebesgott.

Curadin
Auch: Curdin. Andere Formen von →Konradin.

Curd
Auch: Curt. Niederdeutsche Formen von →Kurt.

Curtis
Aus dem Englischen bzw. Französischen. Bedeutung: curtise (franz.) = „höflich, artig, ritterlich".

Curzio
Italienische Form von →Curtis bzw. →Kurt.

Cyprian
Auch: Cyprianus. Aus dem Griechischen. Bedeutung: kyprioi = „Einwohner Zyperns".

Cyriac
Auch: Cyriacus, Cyriakus, Zyriak, Zyriakus. Aus dem Griechischen. Bedeutung: kyriakós = „zum Herrn gehörig" oder kyrios = „der Meister; der Herr".

Cyriel
Niederländische Form von →Cyriac.

Cyrill
Auch: Cyrillus, Cyril, Cyrille (franz.). Aus dem Griechischen. Bedeutung: kyrillos = Verkleinerungsform von kyrios = „der Meister; der Herr".

Cyrus
Aus dem Griechischen. Bedeutung: kyrios = „der Meister; der Herr". Oder aus dem Persischen Khurush = „Sonne".

D

Dag
Nordischer Vorname und Kurzform von Namen, die mit „Dag-" beginnen.

Dagobert
Aus dem Keltischen. Bedeutung: dago = „gut" und beraht (althochdeutsch) = „glänzend".

Dagomar
Aus dem Keltischen. Bedeutung: dago = „gut" und mari (althochdeutsch) = „berühmt".

Dakil
Aus dem Arabischen. Bedeutung: „der Eintretende".

Damian
Auch: Demian, Damianos, Damios. Aus dem Griechischen. Bedeutung: dem(i)os = „Volk" oder damázein = „bezwingen".

Damiano
Italienische Form von →Damian.

Damien
Französische Form von →Damian.

Dammo
Auch: Tammo. Friesische Kurzform von →Dankmar und →Thankmar.

Dan
Aus dem Hebräischen. Bedeutung: „Richter". Oder englische Kurzform von →Daniel. Oder slawische Kurzform von →Bogdan.

Daniel
Aus dem Hebräischen. Bedeutung: „Mein Richter ist Gott".

Daniele
Auch: Daniello. Italienische Formen von →Daniel.

Danilo
Slawische Form von →Daniel.

Dankmar
Aus dem Althochdeutschen. Bedeutung: danc = „Dank" und mari = „berühmt".

Danko
Kurzform von Namen, die mit „Dank-" beginnen. Oder aus dem Serbokroatischen mit der Bedeutung: „der Gegebene; der Geschenkte".

Dankrad
Aus dem Althochdeutschen. Bedeutung: danc = „Dank" und rat = „Rat".

Dankward
Aus dem Althochdeutschen. Bedeutung: danc = „Dank" und wart = „Hüter; Schützer".

Danny
Auch: Dany. Englische Kurzformen von →Daniel.

Dano
Bulgarische Kurzform von →Daniel.

Dante
Aus dem Italienischen. Verkürzung von Durante. Bedeutung: „fortdauern; ausdauern".

Dario
Italienische, spanische und portugiesische Form von →Darius.

Darius
Aus dem Griechischen. Bedeutung: dareios = „der Mächtige; der Bezwinger".

Daudi
Aus dem Afrikanischen (Suaheli). Bedeutung: „der Geliebte".

David
Aus dem Hebräischen. Bedeutung: „Geliebter; Liebender".

Davide
Italienische Form von →David.

Davis
Aus dem Angloamerikanischen. Ursprünglich wahrscheinlich ein Familienname oder „Sohn Davids".

Dean
Aus dem Anglo-Amerikanischen. Ursprünglich ein Titel: „Dekan; Dechant; Ältester".

Debald
Niederdeutsche Form von →Dietbald.

Deert
Niederdeutsche Form von →Diethard.

Degenhard
Aus dem Althochdeutschen. Bedeutung: degan = „junger Held; Krieger" und harti = „hart; stark".

Deik
Niederdeutsche Kurzform von Namen, die mit „Diet-" beginnen.

Deinhard
Neuere Form von →Degenhard.

Delf
Kurzform von →Detlef.

Delfons
Neuere (Kurz-)Form von Adelfons bzw. →Alfons.

Demetrius
Aus dem Griechischen. Bedeutung: demetrios = „der Göttin Demeter geweiht".

Demos
Amerikanische Form von →Damian bzw. Demian.

Dénes
Ungarische Form von →Dionys.

Denis
Auch: Dennis (engl.). Französische (Kurz-) Form von →Dionysius.

Deniz
Aus dem Türkischen. Bedeutung: „zum Meer gehörig". (Auch als weiblicher Vorname möglich!)

Deno
Kurzform von →Degenhard.

Derek
Auch: Derik, Derk; Derrik, Derrick (engl.). Friesische Kurzform von →Dietrich.

Desiderio
Italienische Form von →Desiderius.

Desiderius
Aus dem Lateinischen. Bedeutung: „verlangen; begehren".

Dethard
Niederdeutsche Form von →Diethard.

Detlef
Auch: Detlev. Aus dem Althochdeutschen. Ursprünglich Dietleib. Bedeutung: diot = „Volk" und leiba = „Erbe".

Detmar
Auch: Dettmar. Niederdeutsche Form von →Dietmar.

Detwin
Niederdeutsche Form von →Dietwin.

Dewald
Niederdeutsche Form von →Dietbald bzw. →Dietwald.

Dick
Auch: Dicky. Englische Verkleinerungsform von →Richard. Slawische Verkleinerungsform von →Dietrich.

Didakus
Aus dem Griechischen. Bedeutung: „Lehre, lehren, unterrichten".

Didier
Französische Form von →Desiderius.

Diebald
Auch: Diebold. Andere Formen von →Dietbald.

Diederich
Auch: Diederik, Diderik (fries.). Niederdeutsche bzw. niederländische Formen von →Dietrich.

Diego
Spanische Form von →Jakob. Kurzform von →Santiago (Santi Jago) = „heiliger Jakob".

Diemo
Kurzform von Namen, die mit „Diet-" beginnen.

Diepolt
Auch: Deotpold. Ältere Form von →Dietbald.

Dierk
Friesische Kurzform von Diderik bzw. →Dietrich.

Dietbald
Auch: Dietbold. Aus dem Althochdeutschen. Bedeutung: diot = „Volk" und bald = „kühn".

Dietbert
Aus dem Althochdeutschen. Bedeutung: diot = „Volk" und beraht = „glänzend".

Dietbrand
Aus dem Althochdeutschen. Bedeutung: diot = „Volk" und brand = „flammendes Schwert".

Dieter
Auch: Diether. Aus dem Althochdeutschen. Bedeutung: diot = „Volk" und heri = „Heer". Auch Kurzform von → Dietrich.

Dietfried
Aus dem Althochdeutschen. Bedeutung: diot = „Volk" und fridu = „Friede".

Dietger
Aus dem Althochdeutschen. Bedeutung: diot = „Volk" und ger = „Speer".

Diethard
(Ursprünglich auch Thiadhard). Aus dem Althochdeutschen. Bedeutung: diot = „Volk" und harti = „hart; stark".

Diethelm
Aus dem Althochdeutschen. Bedeutung: diot = „Volk" und helm = „Helm; Schutz".

Dietleib
Ältere Form von →Detlef.

Dietmar
Auch: Ditnar, Dittmar, Detmar, Dittmer, Thietmar. Aus dem Althochdeutschen. Bedeutung: diot = „Volk" und mari = „berühmt".

Dietmund
Aus dem Althochdeutschen. Bedeutung: diot = „Volk" und munt = „Schutz (der noch unmündigen Person)".

Dietmut
Aus dem Althochdeutschen. Bedeutung: diot = „Volk" und muot = „Geist; Gesinnung".

Dieto
Kurzform von Namen, die mit „Diet-" beginnen.

Dietolf
Aus dem Althochdeutschen. Bedeutung: diot = „Volk" und (w)olf = „Wolf".

Dietrad
Aus dem Althochdeutschen. Bedeutung: diot = „Volk" und rat = „Ratgeber; Berater".

Dietram
Aus dem Althochdeutschen. Bedeutung: diot = „Volk" und hraban = „Rabe".

Dietrich
Auch: Dietreich, Dieterich, Dieterik. Aus dem Althochdeutschen. Bedeutung: diot = „Volk" und rihhi = „Reich; Herrschaft" (= „der Volksherrscher").

Dietwald
Aus dem Althochdeutschen. Bedeutung: diot = „Volk" und waltan = „herrschen; walten".

Dietward
Auch: Dietwart. Aus dem Althochdeutschen. Bedeutung: diot = „Volk" und wart = „Hüter; Schützer".

Dietwin
Aus dem Althochdeutschen. Bedeutung: diot = „Volk" und wini = „Freund".

Dietwolf
(Ursprünglich auch Thiadolf). Aus dem Althochdeutschen. Bedeutung: diot = „Volk" und wolf = „Wolf".

Dietz
Kurzform von →Dietrich.

Diktus
Kurzform von →Benediktus.

Dimitri
Auch: Dimitrij, Dmitrij. Russische Formen von →Demetrius.

Dino
Italienische Kurzform von Namen, die mit „-dino" enden.

Diogenis
Aus dem Griechischen. Bedeutung: „der von Zeus Abstammende".

Dionys
Auch: Dionysius, Dionysios. Aus dem Griechischen. Bedeutung: „der Fröhliche".

Dirk
Niederdeutsche Kurzform von Diderik bzw. →Diederich.

Dismas
Name des zur Rechten Christi gekreuzigten. Patron der zum Tode Verurteilten.

Dittmar
Auch: Dittmer, Dithmar. →Dietmar.

Dix
Kurzform von →Bendix bzw. →Benedikt.

Djamal
Auch: Jamal, Djamil, Jamil. Aus dem Arabischen. Bedeutung: „der Schöne; Schönheit".

Django
Zigeunername von →Johannes.

Dolf
Kurzform von Namen, die mit „-dolf" enden.

Doman
Ungarische Form von →Dominik.

Domenic
Romanische Form von →Dominik.

Domenico
Italienische Form von →Dominik.

Domingo
Spanische Form von →Dominik.

Dominik
Auch: Dominikus, Dominic, Domenikus. Aus dem Lateinischen. Bedeutung: „dem Herren gehörig".

Domos
Auch: Domokos. Ungarische Form von →Dominik.

Don
auch: Donny. Englische Kurzform von →Donald.

Donald
Aus dem Keltischen. Ursprünglich Domhnall = „Weltherrscher".

Donat
Auch: Donatus. Aus dem Lateinischen. Bedeutung: „Schenkung (Gottes); der (von Gott) Geweihte".

Donato
Auch: Donatello. Italienische Form von →Donat.

Dorian
Auch: Dorien. Aus dem Griechischen „der Dorier".

Doriano
Italienische Form von →Dorian.

Doroteo
Italienische Form von →Dorotheus.

Dorotheus
Aus dem Griechischen. Umkehrung von →Theodor. Bedeutung: „Geschenk Gottes".

Dothias
Aus dem Friesischen. Bedeutung: ursprünglich duif, duive = „Taube".

Douglas
Aus dem Keltischen. Bedeutung: dub(h)glas = „dunkelblau; blaues Wasser". Ursprünglich Bezeichnung für einen Fluss.

Dragan
Auch: Drago, Dragotin. Ursprünglich Kurzformen von slawischen Namen, die mit „Drago-" beginnen. Bedeutung: dragi = „lieb; teuer; wertvoll".

Duncan
Aus dem Irischen. Bedeutung: duncean, dunchadh = „brauner Krieger".

Duri
Auch: Durio, Durisch, Durs. Romanische Kurzformen von →Dorian(o).

Dustin
Aus dem (Alt)Englischen. Bedeutung: „der Tapfere; der vom staubigen Ort".

Dyami
Aus dem Indianischen. Bedeutung: „Adler".

E

Earl
Aus dem Angelsächsischen. Bedeutung: eorl = „Edler; Freier Mann". Eigentlich Adelstitel in England.

Ebbe
Auch: Ebbo, Eppo. Friesische Kurzform von Namen, die mit „Eber-" beginnen.

Eberfried
Aus dem Althochdeutschen. Bedeutung: ebur = „Eber" und fridu = „Friede".

Eberhard
Auch: Eberhart, Everhard. Aus dem Althochdeutschen. Bedeutung: ebur = „Eber" und harti = „hart".

Eberwein
Auch: Eberwin. Aus dem Althochdeut-

schen. Bedeutung: ebur = „Eber" und wini = „Freund".

Eck
Auch: Ecke. Kurzform von Namen, die mit „Eck-" beginnen.

Eckart
→ Eckehard.

Eckbert
Auch: Eckbrecht. Aus dem Althochdeutschen. Bedeutung: ekka = „Spitze; (Schwert-) Schneide" und beraht = „glänzend".

Eckehard
Auch: Ekkehard, Eckhard. Aus dem Althochdeutschen. Bedeutung: ekka = „Spitze; (Schwert-) Schneide" und harti = „hart; stark".

Eckert
Neuere Form von →Eckehard.

Eckeward
Auch: Eckward, Eckwart. Aus dem Althochdeutschen. Bedeutung: ekka = „Spitze; (Schwert-) Schneide" und wart = „Hüter; Schützer".

Eckfried
Auch: Ekfried. Aus dem Althochdeutschen. Bedeutung: ekka = „Spitze; (Schwert-) Schneide" und fridu = „Friede".

Eckwin
Aus dem Althochdeutschen. Bedeutung: ekka = „Spitze; (Schwert-) Schneide" und wini = „Freund".

Ed
Englische Kurzform von →Edward und →Edgar.

Eddi
Auch: Eddie, Eddy, Edy. Englische Kurz- bzw. Koseformen von →Edward bzw. →Eduard und →Edgar.

Ede
Deutsche und ungarische Kurzform von →Eduard.

Edi
Auch: Edio. Kurzformen von →Eduard.

Edelbert
Andere Form von →Adalbert.

Edgar
Aus dem Altenglischen. Ursprünglich: Eadgar. Bedeutung: ead = „Erbgut; Besitz" und gar = „Speer".

Edgard
Neuere Form von →Edgar.

Edik
Russische Kurzform von →Eduard.

Edlef
Aus dem Friesischen. Bedeutung: „Erbe; Nachkomme".

Edmar
Neuere Form von →Otmar.

Edmond
Englische, französische, niederländische, rumänische und ungarische Form von →Edmund.

Edmondo
Italienische Form von →Edmund.

Edmund
Aus dem Englischen. Bedeutung: eadmund bzw. audhmundr (isländ.) = „Beschützer des Erbguts".

Edo
Kurzform von →Eduard. bzw. Namen, die mit „Ed-" beginnen.

Edoardo
Auch: Odoardo. Italienische Formen von →Eduard.

Edouard
Französische Form von →Eduard.

Edsardt
Auch: Edsart, Edsert, Edzard. Friesische Formen von →Eckehard.

Edu
Rumänische Kurzform von →Eduard.

Eduard
Aus dem Französischen eingedeutschter Name, ursprünglich englischer Herkunft →Edward.

Eduino
Italienische und spanische Form von →Edwin.

Edward
Aus dem Altenglischen. Bedeutung: ead = „Erbgut; Besitz" und weard = „Hüter; Schützer".

Edwin
Aus dem Altenglischen. Bedeutung: ead = „Erbgut; Besitz" und wine = „Freund".

Efrem
Italienische Form von →Ephraim.

Egbert
Auch: Egbrecht. Neuere Formen von →Eckbert.

Egge
Auch: Eggo. Friesische Kurzformen von Namen, die mit „Eg-" beginnen.

Eggert
Niederdeutsche und schwedische Form von →Eckehard.

Egid
Auch: Egidius. Andere Formen von →Ägidius.

Egidio
Italienische Form von →Ägidius.

Egil
Kurzform von →Eilbert bzw. →Egilbert.

Egilbert
Neuform von →Agilbert.

Egilmar
Neuform von →Agimar.

Egilo
Kurzform von Namen, die mit „Egil-" bzw. „Agil-" beginnen.

Egilolf
Neuform von →Agilolf.

Egilward
Aus dem Althochdeutschen. Bedeutung: (agil) bzw. ekka = „Spitze; Schneide einer Waffe" und wart = „Hüter; Schützer".

Eginald
→ Aginald.

Eginbert
Aus dem Althochdeutschen. Bedeutung: (agil) bzw. ekka = „Spitze; Schneide einer Waffe" und beraht = „glänzend".

Eginhard
Aus dem Althochdeutschen. Bedeutung: (agil) ekka = „Spitze; Schneide einer Waffe" und harti = „hart; stark".

Egino
Kurzform von →Eginolf.

Eginolf
Auch: Eginulf. Aus dem Althochdeutschen. Bedeutung: (agil) ekka = „Spitze; Schneide einer Waffe" und wolf = „Wolf".

Eglof
Auch: Egloff. Neuformen von →Egolf.

Egmund
Neuform von →Agimund.

Egmond
Auch: Egmont. Niederdeutsche und niederländische Formen von →Egmund.

Egolf
Andere Form von →Egilolf bzw. → Agilolf.

Egon
Selbstständige Form von →Egino bzw. Namen, die mit „Egin-" beginnen.

Ehm
auch: Eimo. Friesische Kurzform von Namen, die mit „Egin-" beginnen.

Ehregott
auch: Eregott, Ehrgott. Pietistischer Name aus dem 18. Jahrhundert. Bedeutung: „Ehre Gott!". Deutsche Form von →Timotheus.

Ehrenfried
Auch: Ehrenfrid, Erenfried. Pietistischer Name aus dem 18. Jahrhundert. Bedeutung: „Ehre und Friede!". Wahrscheinlich auch Umformung von →Arnfried.

Ehrenreich
Auch: Ehrenrich. Bedeutung: „reich an Ehren".

Ehrfried
Neuform von →Ehrenfried. Ursprünglich auch: Erfried und Erinfried.

Ehrhard
Neuform von →Erhard.

Eibe
Auch: Eibo. Friesische Kurzform von Namen, die mit „Agi-" bzw. „Egi-" beginnen, meist von →Egilbert.

Eike
Auch: Eiko. Friesische Kurzfor von Namen, die mit „Eg-" oder „Agi-" beginnen.

Eilard
→ Eilhard.

Eilbert
Neuform von →Egilbert.

Eilert
Auch: Elert. Niederdeutsche und friesische Formen von →Eilhard.

Eilfried
Aus dem Althochdeutschen. Bedeutung: (agil) ekka = „Schwert; Schneide einer Waffe" und fridu = „Friede".

Eilhard
Aus dem Althochdeutschen. Bedeutung: (agil) ekka = „Schwert; Schneide einer Waffe" und harti = „hart; stark".

Eilmar
Aus dem Althochdeutschen. Bedeutung: (agil) ekka = „Schwert; Schneide einer Waffe" und mari = „berühmt".

Eilward
Auch: Eilwart. Aus dem Althochdeutschen. Bedeutung: (agil) ekka = „Schwert; Schneide einer Waffe" und wart = „Hüter; Schützer".

Einar
Aus dem Nordischen (Altisländisch). Bedeutung: einn = „allein" und herr = „Heer". „Der Alleinkämpfer".

Einhard
Neuform von →Eginhard.

Ekkehard
Alte Form von →Eckehard.

Elard
Auch: Elart. Friesische Formen von →Eilhard.

Elbert
Neue Form von →Eilbert.

Elger
Aus dem Althochdeutschen. Bedeutung: adal = „edel; vornehm" und ger = „Speer".

Eli
Auch: Eloi. Aus dem Hebräischen. Bedeutung: „Gott". Priester der Israeliten (Altes Testament).

Elia
Auch: Eliano. Italienische Formen von →Elias.

Elias
Auch: Elija; Ellis (engl.); Elie (franz.); Elis, Ilja, Ilija (slaw.); Ilko (mazed., ukrain.). Biblischer Name aus dem Hebräischen. Bedeutung: „Mein Gott ist Jahwe".

Elieser
Biblischer Name aus dem Hebräischen. Bedeutung: „Mein Gott ist Hilfe".

Eligius
Auch: Eulogius; Eloi (engl., franz.); Eloy (span.). Aus dem Lateinischen. Bedeutung: „der Auserwählte". Oder aus dem Griechischen mit der Bedeutung: „Lob; Ruhm; Segen".

Elimar
Neuform von →Adalmar.

Elio
Italienische Kurzform von Eliodoro. Bedeutung: „Sonne und Gold".

Elke
Auch: Elko. Friesische Kurzformen zu Namen, die mit „Elk-" bzw. „Alk-" beginnen.

Elkmar
Aus dem Althochdeutschen. Bedeutung: adal = „edel; vornehm" und mari = „berühmt".

Elmar
Auch: Ellmar, Elimar, Elmer. Neu- bzw. Kurzform von →Eilmar oder →Adelmar.

Elmo
Italienische und spanische Kurzform von Erasmo bzw. →Erasmus. Englische und schwedische Kurzform von →Elmar bzw. →Eilmar.

Elms
Kurzform von →Erasmus.

Elso
Friesische Kurzform von Namen, die mit „Adal-" beginnen.

Elvis
Aus dem Angloamerikanischen. Andere Form von →Alwin.

Elwin
Auch: Elvin. Englische Neuform von →Alwin.

Emanuel
Auch: Emmanuel. Aus dem Hebräischen →Immanuel. Bedeutung: „Gott mit uns".

Emerich
Auch: Emmerich. Aus dem Althochdeutschen. Bedeutung: „aus dem Stamm der Amaler" und rihhi = „mächtig; herrschend".

Emil
Aus dem Lateinischen. Bedeutung: „aus der Familie der Ämilier" oder aemulus = „nachahmend; wetteifernd".

Emile
Auch: Emilien. Französische Form von →Emil.

Emilian
Englische Form von →Emil.

Emilio
Italienische Form von →Emil.

Eme
Auch: Emo, Emme, Emmo. Friesische Kurzformen von →Emmerich und Namen, die mit „Erm-" beginnen.

Enders
Auch: Endres. Neu- bzw. Kurzform von →Andreas.

Endrich
Auch: Endrik. Niederdeutsche Kurzform von →Hen(d)rich, Hen(d)rik.

Engbert
Neuform von →Ingbert.

Engelbert
Auch: Engelbrecht. Aus dem deutschen Stammesnamen der Angeln und beraht = „glänzend".

Engelfried
Aus dem deutschen Stammesnamen der Angeln und fridu = „Friede".

Engelhard
Aus dem deutschen Stammesnamen der Angeln und harti = „hart; stark".

Engelmar
Aus dem deutschen Stammesnamen der Angeln und mari = „berühmt".

Engelram
Aus dem deutschen Stammesnamen der Angeln und hraban = „Rabe".

Enke
Friesische Kurzform von Namen, die mit „Agin-" bzw. „Egin-" beginnen.

Enne
Auch: Enno. Friesische Kurzform von Namen, die mit „Agin-" bzw. „Egin-" beginnen.

Enrico
Italienische Form von →Heinrich.

Enrik
Niederdeutsche Form von →Heinrich.

Enrique
Spanische Form von →Heinrich.

Enzio
Auch: Enzo. Italienische Kurz- bzw. Koseformen von →Heinrich.

Eoban
Aus dem Griechischen. Bedeutung: „der Morgenröte entgegen".

Ephraim
Biblischer Name aus dem Hebräischen. Bedeutung: „doppelt fruchtbar; doppeltes Erbe".

Eraldo
Italienische Form von →Harald.

Erasmus
Aus dem Griechischen. Bedeutung: „liebenswürdig; anmutig".

Erdwin
Neuform von →Hartwin.

Erfried
Kurzform von →Ehrenfried.

Erhan
Aus dem Türkischen. Bedeutung: „mutiger Anführer".

Erhard
Auch: Erhart, Ehrhard. Aus dem Althochdeutschen. Bedeutung: era = „Ehre; Ansehen" und harti = „hart; stark".

Eric
Englische Form von →Erich.

Erich
Auch: Erik, Eirik, Erek. Aus dem Isländischen. Bedeutung: eirikr = „alleiniger Herrscher".

Erim
Aus dem Türkischen. Bedeutung: „der, der etwas erreichen wird".

Erkenbald
Aus dem Althochdeutschen. Bedeutung: erkan = „ausgezeichnet; echt" und bald = „kühn".

Erkmar
Aus dem Althochdeutschen. Bedeutung: erkan = „ausgezeichnet; echt" und mari = „berühmt".

Erland
Auch: Erlandus. Aus dem Isländischen erlendr bzw. örlendr. Bedeutung: „ausländisch; fremd".

Erlfried
Aus dem Althochdeutschen. Bedeutung: erl = „freier Mann" und fridu = „Friede".

Erlwin
Aus dem Althochdeutschen. Bedeutung: erl = „freier Mann" und wini = „Freund".

Ermanno
Auch: Erminio. Italienische Form von →Hermann.

Ernest
Englische, französische und romanische Form von →Ernst.

Ernesto
Auch: Ernestino. Italienische Form von →Ernst.

Ernfried
Neuform von →Arnfried.

Erno
Kurzform von Namen, die mit „Arn-" bzw. „Ern-" beginnen.

Ernö
Ungarische Form von →Ernst.

Ernst
Auch: Arnest, Arnust, Ernestus, Ernestinus. Aus dem Lateinischen. Bedeutung: „der Ernste; der Entschlossene; der Beharrliche".

Eros
Aus dem Altgriechischen, nach dem Gott der Liebe Eros.

Erpe
Auch: Erpo, Arp. Aus dem Altnordischen. Bedeutung: iarpr = „dunkel; braun; glänzend".

Errol
Angloamerikanischer Name, wahrscheinlich ursprünglich von →Earl.

Erwin
Auch: Erwein. Aus dem Althochdeutschen. Ursprünglich: Herwin. Bedeutung: heri = „Heer" und wini = „Freund"

Esdras
Französische und spanische Form von →Esra.

Esmond
Auch: Estmund. Aus dem Englischen, ursprünglich wahrscheinlich aus dem Althochdeutschen. Bedeutung: Ase (Gott) und munt = „Schutz".

Esra
Auch: Ezra. Biblischer Name aus dem Hebräischen. Bedeutung: „(Gott ist) Hilfe".

Esteban
Auch: Estevan. Spanische Form von →Stephan.

Etienne
Auch: Estienne. Französische Form von →Stephan.

Ettore
Italienische Form von →Hektor.

Etu
Aus dem Indianischen. Bedeutung: „Sonne".

Etzel
Auch: Azilo, Azzilo. Kurzform von Namen, die mit „Adal-" beginnen oder von →Attila.

Euchar
Auch: Eucharius. Aus dem Griechischen. Bedeutung: „Dankbarkeit".

Eugen
Aus dem Griechischen. Bedeutung: „edel; wohlgeboren".

Eugene
Englische und französische Form von →Eugen.

Eugenio
Italienische und spanische Form von →Eugen.

Eusebius
Aus dem Griechischen. Bedeutung: „fromm; gottesfürchtig".

Eustach
Auch: Eustachius. Aus dem Griechischen. Bedeutung: „schöne Ähre; reiche Frucht".

Eutropius
Aus dem Griechischen. Bedeutung: „Gewandtheit; Beweglichkeit; Geschicklichkeit".

Evangelist
Aus dem Griechischen. Bedeutung: „Verkünder der frohen Botschaft".

Evarist
Aus dem Griechischen. Bedeutung: „der Wohlgefällige".

Evert
Niederdeutsche Kurzform von →Eberhard.

Ewald
Aus dem Althochdeutschen. Bedeutung: ewa = „Recht; Gesetz" und waltan = „walten; herrschen".

Ewan
Auch: Ewen, Evan. Aus dem Irischen. Bedeutung: „Jüngling; junger Krieger".

Eward
Auch: Ewart, Ewert. Aus dem Althochdeutschen. Bedeutung: ewa = „Recht; Gesetz" und wart = „Hüter; Schützer".

Ezechiel
Biblischer Name aus dem Hebräischen. Bedeutung: „Gott ist stark".

Ezzo
Italienische Kurzform von →Adolfo.

F

Fabian
Auch: Fabianus, Fabius. Aus dem Lateinischen. Ursprünglich „Fabius", ein altrömischer Familienname. Faba (lat.) = „Bohne".

Fabien
Französische Form von →Fabian.

Fabiano
Auch: Fabio. Italienische Form von →Fabian.

Fabrice
Französische Form von →Fabricius.

Fabricius
Auch: Fabrizio (ital.). Aus dem Lateinischen nach dem Familiennamen der Fabricier. Faber (lat.) = „handwerklich, künstlerisch geschickt".

Falk
Auch: Falko. Aus dem Althochdeutschen. Bedeutung: „Falke".

Falkmar
Aus dem Althochdeutschen. Bedeutung: falcho = „Falke" und mari = „berühmt".

Farald
Auch: Farold, Farolt. Aus dem Althochdeutschen. Bedeutung: fara(n) = „fahren; reisen" und waltan = „walten; herrschen".

Farfried
Aus dem Althochdeutschen. Bedeutung: fara(n) = „fahren; reisen" und fridu = „Friede".

Faris
Aus dem Arabischen. Bedeutung: „Reiter; Ritter".

Farmund
Aus dem Althochdeutschen. Bedeutung: fara(n) = „fahren; reisen" und munt = „Schutz".

Fastmar
Aus dem Althochdeutschen. Bedeutung: fasti = „fest" und mari = „berühmt".

Fastmund
Aus dem Althochdeutschen. Bedeutung: fasti = „fest" und munt = „Schutz".

Fastrad
Aus dem Althochdeutschen. Bedeutung: fasti = „fest" und rat = „Ratgeber".

Fath
Aus dem Arabischen. Bedeutung: „Sieg; Öffnung".

Fatih
Aus dem Arabischen bzw. Türkischen. Bedeutung: „Eroberer".

Faustus
Aus dem Lateinischen. Bedeutung: „günstig; glückbringend".

Faustino
Auch: Faustinus. Italienische Verkleinerungsformen von →Faustus.

Fausto
Italienische Form von →Faustus.

Fedde
Auch: Feddo. Friesische Kurzformen von Namen mit „fred" bzw. „fried".

Federico
Auch: Federigo. Italienische bzw. spanische Formen von →Friedrich.

Fedon
Aus dem Neugriechischen. Bedeutung: „der Strahlende; der Leuchtende".

Fedor
Auch: Feodor. Aus dem Russischen von →Fjodor.

Feike
Auch: Feiko. Friesische Koseformen von Namen mit „fred" bzw. „fried".

Felice
Italienische Form von →Felix.

Feliks
Polnische Form von →Felix.

Felipe
Spanische Form von →Philipp.

Felix
Aus dem Lateinischen. Bedeutung: „glücklich; der Glückliche".

Felizian
Andere Form von →Felix.

Fenno
Auch: Fenneke. Friesische Koseformen von Namen mit „fred" bzw. „fried".

Feodosi
Russische Form von →Theodosius.

Ferdinand
Aus dem Althochdeutschen Fridenand bzw. Fridunanth. Bedeutung: fridu = „Friede" und nantha = „mutig; kühn".

Ferdinando
Auch: Fernando, Ferrante. Italienische Formen von →Ferdinand.

Ferenc
Ungarische Form von →Franz.

Ferfried
Neuere Form von →Farfried.

Fermund
Neuere Form von →Farmund.

Fernand
Auch: Ferrand, Fernandel. Französische Formen von →Ferdinand.

Ferry
Auch: Fery. Französische und englische Kurzform von →Frederic.

Fidel
Kurzform von →Fidelis.

Fidelio
Italienische Form von →Fidelis

Fidelis
Auch: Fidelius. Aus dem Lateinischen. Bedeutung: „treu; ehrlich; zuverlässig".

Filibert
Aus dem Althochdeutschen. Bedeutung: filu = „viel" und beraht = „glänzend".

Filipe
Portugiesische Form von →Philipp.

Filipp
Russische Form von →Philipp.

Filippo
Auch: Filippino. Italienische Formen von →Philipp.

Filippos
Neugriechische Form von →Philipp.

Filko
Ungarische Form von →Philipp.

Finley
Aus dem Irischen. Bedeutung: „kleiner blonder Tapferer; blonder Krieger".

Finn
Auch: Fynn. Aus dem Nordischen, wahrscheinlich mit der Bedeutung: „Wanderer" oder „Weißer".

Fiorenzo
Italienische Form von →Florens.

Firmin
Auch: Firminus. Andere Form von →Firmus.

Firmus
Aus dem Lateinischen. Bedeutung: „fest; beharrlich; standhaft".

Fito
Auch: Fitko. Slawische Kurzform von →Vitus.

Fitzgerald
Aus dem Altenglischen. Bedeutung: „Sohn Geralds".

Fjodor
Russische Form von →Theodor.

Flavio
Auch: Flavius. Ursprünglich nach dem Familiennamen der Flavier. Bedeutung: flavus (lat.) = „gelb; strohblond".

Flodoard
Ursprünglich wahrscheinlich Chlodward. Bedeutung: hlutha (germanisch) = „laut" und wart (althochdeutsch) = „Hüter".

Florens
Auch: Florenz. Aus dem Lateinischen. Bedeutung: „blühend; im besten Alter".

Florent
Französische Form von →Florens.

Florentius
Auch: Florentin, Florentinus. Aus dem Lateinischen. Bedeutung: „blühend; im besten Alter".

Flori
Kurzform von →Florian.

Florian
Auch: Florianus. Aus dem Lateinischen. Bedeutung: „blühen; frisch sein; glänzen; hohes Ansehen genießen".

Floribert
Zusammensetzung aus Namen, die mit „Flor-" beginnen und mit „-bert" enden.

Florin
Andere bzw. neuere Formen von →Florian.

Florus
Aus dem Lateinischen. Bedeutung: „blühend; glänzend".

Flurin
Rätoromanische Neuform von →Florian.

Folke
Friesische (Kurz-)Form von Namen, die mit „Folk-" bzw. „Volk" beginnen.

Folker
→Volker.

Folkert
Auch: Folkhard. →Volkhard.

Folko
Friesische (Kurz-)Form von Namen, die mit „Folk-" bzw. „Volk" beginnen.

Folkwein
→Volkwin.

Fons
Kurzform von →Alfons.

Fortunat
Auch: Fortunatus. Aus dem Lateinischen. Bedeutung: „beglückt; glücklich; vom Schicksal begünstigt".

Fortunio
Italienische Form von →Fortunat.

Fran
Auch: Frane. Slawische Formen von →Francisko.

Franc
Slawische Form von →Franziskus.

Francesco
Auch: Fresco. Italienische (Verkleinerungs-)Formen von →Franziskus.

Francis
Englische Form von →Franz.

Francisko
Slawische Form von →Franziskus.

Franco
Italienische Kurzform von →Francesco.

François
Französische Form von →Franz bzw. →Franziskus.

Franek
Auch: Frantek. Polnische und slowenische Kurzform von Franciszek →Franziskus.

Frank
Ursprünglich ein Beiname: „der Franke", wahrscheinlich aber auch von frank = „offen; frei".

Franko
Aus dem Althochdeutschen. Bedeutung: franko = „der Franke".

Frankobert
Auch: Frankomar, Frankowig, Frankward. Zusammensetzungen aus frank = „der Franke" und beraht = „glänzend" bzw. wig = „Kampf" bzw. wart = „Hüter; Schützer".

Frans
Niederländische und schwedische Form von →Franz.

Frantz
Andere Form von →Franz.

Franz
Kurzform von →Franziskus. (Vor allem in Süddeutschland und Österreich.)

Franziskus
Auch: Franciscus. Aus dem Lateinischen. Bedeutung: „der Franke". Slawische Abwandlungen: Franc, Franciszek, Francisk, František, Fran, Frane, Franek und Ferenc (ungarisch).

Fred
Auch: Freddi, Freddo, Freddy, Fredy, Fredi, Fredo. Kurzformen von →Frederich, →Alfred, →Manfred.

Fredegar
Niederdeutsche Form von →Friedeger.

Frédéric
Auch: Frédérick. Französische Formen von →Friedrich.

Frederich
Auch: Frederik, Freerik, Freerk, Frerik,

Frerich, Frerk. Niederdeutsche und friesische Formen von →Friedrich.

Fredrik
Schwedische und ostfriesische Form von →Friedrich.

Frido
Auch: Friddo. Kurzformen von → Friedrich.

Fridolin
Auch: Friedolin. Ursprünglich oberdeutsche Form von →Friedrich.

Fried
Kurzform von Namen, die mit „Fried-" beginnen, meistens von →Friedrich.

Friedbert
Auch: Friedebert. Aus dem Althochdeutschen. Bedeutung: fridu = „Friede" und beraht = „glänzend".

Friedebald
Aus dem Althochdeutschen. Bedeutung: fridu = „Friede" und bald = „kühn".

Friedel
Kurzform von Namen, die mit „-fried-" beginnen oder enden.

Friedemann
Auch: Friedmann. Aus dem Althochdeutschen. Bedeutung: fridu = „Friede" und man = „Mann".

Friedemar
Auch: Friedmar. Aus dem Althochdeutschen. Bedeutung: fridu = „Friede" und mari = „berühmt".

Friedemund
Auch: Friedmund. Aus dem Althochdeutschen. Bedeutung: fridu = „Friede" und munt = „Schutz".

Friedenand
Ältere deutsche Form von →Ferdinand.

Frieder
Selbstständige Kurzform von →Friedrich.

Friedger
Auch: Friedeger. Aus dem Althochdeutschen. Bedeutung: fridu = „Friede" und ger = „Speer".

Friedhard
Aus dem Althochdeutschen. Bedeutung: fridu = „Friede" und harti = „hart; stark".

Friedhelm
Aus dem Althochdeutschen. Bedeutung: fridu = „Friede" und helm = „Helm; Schutz".

Friedhold
Aus dem Althochdeutschen. Bedeutung: fridu = „Friede" und waltan (-ald, -old) = „walten; herrschen".

Friedhorst
Aus dem Althochdeutschen. Bedeutung: fridu = „Friede" und horst, hurst = „Gehölz; Dickicht".

Friedlieb
Ursprünglich Friedleib. Aus dem Althochdeutschen. Bedeutung: fridu = „Friede" und leiba = „Erde".

Friedo
Auch: Frido. Kurzform von Namen mit „Fried-".

Friedolf
Aus dem Althochdeutschen. Bedeutung: fridu = „Friede" und wolf = „Wolf".

Friedrich
Auch: Friederich. Ursprünglich Frithareiks bzw. Fridurich. Aus dem Althochdeutschen. Bedeutung: fridu = „Friede" und rihhi = „Herrschaft; mächtig; reich".

Friedwald
Auch: Friedewald. Aus dem Althochdeutschen. Bedeutung: fridu = „Friede" und waltan = „walten; herrschen".

Friedward
Auch: Friedeward, Friedwart. Aus dem Althochdeutschen. Bedeutung: fridu = „Friede" und wart = „Hüter; Schützer".

Frithjof
Auch: Fritjof. Aus dem Altnordischen. Bedeutung: fridhr = „Liebe" und thjofr = „Heimlicher".

Friso
Auch: Frieso. Aus dem Altdeutschen. Ursprünglich ein Beiname: „der Friese".

Fritz
Seit dem Mittelalter selbstständige Form von →Friedrich. Spitzname von Friedrich dem Großen war „der alte Fritz".

Frodebert
Aus dem Althochdeutschen. Bedeutung: frot, fruot = „klug; weise" und beraht = „glänzend".

Frodeger
Aus dem Althochdeutschen. Bedeutung: frot, fruot = „klug; weise" und ger = „Speer".

Frodemund
Auch: Fromund. Aus dem Althochdeutschen. Bedeutung: frot, fruot = „klug; weise" und munt = „Schutz".

Frodewald
Auch: Frowald. Aus dem Althochdeutschen. Bedeutung: frot, fruot = „klug; weise" und waltan = „walten; herrschen".

Frodewin
Auch: Frowein, Frowin. Aus dem Althochdeutschen. Bedeutung: frot, fruot = „klug; weise" und wini = „Freund".

Frohmut
Auch: Fromut. Aus dem Althochdeutschen. Bedeutung: frot, fruot = „klug; weise" und muot = „Sinn; Geist".

Frommhold
Ursprünglich: Frommwald. Umbildung aus dem 18. Jahrhundert. Bedeutung: fruma = „Nutzen; Vorteil" und waltan = „walten; herrschen".

Fryderyk
Polnische Form von →Friedrich.

Fulbert
Neuere Form von →Volbert bzw. Volkbert. Oder englische Form von →Filibert.

Fulk
Auch: Fulke, Fulko. Friesische Kurzformen von Namen, die mit „Volk-" beginnen.

Fulvio
Italienische Form von →Fulvius.

Fulvius
Auch: Fulvian. Aus dem Lateinischen. Bedeutung: fulvus = „rotgelb"; „der mit dem rotgelben Haar".

Fürchtegott
Pietistische Form aus dem 18. Jahrhundert. Bedeutung: „Fürchte Gott!".

Furio
Aus dem Lateinischen. Bedeutung: „Begeisterung; Verzückung; (Liebeswut; Raserei)".

G

Gaard
Niederländische Form von →Gerhard.

Gábor
Ungarische Form von →Gabriel.

Gabriel
Biblischer Name aus dem Hebräischen. Bedeutung: „Mann Gottes".

Gabriello
Auch: Gabrio. Italienische Formen von →Gabriel.

Gadi
Aus dem Arabischen. Bedeutung: „mein Glück".

Galadriel
Elbenkönig aus „Herr der Ringe".

Galdino
Italienische Verkleinerungsform von Gherardo bzw. →Gerhard.

Gallus
Auch: Gallo (ital.), Galo (slaw.). Aus dem Lateinischen. Bedeutung: „der Gallier".

Galvan
Auch: Galven. Englische Formen von →Galvin.

Galvin
Aus dem Irischen. Bedeutung: „leuchtend; hell" oder „Sperling".

Gan
Aus dem Vietnamesischen. Bedeutung: „nahe sein".

Gandolf
Auch: Gandulf. Aus dem Altisländischen. Bedeutung: „Wolf".

Gangolf
Umkehrung von →Wolfgang.

Garbert
Auch: Garbeth, Garbit, Gerbit. Friesische Formen von →Gerbert.

Gard
Friesische Kurzform von →Gerhard.

Garlef
Friesische Form von →Garlieb.

Garlieb
Ursprünglich: Garleib. Aus dem Althochdeutschen. Bedeutung: ger = „Speer" und leiba = „Erde".

Garret
Auch: Garriet, Garrit. Friesische Formen von →Gerhard.

Gaspar
Auch: Gaspard (franz.); Gaspare, Gasparo (ital.). Formen von →Kaspar.

Gaston
Aus dem Französischen. Wahrscheinlich ursprünglich aus dem Althochdeutschen gast = „Gast; Fremder; Besucher".

Gaudenz
Aus dem Lateinischen. Bedeutung: gaudere = „sich freuen; fröhlich sein".

Gavin
Wahrscheinlich aus dem Walisischen. Bedeutung: „Falke".

Gawriil
Auch: Gavriil. Russische Formen von →Gabriel.

Gebbert
Niederdeutsche Form von →Gebhard.

Gebbo
Auch: Gebbe. Friesische Kurzformen von Namen, die mit „Geb-" oder „Ger-" beginnen.

Gebhard
Aus dem Althochdeutschen. Bedeutung: ger = „Speer" und harti = „hart; stark".

Gedeon
→Gideon.

Geert
Friesische Kurzform von →Gerhard.

Gellért
Ungarische Form von →Gerhard.

Gene
Kurzform von →Eugene.

Genest
Aus dem Griechischen. Bedeutung: génos = „Nachkomme; Sprössling".

Georg
Aus dem Griechischen. Bedeutung: geōrgós = „Landmann; Ackermann". Der heilige Georg wurde als der „Drachentöter" zur Legende.

George
Auch: Georges. Englische und französische Formen von →Georg.

Georgij
Russische Form von →Georg.

Georgios
Griechische Form von →Georg.

Georgius
Spätlateinische Form von →Georg bzw. →Gregor(ius).

Gepke
Auch: Gepko. Friesische Kurzformen von Namen, die mit „Geb-" oder „Ger-" beginnen.

Gerald
Angelsächsische Form von →Gerold.

Gérard
Französische Form von →Gerhard.

Gerbald
Auch: Gerbold. Aus dem Althochdeutschen. Bedeutung: ger = „Speer" und bald = „kühn".

Gerbert
Aus dem Althochdeutschen. Bedeu-

tung: ger = „Speer" und beraht = „glänzend".

Gerbod(o)
Aus dem Althochdeutschen. Bedeutung: ger = „Speer" und boto= „Bote; Gebieter".

Gerbrand
Aus dem Althochdeutschen. Bedeutung: ger = „Speer" und brand = „flammendes Schwert".

Gerd
Auch: Gert. Kurzform von →Gerhard.

Gereon
Auch: Gerion. Aus dem Griechischen. Bedeutung: geron = „Greis; Weiser".

Gerfried
Aus dem Althochdeutschen. Bedeutung: ger = „Speer" und fridu = „Friede".

Gerhard
Auch: Gerhart, Gerard. Aus dem Althochdeutschen. Bedeutung: ger = „Speer" und harti = „hart; stark".

Geriet
Auch: Gerit. Friesische Kurzformen von →Gerhard.

Gerke
Auch: Gerko. Friesische Kurzformen von →Gerhard.

Gerlach
Aus dem Althochdeutschen. Bedeutung: ger = „Speer" und laha = „Grenzzeichen".

Germain
Auch: German, Germann. Andere Formen von →Germanus oder russische Form von →Hermann.

Germanus
Bedeutung: der Germane. Oder: aus dem Althochdeutschen mit der Bedeutung: ger = „Speer" und man = „Mann; Mensch".

Germar
Aus dem Althochdeutschen. Bedeutung: ger = „Speer" und mari = „berühmt".

Germo
Kurzform von Namen, die mit „Ger-" beginnen, speziell von →Germar.

Gernhard
Wahrscheinlich Zusammenstellung aus „gern" und dem ursprünglichen harti = „hart; stark".

Gernot
Aus dem Althochdeutschen. Bedeutung: ger = „Speer" und not = „Gefahr; Bedrängnis".

Gero
Kurzform von Namen, die mit „Ger-" beginnen.

Gerold
Andere Form von →Gerwald.

Gerolf
Auch: Gerulf. Andere Formen von →Gerwulf.

Gerome
Englische Form von →Hieronymus.

Geronimo
Italienische Form von →Hieronymus.

Gerrich
Auch: Gerrik. Aus dem Althochdeutschen. Bedeutung: ger = „Speer" und rihhi = „mächtig; reich".

Gerridt
Auch: Gerriet, Gerrit. Friesische Kurzformen von →Gerhard.

Gersom
Auch: Gerson. Aus dem Hebräischen. Bedeutung: „Fremdling" oder „Verbannung".

Gert
Auch: Gerd. Kurzformen von →Gerhard.

Gerthold
Aus dem Althochdeutschen. Bedeutung: ger = „Speer" und wald, waltan (hold) = „walten; herrschen". →Gerwald

Gervas
Auch: Gervasius, Gervasio (ital.). Aus dem Althochdeutschen. Bedeutung: ger = „Speer" und vass (kelt.) = „Knecht; Diener".

Gerwald
Aus dem Althochdeutschen. Bedeutung: ger = „Speer" und waltan = „walten; herrschen".

Gerwig
Aus dem Althochdeutschen. Bedeutung: ger = „Speer" und wig = „Kampf".

Gerwin
Aus dem Althochdeutschen. Bedeutung: ger = „Speer" und wini = „Freund".

Gerwulf
Aus dem Althochdeutschen. Bedeutung: ger = „Speer" und wulf = „Wolf".

Gevehard
Niederdeutsche Form von →Gebhard.

Géza
Ungarischer Vorname aus dem Türkischen. Ursprünglich ein Ehrentitel.

Gherardo
Italienische Form von →Gerhard.

Giacomo
Auch: Giacomino. Italienische Formen von →Jakob.

Gian
Schweizerische Kurzform von →Hans bzw. →Johann.

Gianni
Italienische Form von →Johann.

Gibor
Aus dem Hebräischen. Bedeutung: „Held".

Gideon
Auch: Gedeon. Biblischer Name aus dem Hebräischen. Bedeutung: „Krieger; Holzfäller".

Gigi
Auch: Gigio. Italienische Verkleinerungsformen von →Luigi bzw. →Ludwig.

Gil
Auch: Gils, Gilles, Giles. Kurzformen von →Ägilius bzw. →Ägidius. Oder friesische Kurzform von Namen, die mit „Gil-" beginnen.

Gilbert
Auch: Gilbrecht. Neuere Formen von →Giselbert bzw. Giselbrecht.

Gildebert
Auch: Gildebrecht. Aus dem Althochdeutschen. Bedeutung: gild = „Zahlung; Opfer; Schuld" und beraht = „glänzend".

Gildo
Friesische Kurzform von Namen, die mit „Gil-" beginnen.

Gilgian
Auch: Gilg. Kurzformen von →Ägidius.

Gillian
Schweizerische Form von →Gilgian.

Gilmar
Kurzform von →Giselmar.

Gino
Italienische Verkleinerungsform von →Luigi bzw. →Ludwig.

Gion
Schweizerische Form von →Johann.

Giordano
Italienische Form von →Jordan.

Giorgio
Italienische Form von →Georg.

Giovanni
Italienische Form von →Johannes.

Gisbert
Auch: Giselbert, Giselbrecht. Aus dem Althochdeutschen. Bedeutung: gisal = „Bürge; Pfand" und beraht = „glänzend".

Giselher
Aus dem Althochdeutschen. Bedeutung: gisal = „Bürge; Pfand" und heri = „Heer".

Giselmar
Auch: Gismar. Aus dem Althochdeutschen. Bedeutung: gisal = „Bürge; Pfand" und mari = „berühmt".

Giselmund
Auch: Gismund, Gilmund. Aus dem Althochdeutschen. Bedeutung: gisal = „Bürge; Pfand" und munt = „Schutz".

Gismut
Aus dem Althochdeutschen. Bedeutung: gisal = „Bürge; Pfand" und muot = „Geist; Sinn".

Giulio
Auch: Giuliano. Italienische Formen von →Julius bzw. →Julian.

Giuseppe
Italienische Form von →Josef.

Glen
Auch: Glenn. Aus dem Englischen bzw. Keltischen. Bedeutung: „dunkles Tal".

Godebert
Auch: Gobert. Aus dem Althochdeutschen. Bedeutung: got = „Gott" und beraht = „glänzend".

Godhard
Auch: Godehard. Aus dem Althochdeutschen. Bedeutung: got = „Gott" und harti = „hart; stark".

Godo
Auch: Gody, Göde, Göke, Golo. Kurzformen von Namen, die mit „God-" bzw. „Gott-" beginnen.

Godwin
Aus dem Althochdeutschen. Bedeutung: got = „Gott" und wini = „Freund".

Gombert
Auch: Gompert, Gomprecht. Ältere Formen von →Guntbert.

Gontard
Französische Form von →Gunthard.

Goran
Serbokroatische Form von →Gregor oder →Georg.

Gorch
Auch: Gorg; Görg. Niederdeutsche Formen von →Georg.

Gordian
Auch: Gord. Aus dem Lateinischen. Bedeutung: „der aus Gordium" (Stadt in Kleinasien).

Gordon
Ursprünglich ein schottischer Familienname, dann Beiname, dann englischer Vorname (19. Jahrhundert).

Gores
Auch: Gorje, Gorres, Gors. Kurzformen von →Gregor.

Gorius
Kurzform von →Gregorius.

Goro
Aus dem Japanischen. Bedeutung: „der Fünftgeborene".

Görres
Auch: Göres, Göris, Görs. Kurzformen von →Georg bzw. →Gregor(ius).

Gosbert
Aus dem Althochdeutschen. Bedeutung: gos (= gauta) = „Gote" und beraht = „glänzend".

Goswin
Aus dem Althochdeutschen. Bedeutung: gos (= gauta) = „Gote" und wini = „Freund".

Götje
Kurzform von →Gottfried.

Gotmar
Auch: Gottmar. Aus dem Althochdeutschen. Bedeutung: got = „Gott" und mari = „berühmt".

Gottbert
Aus dem Althochdeutschen. Bedeutung: got = „Gott" und beraht = „glänzend".

Gottfried
Auch: Gotfrit. Aus dem Althochdeutschen. Bedeutung: got = „Gott" und fridu = „Friede".

Gottgetreu
Neubildung aus dem 18. Jahrhundert. Bedeutung: „Sei Gott getreu!"

Gotthard
Aus dem Althochdeutschen. Bedeutung: got = „Gott" und harti = „hart; stark".

Gotthelf
Auch: Gotthilf. Neubildung aus dem 18.

Jahrhundert. Bedeutung: „dem Gott hilft; der Gott hilft" oder „Gott hilf!"

Gotthelm
Aus dem Althochdeutschen. Bedeutung: got = „Gott" und helm = „Helm; Schutz".

Gotthold
Andere Form von →Gottwald. Oder Neubildung aus dem 18. Jahrhundert: „treu, hold wie Gott" oder „sei Gott hold!"

Gottlieb
Aus dem Althochdeutschen. Bedeutung: got = „Gott" und leiba = „Erbe". Oder Neubildung aus dem 18. Jahrhundert: „der Gott lieb hat" oder „hab Gott lieb!"

Gottlob
Neubildung aus dem 18. Jahrhundert. „Lobe Gott!" bzw. „der Gott lobt".

Gottwald
Aus dem Althochdeutschen. Bedeutung: got = „Gott" und waltan = „herrschen; walten".

Gottwin
Aus dem Althochdeutschen. Bedeutung: got = „Gott" und wini = „Freund".

Götz
Kurzform von →Gottfried.

Govert
Niederdeutsche und niederländische Form von →Gottfried.

Gowon
Aus dem Afrikanischen (Nigeria). Bedeutung: „der Regenmacher".

Graciano
Spanische Form von →Gratian.

Gratian
Auch: Grazian. Aus dem Lateinischen. Bedeutung: „anmutig; lieb; willkommen".

Graziano
Italienische Form von →Gratian.

Gregoor
Niederländische Form von →Gregor.

Gregor
Auch: Gregorius. Aus dem Griechischen. Bedeutung: ergegoros = „wachsam; rege".

Gregorio
Italienische Form von →Gregor.

Gregorios
Griechische Form von →Gregor.

Gregory
Englische Form von →Gregor.

Grigor
Serbokroatische Form von →Gregor.

Grigore
Rumänische Form von →Gregor.

Grigorij
Russische Form von →Gregor.

Grimbald
Aus dem Althochdeutschen. Bedeutung: grim = „wild; grimmig" und bald = „kühn".

Grimbert
Aus dem Althochdeutschen. Bedeutung: grim = „wild; grimmig" und beraht = „glänzend".

Grimwald
Aus dem Althochdeutschen. Bedeutung: grim = „wild; grimmig" und waltan = „walten; herrschen".

Grischa
Russische Kurzform von →Grigorij.

Guglielmo
Auch: Guglielmino. Italienische Form von →Wilhelm.

Guido
Ursprünglich aus dem Germanischen. Kurzform von Namen mit „Wid-". Bedeutung: witu = „Wald". Italienische Form von →Wido.

Guillaume
Französische Form von →Wilhelm.

Guillermo
Spanische Form von →Wilhelm.

Gumbert
Auch: Gumpert, Gumprecht. Ältere Formen von →Guntbert.

Gumbold
Auch: Gumpolt, Gumpel. Ältere Formen von →Gundbald.

Gundbald
Aus dem Althochdeutschen. Bedeutung: gund = „Kampf" und bald = „kühn".

Gunder
Dänische Form von →Gunnar bzw. →Günther.

Gundhart
Aus dem Althochdeutschen. Bedeutung: gund = „Kampf" und harti = „hart; stark".

Gundo
Kurzform von Namen, die mit „Gund-" beginnen.

Gundobert
Aus dem Althochdeutschen. Bedeutung: gund = „Kampf" und beraht = „glänzend".

Gundolf
Aus dem Althochdeutschen. Bedeutung: gund = „Kampf" und wolf = „Wolf".

Gundomar
Aus dem Althochdeutschen. Bedeutung: gund = „Kampf" und mari = „berümt".

Gunnar
Auch: Gunar. Nordische Formen von →Gunter.

Gunnert
Schwedische Form von →Gunthard.

Guntbert
Auch: Guntbrecht. →Gundobert.

Gunter
Auch: Gunther, Günther, Günter. Aus dem Althochdeutschen. Bedeutung: gund = „Kampf" und heri = „Heer".

Guntfried
Aus dem Althochdeutschen. Bedeutung: gund = „Kampf" und fridu = „Friede".

Gunthard
Aus dem Althochdeutschen. Bedeutung: gund = „Kampf" und harti = „hart; stark".

Gunthelm
Aus dem Althochdeutschen. Bedeutung: gund = „Kampf" und helm = „Helm; Schutz".

Guntmar

→Gundomar.

Guntrad
Aus dem Althochdeutschen. Bedeutung: gund = „Kampf" und rat = „Ratgeber".

Guntram
Auch: Gontran (franz.). Aus dem Althochdeutschen. Bedeutung: gund = „Kampf" und hraban = „Rabe".

Guntwin
Aus dem Althochdeutschen. Bedeutung: gund = „Kampf" und wini = „Freund".

Gus
Kurzform von →Gustav.

Guscha
Russische Kurzform von Serguscha bzw. →Sergej.

Gustel
Kurzform von →August bzw. →Gustav.

Gustav
Auch: Gustaf; Gustave (engl.; franz.); Gustavo (ital.; span.); Gustaaf, Gustavus (niederländ.); Hustav (ukrain.). Aus dem Altschwedischen. Bedeutung: göt = „Gott" und staf = „Stab; Stütze".

Gustinus
Kurzform von →Augustin.

Guy
Französische und englische Kurzform von →Guido.

Gwer
Schweizerische Form von →Quirinus.

Gyasi
Aus dem Afrikanischen. Bedeutung: „wunderbares Kind".

György
Ungarische Form von →Georg.

H

Haakon
Norwegische Form von →Hakon.

Habakuk
Aus dem Hebräischen. Bedeutung: „Umarmung". Prophet aus dem Alten Testament.

Hadebrand
Aus dem Althochdeutschen. Bedeutung: hadu = „Kampf" und brand = „flammendes Schwert".

Hademar
Auch: Hadamar. Aus dem Althochdeutschen. Bedeutung: hadu = „Kampf" und mari = „berühmt".

Hademund
Aus dem Althochdeutschen. Bedeutung: hadu = „Kampf" und munt = „Schutz".

Hadewin
Auch: Hadwin. Aus dem Althochdeutschen. Bedeutung: hadu = „Kampf" und wini = „Freund".

Hadrian
→Adrian.

Hagen
Auch: Hagan. Aus dem Althochdeutschen. Bedeutung: hag = „Einhegung; Hag; Hecke". Oder aus dem Irisch-Gälischen mit der Bedeutung: „der Kleine; der Junge".

Hai
Auch: Haie, Haio, Hajo, Hayo. Friesische Kurzformen von meist →Hagen.

Haiko
Auch: Haike. →Heiko.

Haimo
→Heimo.

Hajo
Neubildung bzw. (Kurz) Form von →Hans und →Joachim.

Hakan
Aus dem Türkischen mit der Bedeutung „Herrscher; Landesfürst" oder aus dem Indianischen mit der Bedeutung „feurig; glühend".

Hakim
Aus dem Arabischen. Bedeutung: „der Herrscher".

Hakon
Aus dem Nordischen. Ursprünglich Hakvinn (altnord.) oder Haquinus (lat.). Bedeutung: wahrscheinlich hag = „Einhegung; Hag; Hecke" und wini = „Freund".

Haldo
Auch: Haldor, Hallor. Aus dem Altnordischen. Bedeutung: hall = „Fels; Stein" und Thor (germanischer Donnergott).

Halfred
Aus dem Altnordischen. Bedeutung: hall = „Fels; Stein" und fred = „Liebe; Friede".

Halil
Aus dem Türkischen. Bedeutung: „enger Freund".

Halim
Aus dem Arabischen. Bedeutung: „freundlich; höflich; geduldig".

Halvar
Auch: Halvard, Halvor (dän.). Aus dem Altnordischen. Bedeutung: hall = „Fels; Stein" und vard = „Hüter".

Hamit
Aus dem Türkischen bzw. Arabischen. Bedeutung: „lobenswert; dankenswert".

Hanjo
Neubildung bzw. (Kurz)Form von →Hans und →Joachim bzw. →Jochen.

Hanko
Auch: Hanke. Niederdeutsche bzw. slawische Kurzform von →Johann.

Hannes
Kurzform von →Johannes.

Hannibal
Aus dem Phönizischen. Bedeutung: hann-i-baal = „Günstling des (Gottes) Baal".

Hanno
Aus dem Griechischen, ursprünglich Annōn. Oder Kurzform von →Johannes.

Hans
Auch: Hanns. Kurzform von →Johannes.

Harald
Nordische und englische Form von →Harold.

Harbert
Friesische Form von →Herbert.

Hard
Auch: Harder, Hardi, Hardy, Hardo. Kurzform von Namen, die mit „Hart-" beginnen oder „-hard" enden.

Harding
Englische Form von →Hartwin.

Haribert
Ältere Form von →Herbert.

Hariolf
Auch: Hariulf. Aus dem Althochdeutschen. Ursprünglich Heerwolf. Bedeutung: heri = „Heer" und wulf, wolf = „Wolf".

Hark
Auch: Harke, Harko. Friesische Kurzform von Namen, die mit „Har-" oder „Her-" beginnen.

Harman
Auch: Harm, Harmen. Friesische Formen von →Hermann.

Harold
Altenglische und niederdeutsche Form von →Herwald.

Harris
Aus dem Altenglischen. Bedeutung: „Harrys Sohn".

Harrison
Nebenform von →Harris.

Harry
Auch: Harri. Aus dem Englischen übernommene Form von →Henry bzw. →Heinrich. Oder Kurzform von Namen, die mit „Har-" beginnen, meistens von →Harald.

Harro
Auch: Haro. Kurzform von Namen, die mit „Har-" bzw. „Her-" beginnen.

Hartbert
Aus dem Althochdeutschen. Bedeutung: harti = „hart; stark" und beraht = „glänzend".

Hartfried
Aus dem Althochdeutschen. Bedeutung: harti = „hart; stark" und fridu = „Friede".

Hartger
Aus dem Althochdeutschen. Bedeutung: harti = „hart; stark" und ger = „Speer".

Hartlef
Aus dem Althochdeutschen. Bedeutung: harti = „hart; stark" und leiba = „Erbe; Hinterlassenschaft".

Hartlieb
Aus dem Althochdeutschen. Bedeutung: harti = „hart; stark" und leiba = „Erbe; Hinterlassenschaft" oder liob = „lieb".

Hartmann
Aus dem Althochdeutschen. Bedeutung: harti = „hart; stark" und man = „Mann; Mensch".

Hartmut
Aus dem Althochdeutschen. Bedeutung: harti = „hart; stark" und muot = „Mut; Eifer".

Hartrat
Aus dem Althochdeutschen. Bedeu-

tung: harti = „hart; stark“ und rat = „Ratgeber“.

Hartwig
Aus dem Althochdeutschen. Bedeutung: harti = „hart; stark“ und wig = „Kampf“.

Hartwin
Aus dem Althochdeutschen. Bedeutung: harti = „hart; stark“ und wini = „Freund“.

Harun
Arabische Form von →Aaron.

Harvey
Englische Form von →Herwig.

Hasan
Auch: Hassan. Aus dem Türkischen bzw. Arabischen. Bedeutung: „schön“.

Hasim
Aus dem Arabischen. Bedeutung: „großzügig; freundlich“.

Hasin
Aus dem Indisch-pakistanischen. Bedeutung: „der Lachende“.

Haske
Auch: Hasko. Friesische Formen von →Hasso.

Hasso
Aus dem Althochdeutschen. Bedeutung: „der Hesse“. Ursprünglich ein (adeliger) Beiname.

Hate
Auch: Hato, Hatte, Hatto. Friesische Kurzform von Namen, die mit „Had-“ beginnen. Aus dem Althochdeutschen mit der Bedeutung: hadu = „Kampf“.

Haubert
Rheinische Form von →Hubert.

Haug
Auch: Hauk. Oberdeutsche Form von →Hugo bzw. Namen, die mit „Hug-“ beginnen.

Havel
Auch: Havlik, Hawel. Tschechische Form von →Gallus.

Haven
Aus dem Altenglischen. Bedeutung: „Hafen; sicherer Ort“.

Hector

→Hektor.

Heidbald
Aus dem Althochdeutschen. Bedeutung: heitar = „klar; hell“ oder heidan = „wild“ und bald = „kühn“.

Heidbert
Auch: Heidbrecht, Heibert. Aus dem Althochdeutschen. Bedeutung: heitar = „klar; hell“ oder heidan = „wild“ und beraht = „glänzend“.

Heiderich
Auch: Heidrich, Heider. Aus dem Althochdeutschen. Bedeutung: heitar = „klar; hell“ oder heidan = „wild;“ (eventl. auch „Nichtchrist“) und rihhi = „mächtig“. (Aus dem Mittelalter durch die Kreuzzüge: „über die Heiden mächtig“.)

Heie
Auch: Heio, Heye, Heyje. Friesische Kurzformen von →Hagen bzw. Hagan.

Heiko
Niederdeutsche und friesische Kurzform von →Heinrich.

Heilo
Auch: Heilko. Friesische Kurzform von Namen, die mit „Heil-“ beginnen.

Heilmar
Aus dem Althochdeutschen. Bedeutung: heil = „gesund; heil“ und mari = „berühmt“.

Heilmut
Aus dem Althochdeutschen. Bedeutung: heil = „gesund; heil“ und muot = „Mut; Eifer“.

Heilwig
Aus dem Althochdeutschen. Bedeutung: heil = „gesund; heil“ und wig = „Kampf“.

Heimbert
Auch: Heimbrecht. Aus dem Althochdeutschen. Bedeutung: heima = „Heim; Behausung“ und beraht = „glänzend“.

Heimeran
Auch: Heimeram, Emeram (lat.). Aus dem Althochdeutschen. Bedeutung: heima = „Heim; Behausung" und hraban = „Rabe".

Heimerich
Auch: Heimrich. Aus dem Althochdeutschen. Bedeutung: heima = „Heim; Behausung" und rihhi = „mächtig; reich".

Heimfried
Aus dem Althochdeutschen. Bedeutung: heima = „Heim; Behausung" und fridu = „Friede".

Heimito
Weiterbildung von →Heimo.

Heimo
Friesische (Kurz)Form von Namen, die mit „Heim-" beginnen. Aus dem Althochdeutschen. Bedeutung: heim = „Heim; Behausung".

Heimrad
Aus dem Althochdeutschen. Bedeutung: heima = „Heim; Behausung" und rat = „Ratgeber".

Hein
Niederdeutsche Kurzform von →Heinrich.

Heinar
Auch: Heiner, Heine. Kurzformen von →Heinrich.

Heinfried
Mischform aus →Heinrich und →Friedrich.

Heinhard
Mischform aus →Heinrich und „-hard"-Namen.

Heinko
Auch: Heinke. Friesische und niederdeutsche Kurzform von →Heinrich.

Heino
Friesische und niederdeutsche Kurzform von →Heinrich.

Heinrich
Ursprünglich aus dem Sächsischen „Hainreich" bzw. „Heimerich" oder dem Althochdeutschen „Haganrich". Bedeutung: hag = „Einhegung; Hag; Hecke" und rihhi = „mächtig; reich".

Heintje
Niederländische Form von →Heinrich.

Heinz
Kurzform von →Heinrich.

Heio
→Heie.

Heiri
Schweizerische Kurzform von →Heinrich.

Hektor
Auch: Hector (franz.). Aus dem Griechischen. Bedeutung: Ektōr = „der Anker; der Halter".

Helaku
Aus dem Indianischen. Bedeutung: „Sonnentag".

Helfgott
Pietistische Neubildung von →Gotthelf.

Helfrich
Ursprünglich: Helferich. Aus dem Althochdeutschen. Bedeutung: helfa = „Hilfe" und rihhi = „mächtig; reich".

Helge
Auch: Helgi, Helgo. Aus dem Nordischen (Schwedischen). Bedeutung: helig = „gesund; heil; unversehrt".

Heliodoros
Aus dem Griechischen. Bedeutung: „Geschenk der Sonne".

Helke
Auch: Helko. Friesische bzw. niederdeutsche Kurzform von Namen, die mit „Hel-", „Heil-", „Heli-" oder „Hil-" beginnen.

Helm
Kurzform von Namen, die mit „Helm-" beginnen oder „-helm" enden.

Helmbald
Auch: Helmbold. Aus dem Althochdeutschen. Bedeutung: helm = „Schutz; Helm" und bald = „kühn".

Helmbert
Auch: Helmbrecht. Aus dem Althochdeutschen. Bedeutung: helm = „Schutz; Helm" und beraht = „glänzend".

Helmer
Auch: Helmar. Aus dem Althochdeutschen. Bedeutung: helm = „Schutz; Helm" und heri = „Heer".

Helmfried
Aus dem Althochdeutschen. Bedeutung: helm = „Schutz; Helm" und fridu = „Friede".

Helmgerd
Neubildung aus „Helm-"-Namen und „-gerd". Oder aus dem Althochdeutschen. Bedeutung: helm = „Schutz; Helm" und ger = „Speer".

Helmke
Auch: Helmko, Helmo. Kurzformen von Namen, die mit „Helm-" beginnen oder „-helm" enden.

Helmold
Aus dem Althochdeutschen. Bedeutung: helm = „Schutz; Helm" und waltan = „walten; herrschen".

Helmut
Auch: Hellmut, Helmuth, Hellmuth. Ursprünglich wahrscheinlich →Heilmut oder Hildemut (bzw. Hildimod, Helmeth). Aus dem Althochdeutschen. Bedeutung: helm = „Schutz; Helm" oder hiltja = „Kampf" und muot = „Mut; Eifer".

Helmward
Aus dem Althochdeutschen. Bedeutung: helm = „Schutz; Helm" und wart = „Hüter; Schützer".

Helwig
Auch: Hellwig. →Heilwig.

Hemke
Auch: Hemken. Friesische und niederdeutsche Kurzformen von Namen, die mit „Heim-" beginnen.

Hemmo
Friesische Kurzform von Namen, die mit „Heim-" beginnen.

Hendrik
Auch: Hendrikus, Hinderk, Hindrik. Niederdeutsche und niederländische Formen von →Heinrich.

Henner
Kurzform von →Heinrich.

Hennes
Rheinische Kurzform von →Johannes.

Hennig
Auch: Henning, Henk(e), Henne, Henneke, Henno. Niederdeutsche Kurzformen von →Henrik bzw. →Heinrich bzw. →Johannes.

Henri
Französische Form von →Heinrich.

Henrik
Auch: Hinrik. Niederdeutsche Formen von →Heinrich.

Henry
Englische Form von →Heinrich.

Henryk
Polnische Form von →Heinrich.

Herald
Neuform von →Herwald.

Herbald
Aus dem Althochdeutschen. Bedeutung: heri = „Heer" und bald = „kühn".

Herbert
Auch: Heribert. Aus dem Althochdeutschen. Bedeutung: heri = „Heer" und beraht = „glänzend; prächtig".

Herbrand
Aus dem Althochdeutschen. Bedeutung: heri = „Heer" und brant = „flammendes Schwert".

Herfried
Aus dem Althochdeutschen. Bedeutung: heri = „Heer" und fridu = „Friede".

Herko
Auch: Herke. Niederdeutsche und friesische Kurzformen von Namen, die mit „Her-" oder „Har-" beginnen.

Herlof
Auch: Herluf. Aus dem Althochdeut-

schen. Bedeutung: heri = „Heer" und wolf = „Wolf".

Hermann
Auch: Harman, Harmen (fries.); Herman (engl.); Armand (franz., ungar.); Ermanno, Erminio, Armando (ital.). Aus dem Althochdeutschen. Bedeutung: heri = „Heer" und man = „Mann; Mensch".

Hermes
Auch: Herms. Kurzformen von →Hermann. Oder: Hermes = aus dem Griechischen. Bedeutung: hermeneuein = „sprechen; auslegen". (Griechischer Gott des Handels).

Hermien
Auch: Hermin. Niederländische bzw. Neuformen von →Hermann.

Hermo
Kurzform von →Hermann.

Hernando
Spanische Form von →Ferdinand.

Herold
Neuform von →Herwald.

Hertwig
Neuform von →Hartwig.

Herwald
Aus dem Althochdeutschen. Bedeutung: heri = „Heer" und waltan = „herrschen; walten".

Herward
Aus dem Althochdeutschen. Bedeutung: heri = „Heer" und wart = „Hüter; Schützer".

Herwig
Auch: Herweig. Aus dem Althochdeutschen. Bedeutung: heri = „Heer" und wig = „Kampf".

Herwin
Aus dem Althochdeutschen. Bedeutung: heri = „Heer" und wini = „Freund". (Ältere Form von →Erwin).

Hesso
Neuform von →Hasso.

Hias
Bayrische Kurzform von →Matthias.

Hieronymus
Auch: Jeronimus, Geronimus, Grommes, Gromer; Jaronim, Jarolim (slaw., ostdt.); Hierom(e), Gerome, Jerom (engl.); Jérôme (franz.); Geronimo, Girolamo (ital.); Jeronimo (span.). Aus dem Griechischen. Bedeutung: hierós = „heilig" und ónyma, ónoma = „Name".

Hilal
Aus dem Arabischen. Bedeutung: „Neumond".

Hilario
Spanische Form von →Hilarius.

Hilarius
auch: Hilar; Hilaire (franz.). Aus dem Lateinischen. Bedeutung: hilaris = „heiter; fröhlich".

Hilbert
Auch: Hilpert, Hilbrecht. Neuformen von →Hildebert.

Hildebald
Aus dem Althochdeutschen. Bedeutung: hiltja = „Kampf" und bald = „kühn".

Hildebert
Auch: Hildbrecht. Aus dem Althochdeutschen. Bedeutung: hiltja = „Kampf" und beraht = „glänzend".

Hildebrand
Aus dem Althochdeutschen. Bedeutung: hiltja = „Kampf" und brand, brant = „flammendes Schwert".

Hildefons
Auch: Ildefonso, Ildefonsus. Aus dem Althochdeutschen. Bedeutung: hiltja = „Kampf" und funs = „eifrig; bereit".

Hildeger
Auch: Hildger. Aus dem Althochdeutschen. Bedeutung: hiltja = „Kampf" und ger = „Speer".

Hildemar
Aus dem Althochdeutschen. Bedeutung: hiltja = „Kampf" und mari = „berühmt".

Hilderich
Aus dem Althochdeutschen. Bedeutung: hiltja = „Kampf" und rihhi = „mächtig; reich".

Hildeward
Aus dem Althochdeutschen. Bedeutung: hiltja = „Kampf" und wart = „Hüter; Schützer".

Hildewin
Aus dem Althochdeutschen. Bedeutung: hiltja = „Kampf" und wini = „Freund".

Hilding
Aus dem Altisländischen. Bedeutung: hildingr = „Kampf" (bzw. altnord. hildr = „Kampf").

Hildolf
Aus dem Althochdeutschen. Bedeutung: hiltja = „Kampf" und wolf = „Wolf".

Hilger
Kurzform von →Hildeger.

Hilmar
(Kurz)Form von →Hildemar.

Hiltwin
→Hildewin.

Hinderk
Auch: Hinnerk. Niederdeutsche und friesische Formen von →Heinrich.

Hinrich
Auch: Hinrik. Niederdeutsche Formen von →Heinrich.

Hinun
Aus dem Indianischen. Bedeutung: „Götter der Wolken und des Regens".

Hiob
Biblischer Name aus dem Hebräischen. Bedeutung: 'ijjōb = „der Angefeindete; Angreifer; Feind".

Hippolyt(us)
Auch: Hippolyte (franz.). Aus dem Griechischen. Ursprünglich Hippólytos. Bedeutung: hippos = „Pferd" und lytēr = „Schlichter; Befreier".

Hiram
Aus dem Hebräischen. Bedeutung: „der überaus Edle".

Hiroshi
Aus dem Japanischen. Bedeutung: „der Freigiebige; der Großzügige".

Hisoka
Aus dem Japanischen. Bedeutung: „verschlossen; geheimnisvoll".

Hjalmar
Aus dem Altisländischen. Ursprünglich: Hjalmarr. Bedeutung: hjalmr = „Helm" und herr = „Heer".

Ho
Aus dem Chinesischen. Bedeutung: „der Gute".

Hogan
Aus dem Irisch-gälischen. Bedeutung: „der Jugendliche".

Hoho
Aus dem Indianischen. Bedeutung: „brummender Bär".

Hoimar
Aus dem Friesischen. Bedeutung: hoi = „hoch; erhaben" und mari (althochdt.) = „berühmt".

Hoku
Aus dem Hawaiischen. Bedeutung: „Stern". (Auch als weiblicher Vorname möglich!)

Holdo
Kurzform von Namen, die mit „-hold" enden.

Holger
Aus dem Altschwedischen: „Holmger" bzw. Altisländischen: „Holmgeirr". Bedeutung: holmi, holmr = „Insel(bewohner)" und geirr = „Speer".

Holke
Westfriesische Form von Namen, die mit „Hold-" oder „Huld-" beginnen.

Holm
Aus dem Nordischen. Bedeutung: holmr (altisländ.) = „Insel(bewohner)".

Honon
Aus dem Indianischen. Bedeutung: „Bär".

Honoré
Französische Form von →Honorius.

Honorius
Auch: Honorat. Aus dem Lateinischen. Bedeutung: honoris = „Ehre; Ansehen; Achtung".

Horace
Englische und französische Form von →Horatio.

Horant
Aus dem Althochdeutschen. Bedeutung: hoh, haoh = „hoch" und rant = „Schild".

Horatio
Auch: Horatius, Horaz. Aus dem Italienischen. Ursprünglich ein altrömischer Familienname der Horatier.

Horst
Mittlerweile eigenständiger Vorname, ursprünglich wahrscheinlich Kurzform von →Horstmar bzw. →Horstwin. Aus dem Althochdeutschen. Bedeutung: hurst = „Gebüsch; Hecke; Dickicht; dichtes Kampfgewühl".

Horstmar
Aus dem Althochdeutschen. Bedeutung: hurst = „Gebüsch; Hecke; Dickicht; dichtes Kampfgewühl" und mari = „berühmt".

Horstwin
Aus dem Althochdeutschen. Bedeutung: hurst = „Gebüsch; Hecke; Dickicht; dichtes Kampfgewühl" und wini = „Freund".

Hosea
Biblischer Name hebräischer Herkunft. Bedeutung: hoschea = „Errettung; Befreiung (durch Gott)".

Howi
Aus dem Indianischen. Bedeutung: „Turteltaube".

Hu
Aus dem Chinesischen. Bedeutung: „Tiger".

Hubert
Neuform von →Hugbert.

Huberto
Spanische Form von →Hubert.

Hubertus
Neuform von →Hugbert.

Hubrecht
Neuform von →Hugbert.

Hugbald
Auch: Hubald. Aus dem Althochdeutschen. Bedeutung: hugu = „Gedanke; Geist" und bald = „kühn". (Älter: auch Hugwald. Aus hugu und waltan = „walten; herrschen".)

Hugbert
Aus dem Althochdeutschen. Bedeutung: hugu = „Gedanke; Geist" und beraht = „glänzend".

Hugh
Auch: Hughes. Englische Formen von →Hugo.

Hugo
Ursprünglich Kurzform von Namen, die mit „Hug-" beginnen. Heute eigenständiger Vorname.

Hugues
Französische Form von →Hugo.

Huldreich
Auch: Huldrich. Andere Form von →Ulrich.

Humbert
Auch: Humbrecht. Ursprünglich Hunberht. Aus dem Althochdeutschen. Bedeutung: hun = „braun; dunkel" und beraht = „glänzend".

Humfried
Auch: Hunfried. Aus dem Althochdeutschen. Bedeutung: hun = „braun; dunkel" und fridu = „Friede".

Hunfredo
Spanische Form von →Humfried.

Hung
Aus dem Vietnamesischen. Bedeutung: „der Heldenhafte".

Hunold
Aus dem Althochdeutschen. Bedeutung: hun = „braun; dunkel" und waltan = „herrschen; walten".

Huschke
Tschechische Kurzform von →Johannes.

Hussein
Aus dem Arabischen. Ursprünglich Koseform von →Hasan.

Hustav
Ukrainische Form von →Gustav.

Hyazint(h)
Auch: Hyacinth, Hyacinthus. Aus dem Griechischen. Hyákinthos. Bedeutung unklar. Ursprünglich ein Blumenname: die Hyazinthe.

Hyginus
Aus dem Griechischen. Bedeutung: „der Gesunde".

Hyman
Aus dem Hebräischen. Bedeutung: „Leben".

Hynek
Tschechische Form von →Ignatius.

I

Iakovo
Italienische Form von →Jakob.

Iakovos
Neugriechische Form von →Jakob.

Ian
Englisch bzw. gälische Form von →Johannes.

Ibrahim
Arabische Form von →Abraham.

Ignace
Französische Form von →Ignatius.

Ignacio
Spanische Form von →Ignatius.

Ignatius
Auch: Egnatius. Aus dem Lateinischen. Bedeutung: ignis = „Feuer", igneus = „feurig; glühend".

Ignaz
Kurzform von →Ignatius.

Ignazio
Italienische Form von →Ignatius.

Igor
Russische Form von →Ingwar.

Ika
Russische Kurzform von →Igor.

Ikaros
Aus dem Griechischen. Nach der Sagengestalt Ikarus.

Ilario
Italienische Form von →Hilarius.

Ildefons
Neuform von →Hildefons.

Ilian
Schwedische Form von →Ägid.

Ilja
Auch: Ilija. Russische Formen von →Elias.

Ilko
Mazedonische und ukrainische Form von →Elias.

Illyés
Ungarische Form von →Elias.

Immanuel
Biblischer Name aus dem Hebräischen. Bedeutung: immānu'el = „Gott ist mit uns". →Emanuel.

Immo
Auch: Imo. Friesische Kurzformen von Namen, die mit „Irm-" beginnen.

Imre
Ungarische Form von →Emmerich.

Ineke
Friesische Kurzform von Namen, die mit „Agin-" oder „Egin-" beginnen.

Ingbert
→Ingobert.

Ingmar
Auch: Ingemar. Schwedische Formen von →Ingomar.

Ingo
Selbstständige (Kurz)Form von Namen, die mit „Ing-" beginnen.

Ingobald
Aus dem Althochdeutschen. Bedeutung: Ingi, Ingwio = germanischer Stammesgott und bald = „kühn".

Ingobert
Aus dem Althochdeutschen. Bedeutung: Ingi, Ingwio = germanischer Stammesgott und beraht = „glänzend".

Ingold
Neuform von →Ingwald.

Ingolf
Aus dem Althochdeutschen. Bedeutung: Ingi, Ingwio = germanischer Stammesgott und wolf = „Wolf".

Ingomar
Aus dem Althochdeutschen. Bedeutung: Ingi, Ingwio = germanischer Stammesgott und mari = „berühmt".

Ingraban
Auch: Ingram. Aus dem Althochdeutschen. Bedeutung: Ingi, Ingwio = germanischer Stammesgott und hraban = „Rabe".

Ingvar
Aus dem Althochdeutschen. Ursprünglich: Ingvarr (altnord.). Bedeutung: Ingi, Ingwio = germanischer Stammesgott und heri = „Heer".

Ingwald
Aus dem Althochdeutschen. Bedeutung: Ingi, Ingwio = germanischer Stammesgott und waltan = „walten; herrschen".

Ingwar
Auch: Ingwer. Friesische Formen von →Ingvar.

Ingward
Aus dem Althochdeutschen. Bedeutung: Ingi, Ingwio = germanischer Stammesgott und wart = „Hüter".

Ingwin
Aus dem Althochdeutschen. Bedeutung: Ingi, Ingwio = germanischer Stammesgott und wini = „Freund".

Innocente
Auch: Innocenzo. Italienische Formen von →Innozenz.

Innozenz
Aus dem Lateinischen. Bedeutung: innocens = „unschuldig; tugendhaft".

Ioakim
Neugriechische Form von →Joachim.

Ioannis
Neugriechische Form von →Johannes.

Iosif
Neugriechische Form von →Josef.

Ippolito
Italienische Form von →Hippolyt.

Ira
Aus dem Amerikanischen hebräischer Herkunft. Bedeutung: ′irä →= „Wächter".

Iram
Aus dem Hebräischen. Bedeutung: „wachsam".

Irenäus
Auch: Ireneus. Aus dem Griechischen. Bedeutung: eirēnē= „Frieden".

Irénée
Französische Form von →Irenäus.

Ireneo
Italienische Form von →Irenäus.

Irmbert
Aus dem Althochdeutschen. Bedeutung: irmin = „allumfassend" und beraht = „glänzend".

Irmfried
Aus dem Althochdeutschen. Bedeutung: irmin = „allumfassend" und fridu = „Friede".

Irmo
Auch: Irmio. Alte deutsche Kurzform von Namen, die mit „Irm(en)-" bzw. „Irmin-" beginnen und auf den germanischen Stamm bzw. Gott der Herminonen (Irminonen) hinweisen. Oder aus dem Althochdeutschen mit der Bedeutung: irmin = „Erde; Welt; allumfassend".

Irving
Auch: Irwin, Irvin, Irvine, Irwyn. Aus dem Angelsächsischen. Bedeutung: „Meeresfreund". Oder englische Form von →Eberwein.

Isaak
Biblischer Name hebräischer Herkunft. Bedeutung: jissechāq = „er (Gott) wird lachen".

Isacco
Italienische Form von →Isaak.

Isaias
Auch: Jesaia, Jesaja. Aus dem Hebräischen. Bedeutung: „Gott hilft"; „Gott heilt". Prophet aus dem Alten Testament.

Isbert
Auch: Isenbert. Aus dem Althochdeutschen. Bedeutung: isan = „Eisen" und beraht = „glänzend".

Isfried
Auch: Isenfried. Aus dem Althochdeutschen. Bedeutung: isan = „Eisen" und fridu = „Friede".

Isger
Auch: Isenger. Aus dem Althochdeutschen. Bedeutung: isan = „Eisen" und ger = „Speer".

Isidor
Aus dem Griechischen. Bedeutung: isidōros = „Geschenk der Isis". (Isis = ägyptische Götin der Fruchtbarkeit).

Isidoro
Auch: Isidro. Spanische Formen von → Isidor.

Isiodoros
Neugriechische Form von →Isidor.

Iskandar
Arabische Form von →Alexander.

Ismael
Biblischer Name hebräischer Herkunft. Bedeutung: jischmā'el = „Gott erhört".

Ismail
Türkische und arabische Form von →Ismael.

Ismar
Aus dem Althochdeutschen. Bedeutung: isan = „Eisen" und mari = „berühmt".

Ismet
Aus demTürkischen. Bedeutung: „Ehre; Anstand". (Auch als weiblicher Vorname möglich!).

Iso
Kurzform von Namen, die mit „Is-" beginnen.

Issam
Aus dem Arabischen. Bedeutung: „strebsam".

István
Ungarische Form von →Stefan.

Ivan
Auch: Iwan. Slawische Formen von →Johannes.

Ivar
Auch: Iwar. Nordische Nebenformen von →Ingvar.

Iver
Schwedische Form von →Ivar.

Ives
Andere Form von →Yves.

Ivo
Auch: Ive, Yvo. Aus dem Englischen bzw. Friesischen. Wahrscheinlich aus dem Althochdeutschen „iwa" oder Germanischen „ihwō" mit der Bedeutung „Eibe".

Iwan
Russische Form von →Johannes.

Iwo
Auch: Iwe. Andere Formen von →Ivo.

Iye
Aus dem Indianischen. Bedeutung: „Rauch".

Izaak
Niederländische Form von →Isaak.

Izsák
Ungarische Form von →Isaak.

J

Jaap
Niederländische Kurzform von →Jakob.

Jachen
Rätoromanische Form von →Joachim.

Jacinto
Spanische Form von →Hyazinth.

Jack
Englische Kurzform von →John bzw. Johannes.

Jacob
→Jakob.

Jacobo
Spanische Form von →Jakob.

Jacques
Französische Form von →Jakob.

Jacy
Aus dem Indianischen. Bedeutung: „Mond".

Jago
Auch: Jaime, Diego. Spanische Formen von →Jakob.

Jakob
Auch: Jakobus. Biblischer Name hebräischer Herkunft. Bedeutung: ja'aqob = „Fersenhalter; Überlister" oder ursprünglich „Gott möge schützen".

Jakov
Auch: Jakow. Russische Formen von →Jakob.

Jakub
Auch: Jakubowski. Tschechische, polnische und russische Formen von →Jakob.

Jamal
Auch: Djamal. Aus dem Arabischen. Bedeutung: „Schönheit".

James
Englische Form von →Jakob.

Jamil
Auch: Djamil. Aus dem Arabischen. Bedeutung: „der Schöne".

Jan
Auch: Janne, Janns, Jannich. Friesische Formen von →Johann.

Janek
Polnische Kurzform von →Johann.

Janfried
Neubildung aus Jan und „-fried" (fridu = „Friede").

Janis
Litauische und lettische Form von →Johannes. (Auch als weibl. Vorname mögl.!)

Janko
Auch: Jankó. Slawische und ungarische Verkleinerungsform von →Jan bzw. →Johann.

Jannes
Biblischer Name griechischer Herkunft. Bedeutung: jannēs = „Verführer".

Jannik
Auch: Jannick. Dänische Koseform von →Jan bzw. →Johann.

Janning
Niederdeutsche Form von →Johann.

Jannis
Auch: Jannes. Niederländische und friesische Formen von →Johannes.

Janno
Auch: Jano. Slowakische bzw. ungarische Kurzformen von →Johann.

János
Auch: Janosch (deutsch). Ungarische Form von →Johannes.

Januarius
Aus dem Lateinischen. Bedeutung: „Tür; Eingang; Zugang" bzw. „der Pförtner". Bischof von Neapel bzw. ein Märtyrer.

Janusz
Polnische Form von →Johannes.

Jarka
Russische Kurzform von →Jaroslaw.

Jarl
Aus dem Altisländischen. Bedeutung: iarl = „Edler; Freier".

Jaro
Kurzform von →Jaromir bzw. →Jaroslaw.

Jaromil
Auch: Jarmil. Andere Formen von →Jaromir.

Jaromir
Aus dem Russischen. Bedeutung: járyi = „ernst; streng" und mir = „Friede".

Jaronim
Auch: Jarolim. Slawische Formen von →Hieronymus.

Jarosch
Auch: Jaroš, Jaro, Jarka, Jark, Jarik, Jar. Kurzformen von →Jaroslaw.

Jaroslaw
Aus dem Russischen. Bedeutung: járyi = „ernst; streng" und sláva = „Ruhm".

Jascha
Russische Kurzform von →Jakov.

Jason
Aus dem Griechischen. Bedeutung: „Heilkundiger".

Jaspal
Aus dem Indisch-Pakistanischen. Bedeutung: „rechtschaffen; tugendhaft".

Jasper
Auch: Jaspar, Jaspert (fries.); Jesper (dän.). Andere Formen von →Kaspar.

Javier
Spanische Form von →Xaver.

Jean
Französische Form von →Johann bzw. →Hans.

Jeff
Kurzform von →Jeffrey.

Jeffrey
Auch: Geoffrey. Englische Form von →Gottfried.

Jehannes
Friesische Neuform von →Johannes.

Jehudi
Auch: Yehudi. Andere Form von →Judas bzw. Juda.

Jeldrich
Auch: Jeldrick, Jelderk. Friesische Formen von →Adalrich.

Jelger
Friesische Form von →Adalger.

Jendrich
Auch: Jendrick, Jendrik. Slawische Formen von →Heinrich.

Jeník
Tschechische Form von →Johannes.

Jenning
Niederdeutsche Kurzform von →Johann.

Jenö
Ungarische Form von →Eugen.

Jens
Friesische und dänische Form von →Johannes.

Jephta
Auch: Jefta. Biblischer Name aus dem Hebräischen. Bedeutung: jiphtāch = „Gott möge öffnen."

Jeremias
Auch: Jeremia. Biblischer Name aus dem Hebräischen. Bedeutung: jirmjāhu = „Gott erhöht".

Jeremy
Englische Form von →Jeremias.

Jerk
Auch: Jerker. Schwedische Formen von →Erich.

Jerman
Auch: Jermyn. Englische Formen von →Germain.

Jeroen
Niederländische Form von →Hieronymus.

Jerome
Englische Form von →Hieronymus.

Jérôme
Französische Form von →Hieronymus.

Jeronimo
Spanische Form von →Hieronymus.

Jeronimus
Andere Form von →Hieronymus.

Jerrit
Friesische Form von →Gerhard.

Jerry
Englische Kurzform von →Jeremy.

Jervis
Englische Form von →Gervas.

Jerzy
Polnische Form von →Jürgen.

Jesaja
Andere Form von →Isaias.

Jesko
Kurzform von →Jaromir bzw. →Jaroslaw.

Jesper
Dänische Form von →Kaspar.

Jesse
Aus dem Englischen hebräischer Herkunft. Bedeutung: „der Mann Jahwes (Gottes)" oder „Gott existiert". (Auch als weiblicher Voname möglich!)

Jethro
Aus dem Englischen hebräischer Herkunft. Bedeutung: „Überfluss".

Jillis
Niederländische Form von →Aegid.

Jim
Auch: Jimmy. Kurzform von →James.

Jimoh
Aus dem Afrikanischen (Suaheli). Bedeutung: „der am Freitag Geborene".

Jin
Aus dem Chinesischen. Bedeutung: „Gold".

Jindřich
Tschechische Form von →Heinrich.

Jiri
Tschechische Form von →Georg.

Jirko
Auch: Jirka. Verkleinerungsform von →Jiri.

Jiro
Aus dem Japanischen. Bedeutung: „der zweite Mann".

Jivin
Aus dem Indisch-Pakistanischen. Bedeutung: „Leben spenden".

Jo
Kurzform von →Johann bzw. →Johannes.

Joachim
Auch: Jochim. Ursprünglich: Jojakim, Jojakin. Biblischer Name hebräischen Ursprungs. Bedeutung: jehojaqim, jehojakhin = „Gott (Jehova) richtet auf; Gott gründet".

Joakim
Skandinavische Form von →Joachim.

Joaquim
Portugiesische Form von →Joachim.

Joaquin
Spanische Form von →Joachim.

Job
Neuform von →Hiob.

Jobst
Auch: Jost. Namen für den Heiligen →Jodokus.

Jochen
Auch: Jochem. Andere Form von →Joachim.

Jockel
Auch: Jocki, Jocky, Joggi. Schweizerische Kurzform von →Jakob bzw. →Jochen.

Joder
Schweizerische Kurzform von →Theodor.

Jodokus
Aus dem Keltischen bretonischen Ursprungs. Bedeutung: jud = „Kampf; Kämpfer; Krieger".

Joe
Englische Kurzform von →Joseph.

Joel
Auch: Joël. Biblischer Name hebräischen Ursprungs. Bedeutung: jo'ēl = „Jehova ist Gott".

Johan
Norwegische, schwedische und friesische Form von →Johann bzw. →Johannes.

Johann
Kürzere Form von →Johannes.

Johannes
Biblischer Name griechisch-hebräischen Ursprungs. Bedeutung: johannes (griech.), jochanan = „der Herr ist gütig".

Johanno
Weiterbildung von →Johann bzw. →Johannes.

John
Niederdeutsche, friesische und englische Kurzform von →Johann bzw. →Johannes.

Johnny
Auch: Jonni, Jonny. Englische Kurzform von →John.

Joke
Friesische Form von →Johann.

Jokim
Hebräische Kurzform von →Joachim.

Jokum
Dänische Kurzform von →Joakim.

Jon
Kurzform von →Johann bzw. →Jonas.

Jonas
Griechische Form des biblischen Namens Jona hebräischer Herkunft. Bedeutung: jōnāh = „Taube".

Jonathan
Auch: Jonathas (franz.); J(o)anafan (slaw.). Biblischer Name hebräischer Herkunft. Bedeutung: jehōnāthān = „Gottesgabe".

Jöns
Schwedische Form von →Johannes.

Joost
Niederländische Form von →Jodokus.

Jöran
Schwedische Form von →Goran bzw. →Georg.

Jordaan
Niederländische Form von →Jordan.

Jordan
Auch: Jordaan (niederländ.). Aus dem Altnordischen germanischer Herkunft. Bedeutung: jordh (altnord.) = „Erde" und nantha (germ.) = „wagemutig; kühn". Oder aus dem Hebräischen. Bedeutung: „das Herabfließende".

Jörg
Auch: Jorg. Oberdeutsche Formen von →Georg.

Jorge
Spanische und portugiesische Form von →Georg.

Jörgen
Auch: Jorgen. Dänische Form von →Jürgen.

Joris
Auch: Jooris. Friesische Formen von →Gregor(ius).

Jorit
Auch: Jorrit. Friesische Formen von → Eberhard.

Jork
Auch: Jorke. Friesische Kurzformen von Namen, die mit „Eber-" bzw. „Ever-" beginnen. Jork auch slawische Form von →Georg bzw. andere Form von →Yorck.

Jorn
Auch: Jorne, Jürn. Friesische Formen von →Eberwin.

Jörn
Niederdeutsche Form von →Jürgen.

Jornandes
Ältere Form von →Jordan.

Jos
Selbstständige Kurzform von →Jodokus.

Joscha
Ungarische Kurzform von →Josef. Oder biblischer Name hebräischen Ursprungs. Bedeutung: joschāh = „aufrecht; selbstständig". Auch: Josa, Josua.

José
Spanische Form von →Josef.

Josef
Biblischer Name hebräischer Herkunft. Bedeutung: Jōsēph = „Gott vermehre". Kurzformen: Beppo, Sepp, Peppi, Pepi, Jupp, Josel, Sipp, Josi. Andere Formen: Joseph, Jose, Jo, Joe (engl.); José, Joséphe (franz.); Giuseppe, Beppe (ital.); Josip (slaw.); Iosif, Osip (russ.); Józef (poln.); Jussuf (pers.).

Joseph
→Josef.

Josias
Auch: Josia. Biblischer Name hebräischen Ursprungs. Bedeutung: „Der Herr heilt".

Josip
Serbokroatische Form von →Josef.

Josse
Französische Form von →Jodokus.

Jossel
Jiddische Kurzform von →Josef.

Jost
Selbstständige Kurzform von →Jodokus.

Josua
Biblischer Name hebräischer Herkunft. Bedeutung: jehēschūa = „Der Herr hilft".

Jourdain
Französische Form von →Jordan.

Jovan
Serbokroatische und slowenische Form von →Johann.

Joyce
Englische Form von →Jodokus. (Auch als weiblicher Vorname möglich!)

Józef
Polnische Form von →Josef.

József
Ungarische Form von →Josef.

Juan
Spanische Form von →Johann.

Judas
Auch: Juda (griech.). Biblischer Name hebräischen Ursprungs. Bedeutung: jehudah = „der Gelobte; der Bekenner".

Juhani
Finnische Form von →Johannes.

Jukka
Finnische Form von →Johannes.

Jules
Französische Form von →Julius.

Julian
Auch: Julianus. Altrömischer Name: „aus der Familie (dem Geschlecht) der Julier".

Julien
Französische Form von →Julian.

Julio
Spanische und portugiesische Form von →Julius.

Julius
Altrömischer Name: „aus der Familie (dem Geschlecht) der Julier".

Jumah
Aus dem Afrikanischen (Suaheli). Bedeutung: „der am Freitag Geborene".

Jupp
Rheinische Kurzform von →Josef.

Jurek
Polnische Koseform von →Jerzy.

Jürg
Niederdeutsche (Kurz)Form von → Georg.

Jürgen
Niederdeutsche (Kurz)Form von →Georg.

Juri
Auch: Jurij, Juro. Slawische Kurzformen von →Georg.

Jürke
Auch: Jürn. Kurzformen von →Jürg(en).

Jussi
Fninische Form von →Johannes.

Jussuf
Arabisch-türkische Form von →Josef.

Just
Kurzform von →Justus.

Juste
Französische Form von →Justus.

Justin
Auch: Justinus. Andere Formen von →Justus.

Justinian
Auch: Justinianus. Andere Formen von →Justin(us) bzw. →Justus.

Justo
Spanische Form von →Justus.

Justus
Aus dem Lateinischen. Bedeutung: justus = „gerecht".

K

Kaan
Aus dem Türkischen bzw. Persisch-arabischen. Bedeutung: „der Anführer".

Kabill
Aus dem Türkischen. Bedeutung: „eifrig; fleißig; besessen".

Kadir
Aus dem Arabischen. Bedeutung: „fähig".

Kadri
Aus dem Türkischen. Bedeutung: „Macht; Stärke".

Kahil
Auch: Cahil. Aus dem Türkischen. Bedeutung: „jung; unerfahren".

Kai
Auch: Kaie, Kay, Kaj (dän.). Wahrscheinlich aus dem friesischen „Kaye", ursprünglich vermutlich eine Verkleinerungsform von →Gerhard.

Kajetan
Aus dem Lateinischen. Ursprünglich: Cajetan. Bedeutung: „der Mann aus (der Stadt) Gaeta".

Kalil
Aus dem Arabischen. Bedeutung: „guter Freund".

Kaliq
Aus dem Arabischen. Bedeutung: „Schöpfer".

Kalle
Schwedische Kurzform von →Karl.

Kalman
Andere Form des ungarischen „Kálmán". →Koloman.

Kamal
Aus dem Arabischen. Bedeutung: „Vollkommenheit".

Kami
Aus dem Indisch-pakistanischen. Bedeutung: „der Treue".

Kamil
Aus dem Arabischen. Bedeutung: „der Vollkommene".

Kamill
Auch: Kamillo. Andere Form von →Camillus.

Kaniel
Aus dem Hebräischen. Bedeutung: „(Gras)Halm; Binse".

Kantu
Aus dem Indisch-pakistanischen. Bedeutung: „der Glückliche".

Kareem
Andere Form von →Karim.

Karel
Niederländische und tschechische Form von →Karl.

Karim
Aus dem Arabischen. Bedeutung: „der Großzügige".

Karl
Auch: Carl. Ursprünglich ein alter deutscher Beiname. Bedeutung: kar(a)l (althochdt.) = „Mann; Ehemann" bzw. kerle (mittelniederdt.) = „freier Mann".

Karlmann
Alte Koseform von →Karl

Karol
Polnische und slowakische Form von →Karl.

Károly
Ungarische Form von →Karl.

Karsten
Niederdeutsche Form von →Christian.

Kasib
Aus dem Arabischen. Bedeutung: „der Fruchtbare".

Kasimir
Auch: Casimir. Aus dem Slawischen. Bedeutung: kaza = „verkünden; zeigen" und mir = „Friede".

Kaspar
Auch: Caspar. Aus dem Persischen. Bedeutung: kansbar bzw. gazbar = „Schatzmeister".

Kastor
Auch: Castor. Aus dem Griechischen. Nach der griechischen Sagengestalt.

Kay
→Kai.

Kees
Niederländische Kurzform von →Cornelius.

Keith
Aus dem Englischen. Ursprünglich ein schottischer Orts- bzw. Familienname.

Kelii
Aus dem Hawaiischen. Bedeutung: „Oberhaupt".

Kell
Aus dem Altnordischen. Bedeutung: „Quelle".

Kelvin
Aus dem Irisch-gälischen. Bedeutung: „der vom nahen Fluss".

Kemâl
Aus dem Türkischen. Bedeutung: „Vollkommenheit; Vollendung".

Ken
Kurzform von →Kenneth.

Kendrick
Aus dem Altenglischen. Bedeutung: „königlicher Herrscher".

Kenley
Aus dem Altenglischen. Bedeutung: „der von der königlichen Weide".

Kenneth
Aus dem Englischen keltischer Herkunft. Bedeutung: „tüchtig; eifrig".

Keno
Auch: Kene, Kenne. Friesische Kurzformen von Namen, die mit „Kun-" beginnen.

Kent
Aus dem Altwalisischen. Bedeutung: „der Erleuchtete; der Weise".

Kerel
Aus dem Afrikaans (kapholländisch). Bedeutung: „junger Mann".

Kerim
Türkische Form von →Karim.

Kermit
Aus dem Angloamerikanischen irischer Herkunft. Ursprünglich: Diarmid, Diarmaid. Bedeutung: „freier Mann".

Kerry
Aus dem Englisch-irischen keltischer Herkunft. Bedeutung: „der Finstere".

Kersen
Aus Indonesien. Bedeutung: „Kirschbaum".

Kersten
Niederdeutsche Form von →Christian.

Kerwin
Auch: Kerwen, Kirwin. Aus dem Irisch-gälischen. Bedeutung: „der Schwarze; der Rabe".

Kevin
Aus dem Altirischen. Bedeutung: coemgen = „anmutig; hübsch von Geburt".

Kilian
Aus dem Irisch-schottischen keltischer Herkunft. Bedeutung: killena = „Mann der Kirche".

Kim
Kurzform des keltischen „Kimball"(= Kriegsanführer) oder bulgarische, mazedonische und nordische Kurzform von →Joakim.

Kipp
Aus dem Altenglischen. Bedeutung: „der vom spitzen Berg".

Kiral
Aus dem Türkischen. Bedeutung: „König".

Kiriakos
Aus dem Griechischen. Bedeutung: „Sonntagskind".

Kiril
Bulgarische Form von →Cyrill.

Kiritan
Aus dem Indisch-pakistanischen. Bedeutung: „der Kronenträger".

Kirk
Aus dem Altnordischen. Bedeutung: „der bei der Kirche Wohnende".

Kito
Aus dem Afrikanischen (Suaheli). Bedeutung: „Edelstein".

Kiyoshi
Aus dem Japanischen. Bedeutung: „Ruhe; Stille".

Kizza
Aus dem Afrikanischen. Bedeutung: „der nach Zwillingen Geborene".

Klaas
Auch: Klas, Claas. Kurzform von →Nikolaus.

Klaudius
→Claudius.

Klaus
Auch: Claus. Selbstständige Kurzform von →Nikolaus.

Klemens
Auch: Clemens, Klemenz. Aus dem Lateinischen. Bedeutung: clemens = „mild; sanft".

Klement
Auch: Kliment. Tschechische Formen von →Klemens.

Klodwig
Auch: Klodewig. →Chlodwig.

Klothar
Andere Form von →Chlothar.

Knut
Auch: Knud (dän.). Aus dem Althochdeutschen. Bedeutung: chnuz = „freimütig; keck".

Köbes
Rheinische Form von →Jakob.

Kolbert
Auch: Colbert (franz.). Ursprünglich aus dem Altflämischen Koelbert, Colobert. Bedeutung: col (angelsächs.) = „quellen" und beraht = „glänzend".

Kolja
Auch: Kolinka. Russische Kurzformen von →Nikolaj.

Koloman
Auch: Kolman, Kollmann. Ursprünglich: Coloman (germ.), Colman (angelsächs.). Wahrscheinlich aus dem Irischen mit der Bedeutung: „Einsiedler".

Kolumban
Aus dem Lateinischen. Bedeutung: columba = „Taube".

Konni
Auch: Konny, Conny. Kurzformen von →Konrad bzw. →Konstantin.

Konrad
Auch: Conrad. Ursprünglich: Chunrat bzw. Kuonrat (althochdt.). Bedeutung:

kuoni = „kühn; tapfer" und rat = „Ratgeber".

Konradin
Auch: Conradin. Verkleinerungsform von →Konrad.

Konstantin
Auch: Constantin, Constantinus. Aus dem Lateinischen. Bedeutung: constans = „fest stehen; beständig".

Konz
Kurzform von →Konrad.

Korbinian
Auch: Corbinian. Ursprünglich: Korwin. →Corvinus.

Kord
Auch: Kurd; Kort (dän.). Kurzform von →Konrad. Oder andere Form von →Kurt.

Kornel
Auch: Corneel, Korneel (niederländ.). Kurzform von →Kornelius.

Kornelius
→Cornelius.

Korudon
Aus dem Griechischen. Bedeutung: „der Behelmte".

Kosimo
→Cosimo.

Kosmas
→Cosmas.

Kosta
Auch: Kostadin. Slawische Kurzform von →Konstantin.

Kostas
Griechische Kurzform von →Konstantin.

Kostja
Auch: Kotjya. Südslawische und russische Kurzformen von →Konstantin.

Krishna
Aus dem Indischen. Bedeutung (Sanskrit): „der Schwarze".

Krispin
Auch: Krispinus; Krispijn (niederländ.). →Crispin.

Krister
Andere Form von →Kristian.

Kristian
Nordische Form von →Christian.

Kristo
Griechische Kurzform von →Christoph.

Kristof
Nordische Form von →Christoph.

Kristoffer
Dänische Form von →Christoph.

Kronos
Aus dem Griechischen. Bedeutung: „Vollender".

Krysztof
Polnische Form von →Christoph.

Kumi
Aus dem Afrikanischen (Ghana). Bedeutung: „der Starke".

Kunibald
Aus dem Althochdeutschen. Bedeutung: kunni = „Sippe; Geschlecht" und bald = „kühn".

Kunibert
Aus dem Althochdeutschen. Bedeutung: kunni = „Sippe; Geschlecht" und beraht = „glänzend".

Kunimund
Auch: Kühnemund. Aus dem Althochdeutschen. Bedeutung: kunni = „Sippe; Geschlecht" und munt = „Schutz".

Kuno
Kurzform von →Konrad und Namen, die mit „Kun-" beginnen.

Kunz
Selbständige Kurzform von →Konrad.

Kuper
Aus dem Jiddischen. Bedeutung: „(Farbe von) Kupfer".

Kurt
Auch: Curt, Curd. Selbstständige Kurzform von →Konrad.

Kuzih
Aus dem Indianischen. Bedeutung: „der große Redner".

Kyrill
→Cyrill.

L

Laci
Ungarische Kurzform von →László.

Ladek
Polnische Kurzform von →Ladislaus.

Ladewig
Andere Form von →Ludwig.

Ladislao
Italienische Form von →Ladislaus.

Ladislaus
Aus dem Slawischen. Ursprünglich Vladislav. Bedeutung: vladi = „Macht; Herrschaft" und slava = „Ruhm".

Lado
Slawische Kurzform von →Ladislaus. Oder aus dem Afrikanischen. Bedeutung: „der Zweitgeborene".

Lais
Aus dem Indisch-pakistanischen. Bedeutung: „Löwe".

Lajos
Ungarische Form von →Ludwig.

Lambert
Auch: Lampert, Lambrecht, Lamprecht. Aus dem Althochdeutschen. Bedeutung: lant = „Land" und beraht = „glänzend".

Lâmi
Aus dem Türkischen bzw. Arabischen. Bedeutung: „der Glänzende".

Lancelot
Auch: Lanzelot. Aus dem Altenenglischen. Bedeutung unklar. Bekannt durch Ritter der Tafelrunde des Königs Artus.

Landerich
Auch: Landrich. Aus dem Althochdeutschen. Bedeutung: lant = „Land" und rihhi = „reich; mächtig".

Landewin
Auch: Landwin, Lantwin, Landuin, Landelin. Aus dem Althochdeutschen. Bedeutung: lant = „Land" und wini = „Freund".

Landfried
Aus dem Althochdeutschen. Bedeutung: lant = „Land" und fridu = „Friede".

Lando
Auch: Landino. Kurzformen von Namen, die mit „Land-" beginnen.

Landolf
Auch: Landulf. Aus dem Althochdeutschen. Bedeutung: lant = „Land" und wolf = „Wolf".

Landolt
Aus dem Althochdeutschen. Bedeutung: lant = „Land" und waltan = „walten; herrschen".

Larissos
Aus dem Neugriechischen. Nach der griechischen Stadt Larissa.

Larry
Englische Kurzform von →Laurence.

Lars
Schwedische Form von →Laurentius.

Laslo
Deutsche Form von →László.

Lasse
Koseform von →Lars.

László
Ungarische Kurzform von →Ladislaus.

Latif
Aus dem Arabischen. Bedeutung: „nett".

Laurel
Englische Koseform von →Laurentius.

Laurence
Auch: Lawrence. Englische Formen von →Laurentius.

Laurens
Schwedische Form von →Laurentius.

Laurent
Französische Form von →Laurentius.

Laurentius
Aus dem Lateinischen. Bedeutung: „der aus der Stadt Laurentum" oder von laurea = „Lorbeerkranz; Lorbeerzweig".

Laurenz
Deutsche Form von →Laurentius.

Laurids
Dänische Form von →Laurentius.

Laurin
Zwergenkönig in der Dietrichsage. Wahrscheinlich von dem Althochdeutschen laurin = „vom Lorbeerbaum stammend".

Lauritz
Deutsche Form von →Laurids.

Lauro
Aus dem Italienischen. Bedeutung: „Lorbeer".

Laux
Kurzform von →Lukas.

Lavrans
Norwegische Form von →Laurentius.

Lawrenti
Russische Form von →Laurentius.

Lazare
Französische Form von →Lazarus.

Lazarus
Auch: Lazar. Biblischer Name griechischer Herkunft. Bedeutung: lazaros = „Gott ist Helfer".

Lazzaro
Italienische Form von →Lazarus.

Leander
Auch: Leandros. Aus dem Griechischen. Bedeutung: laós = „Volk; Leute" und anēr, andrós = „Mann".

Leandro
Italienische Form von →Leander.

Leffe
Koseform von →Leif.

Legolas
Langohriger Elbe aus Herr der Ringe.

Leif
Ursprünglich Kurzform von Namen mit „leif"(→Detlef) . Aus dem Althochdeutschen. Bedeutung: leiba = „Erbe".

Lelio
Aus dem Griechischen. Bedeutung: lálos = „gesprächig". Oder aus dem Lateinischen. Bedeutung: Laelius = altrömischer Familienname.

Lenard
Auch: Lennard, Lenhard. Andere Formen von →Leonhard.

Lennart
Schwedische Form von →Leonhard.

Lenz
Kurzform von →Laurentius bzw. →Lorenz.

Leo
Kurzform von →Leonhard.

Leon
Kurzform von →Leonhard. Léon = französische Form von Leonhard.

Leonard
Andere Form von →Leonhard.

Leonardo
Auch: Lionardo. Italienische Formen von →Leonhard.

Leone
Italienische Form von →Leo.

Leonhard
Mischform aus dem Lateinischen und Althochdeutschen. Bedeutung: leo (lat.) = „Löwe" und harti (althochdt.) = „hart; stark".

Leonid
Aus dem Russischen griechischer Herkunft. Ursprünglich griechisch Leōnidas. Bedeutung: léōn = „Löwe".

Leopold
Auch: Leupolt, Leupold, Lippold, Lebold. Aus dem Althochdeutschen. Bedeutung: liut = „Volk; Leute" und bald = „kühn".

Leslie
Aus dem Englischen schottischen Ursprungs. Ursprünglich ein Familienname. (Auch als weiblicher Vorname möglich!)

Lester
Aus dem Englischen. Ursprünglich ein Familienname, wahrscheinlich abgeleitet von dem Ortsnamen Leicester.

Leupman
Auch: Luipman. Aus dem Althochdeutschen. Bedeutung: liub, liob = „lieb" und man = „Mann".

Levi
Biblischer Name hebräischer Herkunft. Bedeutung: levi = „anhänglich; treu".

Lew
Auch: Lev. Russische Formen von →Leo.

Leve
Auch: Lewe. Friesische Kurzformen von →Liebwin.

Levin
Auch: Lewin. Niederdeutsche Formen von →Liebwin.

Lewis
Englische Form von →Ludwig.

Lex
Kurzform von →Alexander.

Liborius
Aus dem Lateinischen. Bedeutung: libare = „Gott opfern; Gott huldigen".

Liebert
Auch: Liebrecht. Aus dem Althochdeutschen. Bedeutung: liub, liob = „lieb" und beraht = „glänzend".

Liebfried
Aus dem Althochdeutschen. Bedeutung: liub, liob = „lieb" und fridu = „Friede".

Liebhard
Auch: Liebhart. Aus dem Althochdeutschen. Bedeutung: liub, liob = „lieb" und harti = „hart; stark".

Liebwald
Aus dem Althochdeutschen. Bedeutung: liub, liob = „lieb" und waltan = „herrschen; walten".

Liebward
Aus dem Althochdeutschen. Bedeutung: liub, liob = „lieb" und wart = „Hüter; Schützer".

Liebwin
Aus dem Althochdeutschen. Bedeutung: liub, liob = „lieb" und wini = „Freund".

Lienhard
Auch: Lienhart. Oberdeutsche und schweizerische Form von →Leonhard.

Linnart
Schwedische Form von →Lennart bzw. →Leonhard.

Lino
Italienische Form von →Linus.

Linus
Aus dem Altgriechischen. Ursprünglich Linos. Bedeutung unklar. In der griechischen Mythologie Sohn des Apoll, Lehrer des Herkules.

Lion
Andere Form von →Leon.

Lionel
Französische und englische Verkleinerungsform von →Lion. Bedeutung: „kleiner Löwe".

Lionello
Italienische Form von →Lionel.

Lisandro
Italienische Form von →Lysander.

Litthard
Ursprünglich Luithard. Aus dem Althochdeutschen. Bedeutung: liut= „Volk; Leute" und harti = „hart; stark".

Liu
Aus dem Afrikanischen. Bedeutung: „Stimme".

Livio
Italienische Form von →Livius.

Livius
Aus dem Lateinischen. Bedeutung: „aus der röm. Familie der Livier".

Liwanu
Aus dem Indianischen. Bedeutung: „brummender Bär".

Lloyd
Aus dem Altwalisischen. Bedeutung: „der Grauhaarige".

Lobgott
Pietistische Neubildung aus dem 18. Jahrhundert. Bedeutung: „Lobe Gott!".

Lodewik
Niederdeutsche und niederländische Form von →Ludwig.

Lodovico
Italienische Form von →Ludwig.

Lois
Auch: Loisl. Kurzformen von →Alois.

Longin
Auch: Longinus. Aus dem Lateinischen. Bedeutung: longus = „groß gewachsen; lang".

Lorenz
Andere Form von →Laurenz bzw. →Laurentius.

Lorenzo
Italienische und spanische Form von →Laurentius.

Loretto
Nach dem Wallfahrtsort Loreto (Italien).

Loris
Italienische und schweizerische Kurzform von →Laurentius.

Lothar
Aus dem Althochdeutschen. Ursprünglich: Chlothar, Hlothar. Bedeutung: hlut = „berühmt; laut" und heri = „Heer".

Lou
Kurzform von →Louis.

Louis
Französische Form von →Ludwig.

Lovis
auch: Lowis. Kurzformen von →Lodewik.

Lowik
Niederländische Form von →Ludwig.

Lu
Kurzform von Namen, die mit „Lud-" beginnen.

Lubbe
Auch: Lübe, Lübbo. Friesische Kurzformen von Namen, die mit „Luit-" beginnen.

Luc
Auch: Luca, Luce, Luka. Romanische Kurzformen von →Lukas.

Lucian
Auch: Lucianus. Andere Formen von →Lucius.

Luciano
Italienische Form von →Lucian.

Lucien
Französische Form von →Lucian.

Lucio
Italienische Form von →Lucius.

Lucius
Auch: Luzius. Aus dem Lateinischen. Bedeutung: luceo, lucide = „hell sein; leuchten; klar".

Lucrezio
Auch: Lukrezio. Aus dem Lateinischen. Ursprünglich ein Familienname der Lucretier.

Ludbert

→Luitbert.

Lude
Auch: Lüde, Ludeke, Lüdeke, Luideke. Niederdeutsche und friesische Kurzformen von Namen, die mit „Luit-" beginnen.

Lüder
Andere Form von →Luither.

Ludger
Andere Form von →Luitger.

Ludo
Kurzform von Namen, die mit „Lud-" beginnen.

Ludolf
→Luitolf.

Ludvig
Rätoromanische und schwedische Form von →Ludwig.

Ludwig
Auch: Ludewig. Ursprünglich: Chlodwig. Aus dem Althochdeutschen. Bedeutung: hlut = „berühmt; laut" und wig = „Kampf". Andere Formen: Lodovico, Ludovico, Luigi (ital.); Ludivic, Ludvic, Ludvig, Luis (rätorom.); Ludvik, Ludwik (slaw.); Luis, Luiz (span. + portug.).

Luick
Auch: Luicke. Friesische Kurzformen von Namen, die mit „Luit-" beginnen.

Luigi
Italienische Form von →Ludwig und Alois.

Luis

→Ludwig.

Luitbald
Aus dem Althochdeutschen. Bedeutung: liut = „Volk" und bald = „kühn".

Luitbert
Auch: Luitbrecht. Aus dem Althochdeutschen. Bedeutung: liut = „Volk" und beraht = „glänzend".

Luitbrand
Auch: Luitprand. Aus dem Althochdeutschen. Bedeutung: liut = „Volk" und brant = „Brand; Brennen".

Luitfried
Aus dem Althochdeutschen. Bedeutung: liut = „Volk" und fridu = „Friede".

Luitger
Aus dem Althochdeutschen. Bedeutung: liut = „Volk" und ger = „Speer".

Luithard
Aus dem Althochdeutschen. Bedeutung: liut = „Volk" und harti = „hart; stark".

Luither
Aus dem Althochdeutschen. Bedeutung: liut = „Volk" und heri = „Heer".

Luithold
Ursprünglich: Liutwald. Aus dem Althochdeutschen. Bedeutung: liut = „Volk" und waltan = „alten; herrschen".

Luitolf
Auch: Luidolf. Aus dem Althochdeutschen. Bedeutung: liut = „Volk" und wolf = „Wolf".

Luitpold
Andere Form von →Luitbald.

Luitprecht
Andere Form von →Luitbert.

Luitwin
Aus dem Althochdeutschen. Bedeutung: liut = „Volk" und wini = „Freund".

Luiz
Spanische Form von →Ludwig.

Luk
Auch: Luke. Friesische Kurzformen von →Lude bzw. Ludeke.

Lukácz
Ungarische Form von →Lukas.

Lukas
Auch: Lucas. Aus dem Griechischen. Bedeutung: Loukās = „der aus Lucania Stammende; der Lukanier".

Lütje
Auch: Luitje, Lütjen. Friesische Kurzformen von Namen, die mit „Luit-" beginnen.

Lutmar
Auch: Lutmer, Lütmer, Lüttmer, Luitmar. Aus dem Althochdeutschen. Bedeutung: liut = „Volk" und mari = „berühmt".

Lutwin
→Luitwin.

Lutz
Kurzform von →Ludwig.

Lux
Kurzform von →Lukas.

Lyonel
Amerikanische Form von →Leo.

Lysander
Aus dem Griechischen. Bedeutung: lysis = „Freilassung" und andros = „Mann" = „der Freigelassene".

M

Maart
Auch: Marteen. Niederländische Formen von →Martin.

Mac
Aus dem Schottisch-gälischen. Bedeutung: „Sohn".

Mack
Auch: Merkel. Kurzformen von →Markward.

Magnar
Norwegische Neubildung von →Magnus.

Magnus
Aus dem Lateinischen. Ursprünglich ein Beiname. Bedeutung: magnus = „groß (an Ansehen, Geist)".

Mahomet
Türkische Form von →Mohammed.

Mainart
Auch: Maint. Friesische Kurzform von →Meinhard.

Makani
Aus dem Hawaiischen. Bedeutung: „Wind". (Auch als weiblicher Vorname möglich!)

Makarios
Auch: Macarius (lat.), Makarius. Aus dem Griechischen. Bedeutung: „reich; glücklich".

Malachias
Auch: Maleachi. Aus dem Hebräischen. Bedeutung: „mein Bote". Prophet aus dem Alten Testament.

Malte
Aus dem Dänischen bzw. Schwedischen deutscher Herkunft. Ursprünglich eine Kurzform von →Helmold.

Malwin
Auch: Melvin. Aus dem Althochdeutschen. Bedeutung unklar. Wahrscheinlich: „Freund des Rechts; der Rechtschaffene".

Manchu
Aus dem Chinesischen. Bedeutung: „rein".

Mandus
Kurzform von →Amandus.

Manfred
Neuform von →Manfried.

Manfried
Aus dem Althochdeutschen. Bedeutung: man = „Mann" und fridu = „Friede".

Mangold
Auch: Manegolt. Aus dem Althochdeutschen. Bedeutung: manag = „zahlreich; manch" und waltan = „herrschen; walten".

Manhard
Auch: Manhart. Aus dem Althochdeutschen. Bedeutung: man = „Mann" und harti = „hart; stark".

Manning
Aus dem Altenglischen. Bedeutung: „Sohn des Helden".

Manolito
Spanische Verkleinerungsform von →Manolo.

Manolo
Italienische und spanische Koseform von →Emanuel.

Manu
Kurzform von →Emanuel. Oder aus dem Afrikanischen (Ghana): Bedeutung: „der Zweitgeborene".

Manuel
Spanische bzw. Kurzform von →Emanuel.

Manuele
Italienische Form von →Manuel.

Marbert
Aus dem Althochdeutschen. Bedeutung: marah = „Pferd" oder mari = „berühmt" und beraht = „glänzend".

Marbod
Auch: Marbodus, Merbod, Merbot. Aus dem Althochdeutschen. Bedeutung: mari = „berühmt" und boto = „Bote".

Marc
Andere Form von →Mark. Oder französische Form von →Markus.

Marcel
Auch: Marceau. Französische Formen von →Marzellus.

Marcelin
Verkleinerungsform von →Marcel.

Marcello
Italienische Form von →Marzell(us).

Marcin
Polnische Form von →Martin.

Marco
Italienische und spanische Form von →Markus.

Marcus
Andere Form von →Markus.

Marek
Slawische Form von →Markus.

Marhold
Aus dem Althochdeutschen. Bedeutung: marah = „Pferd" oder mari = „berühmt" und waltan = „herrschen; walten".

Marian
Kurzform von Marianus. Aus dem Lateinischen. Bedeutung: „zum Marius gehörig".

Marin
Französische Form von →Marinus.

Marino
Italienische Form von →Marinus.

Marinus
Aus dem Lateinischen. Bedeutung: marinus = „das Meer betreffend; zum Meer gehörig".

Mario
Italienische Form von →Marius.

Mariolino
Verkleinerungsform von →Mario.

Marius
Aus dem Lateinischen. Ursprünglich ein altrömischer Familienname der Marier.

Mark
Englische, dänische, niederländische und russische Form bzw. Kurzform von →Markus.

Marke
auch: Marko. Kurzform von Namen, die mit „Mark-" beginnen.

Markhart
Auch: Marchart, Markert. Aus dem Althochdeutschen. Bedeutung: marcha = „Grenze" und harti = „hart; stark".

Marko
Slawische Form von →Markus. Oder eingedeutschte Schreibweise von →Marco.

Markolf
Aus dem Althochdeutschen. Bedeutung: marcha = „Grenze" und wolf = „Wolf".

Markus
Ursprünglich: Marcus. Aus dem Lateinischen. Bedeutung: „Sohn des Mars" (= röm. Kriegsgott).

Markward
Auch: Markwart. Aus dem Althochdeutschen. Bedeutung: marcha = „Grenze" und wart = „Hüter; Schützer".

Marlon
Auch: Marlo. Englische und italienische Formen von →Marlow.

Marlow
Aus dem Altenglischen. Bedeutung: „der vom Hügel am See".

Marquard
Neuform von →Markward.

Mart
Auch: Marte. Kurzformen von →Martin.

Marten
Niederdeutsche und friesische Form von →Martin.

Märten
Auch: Märtgen, Märtin. Andere Formen von →Martin.

Martial
Auch: Marziale (ital.). Aus dem Lateinischen. Bedeutung: martialis = „zum Mars gehörig" (Mars = röm. Kriegsgott).

Martin
Auch: Martinus. Aus dem Lateinischen. Bedeutung: Mars, Martis = „Kriegsgott; Kriegsglück; Tapferkeit".

Martino
Italienische Form von →Martin.

Martinus
Lateinische Form von →Martin. Vor allem in den Niederlanden, auch: Maarten, Maartinus, Maart.

Mártoni
Ungarische Form von →Martin.

Marvin
Auch: Marwin, Mervin. Aus dem Englischen althochdeutscher Herkunft. Ursprünglich Irvin, Irwin; Irminwin (germ.). Bedeutung: irmin = „gewaltig; groß" und wini = „Freund".

Marx
Kurzform von →Markus.

Marzell
Auch: Marzellus, Marcellus. Aus dem Lateinischen. Ursprünglich ein altrömischer Familienname. Oder andere Form von →Markus.

Marzellinus
Verkleinerungsform von →Marzell.

Marzio
Italienische Kurzform von →Martin(us).

Masetto
Auch: Masino. Italienische Verkleinerungsform von →Thomas.

Maso
Kurzform von → Tomaso.

Massimiliano
Italienische Form von →Maximilian.

Massimo
Italienische Form von →Maximus.

Mat
Kurzform von →Mathew.

Máté
Ungarische Form von →Matthias.

Mateusz
Polnische Form von →Matthäus.

Mathew
Englische Form von →Matthias.

Mathias
Andere Form von →Matthias.

Mathieu
Französische Form von →Matthias.

Mathis
Niederdeutsche Form von →Matthias.

Matias
Spanische und portugiesische Form von →Matthias.

Mato
Aus dem Indianischen. Bedeutung: „der Tapfere".

Mats
Auch: Mads. Schwedische Kurzformen von →Matthias.

Matteo
Italienische Form von →Matthäus.

Matthäus
Auch: Mattäus. Biblischer Name griechischen Ursprungs. Bedeutung: maththaios = „Gottesgeschenk".

Matthias
Auch: Mattias. Biblischer Name grie-

chischen Ursprungs. Bedeutung: maththias = „Gabe des Herrn".

Matti
Finnische Form von →Matthias.

Maurice
Französische Form von →Moritz.

Mauritius
Aus dem Lateinischen. Bedeutung: „der aus Mauretanien; der Mohr".

Mauriz
Andere Form von →Moritz.

Maurizio
Italienische Form von →Mauritius.

Mauro
Italienische Form von →Maurus. Aus dem Italienischen lateinischer Herkunft. Bedeutung: maurus = „der Mohr; der aus Mauretanien".

Maurus
Aus dem Lateinischen. Bedeutung: maurus = „der Mohr; der aus Mauretanien".

Max
Kurzform von →Maximilian.

Maxence
Aus dem Französischen lateinischer Herkunft. Ursprünglich ein römische Beiname. Bedeutung: Maxentius = „der Große; der Erhabene".

Maxentius
Andere Form von →Maximus.

Maxim
Kurzform von →Maximilian.

Maxime
Französische Form von →Maximus.

Maximilian
Aus dem Lateinischen. Ursprünglich ein römischer Beiname und Ehrentitel. Bedeutung: maximus, maximianus = „der Größte; der Erhabenste".

Maximin
Aus dem Lateinischen. Bedeutung: maximinus, maximus = „der Größte".

Maximus
Aus dem Lateinischen. Bedeutung: „der Größte".

Medard
Auch: Medardus. Aus dem Lateinischen germanischer Herkunft. Ursprünglich: Mathhard (althochdt.). Bedeutung: maht = „Macht; Kraft" und harti = „hart; stark".

Meik
Auch: Maik, Maiko. Deutsche Schreibweise von →Mike. Oder Kurzformen von Namen, die mit „Mein-" beginnen.

Meinald
Auch: Meinold, Meinhold. Aus dem Althochdeutschen. Bedeutung: magan, megin = „Kraft, Macht" und waltan = „walten; herrschen".

Meinard
→Meinhard.

Meinbod
Aus dem Althochdeutschen. Bedeutung: magan, megin = „Kraft, Macht" und boto = „Bote".

Meindert
Auch: Meinert, Meine, Meiner. Friesische Kurzformen von →Meinhard.

Meinfried
Aus dem Althochdeutschen. Bedeutung: magan, megin = „Kraft, Macht" und fridu = „Friede".

Meinhard
Aus dem Althochdeutschen. Bedeutung: magan, megin = „Kraft, Macht" und harti = „hart; stark".

Meinhold
→Meinald.

Meino
Kurzform von Namen, die mit „Mein-" beginnen.

Meinolf
Auch: Meinulf. Aus dem Althochdeutschen. Bedeutung: magan, megin = „Kraft, Macht" und wolf = „Wolf".

Meinrad
Aus dem Althochdeutschen. Bedeutung: magan, megin = „Kraft, Macht" und rat = „Ratgeber".

Meinwald
Aus dem Althochdeutschen. Bedeutung: magan, megin = „Kraft, Macht" und waltan = „walten; herrschen".

Meinward
Aus dem Althochdeutschen. Bedeutung: magan, megin = „Kraft, Macht" und wart = „Hüter; Schützer".

Meir
Auch: Meier. Aus dem Hebräischen. Bedeutung: meir = „der Leuchtende".

Melchior
Auch: Melcher. Aus dem Griechischen bzw. Hebräischen. Bedeutung: Kurzform von elimelech + or (Licht) = „Gott, der König des Lichts".

Melih
Aus dem Türkischen bzw. Arabischen. Bedeutung: „der die Schönheit besitzt".

Memnun
Aus dem Türkischen bzw. Arabischen. Bedeutung: „der Dankbare".

Menard
Auch: Menardus. Friesische Form von →Meinhard.

Mendel
Kurzform von →Immanuel.

Menold
auch: Menolt, Menno, Meno. Friesische Kurzformen von →Meinhold.

Merlin
Aus dem Mittelenglischen. Bedeutung: „der Falke".

Merten
Rheinische und niederländische Form von →Martin.

Methodius
Aus dem Lateinischen griechischen Ursprungs. Bedeutung: méth-odos = „vernünftiges Überdenken; genaues Untersuchen".

Metodi
Auch: Meto. Bulgarische Kurzformen von →Methodius.

Micha
Biblischer Name hebräischer Herkunft. Bedeutung: mikkāh = „wer gleicht Gott?". Auch Kurzform des hebräischen Michaja.

Michael
Biblischer Name hebräischer Herkunft. Bedeutung: mikhā'ēl = „Wer ist wie Gott?".

Michail
Russiche Form von →Michael.

Michal
Hebräische (Kurz)Form von →Michael. Bedeutung: mikhal = „Vollkommenheit".

Michel
Kurzform von →Michael. Oder französische Form von →Michael.

Michele
Italienische Form von →Michael.

Michiel
Niederländische Form von →Michael.

Mickel
Schwedische Form von →Michael.

Miguel
Spanische und portugiesische Form von →Michael.

Mihály
Ungarische Form von →Michael.

Mikael
Schwedische und norwegische Form von →Michael.

Mike
Englische Form von →Michael.

Miklas
Auch: Mikola, Mikolas, Mikulas. Slawische Formen von →Nikolaus.

Miklós
Ungarische Form von →Nikolaus.

Mikosch
Slawische Form von →Nikolaus.

Milan
auch: Milko. Kurzform von →Miloslaw.

Miles
Aus dem Englischen lateinischer Herkunft. Bedeutung: „Krieger".

Milo
Slawische Kurzform von →Miloslaw und →Bogumil. Auch Kurzformen von: Emil, Emilio, Kamillo, Camillo.

Miloslaw
Aus dem Slawischen. Bedeutung: milyj (russ.) = „angenehm; lieb" und slava = „Ruhm".

Mingo
Kurzform von →Domingo.

Mino
Kurzform von →Giacomo und →Guglielmo.

Mirek
Slawische Verkleinerungsform von →Jaromir oder →Miroslaw.

Mirko
Kurzform von →Miroslaw.

Miroslaw
Aus dem Slawischen. Bedeutung: mir (russ.) = „Friede" und slava = „Ruhm; Ehre".

Mischa
Russische Kurzform von →Michail.

Misu
Aus dem Indianischen. Bedeutung: „bewegtes Wasser".

Mitko
Auch: Mito, Mitja. Kurzformen von →Dimitri.

Modest
Auch: Modestus, Modesto (ital.). Aus dem Lateinischen. Bedeutung: modestus = „bescheiden; sanftmütig".

Mohammed
Aus dem Arabischen. Bedeutung: „der Gepriesene".

Mojag
Aus dem Indianischen. Bedeutung: „niemals still".

Mombert
Auch: Mombrecht. Aus dem Althochdeutschen. Bedeutung: muni = „Geist; Gedanke" und beraht = „glänzend".

Montgomery
Aus dem Englischen. Ursprünglich ein Familienname. Bedeutung: „vom Schloss des Wohlhabenden".

Monty
Kurzform von →Montgomery.

Moreno
Aus dem Italienischen. Bedeutung: „dunkel; schwarz".

Morgan
Aus dem Englischen keltischer Herkunft. Bedeutung: „auf See geboren".

Moric
Tschechische Form von →Moritz.

Moricz
Ungarische Form von →Moritz.

Moritz
Auch: Moriz. Andere, neuere Form von →Mauritius.

Morris
Englische Form von →Moritz.

Morten
Dänische und norwegische Form von →Martin.

Mortimer
Aus dem Englischen. Ursprünglich ein Ortsname, wahrscheinlich nach Mortemer (Normandie).

Morton
Aus dem Altenglischen. Bedeutung: „der von der Stadt am Moor".

Moses
Auch: Mose. Biblischer Name hebräischer Herkunft. Ursprünglich aus dem Ägyptischen. Bedeutung: moscheh = (etwa:) „aus dem Wasser gezogen" oder „Kind".

Motega
Aus dem Indianischen. Bedeutung: „neuer Pfeil".

Mozes
Niederländische Form von →Moses.

Muhamed
Auch: Muhammed, Muhammad. Andere Formen von →Mohammed.

Munibert
Aus dem Althochdeutschen. Bedeutung: muni (germ.) = „Geist, Gedanke" und beraht = „glänzend".

Muraco
Aus dem Indianischen. Bedeutung: „weißer Mond".

Mustafa
Aus dem Arabischen. Bedeutung: „der achte Stamm" oder „der Auserwählte"

N

Nabril
Aus dem Arabischen. Bedeutung: „edel; vornehm".

Nabor
Aus dem Hebräischen. Bedeutung: „Prophet des Lichts".

Nadim
Aus dem Arabischen. Bedeutung: „Freund; Vertrauter".

Nagid
Aus dem Hebräischen. Bedeutung: „Herrscher; Prinz".

Nahum
Auch: Naum. Biblischer Name hebräischer Herkunft. Bedeutung: nachum = „trostreich; (Gott ist der) Tröster".

Namid
Aus dem Indianischen. Bedeutung: „Sternentänzer".

Namik
Aus dem Türkischen bzw. Arabischen. Bedeutung: „Schreiber".

Namir
Aus dem Hebräischen. Bedeutung: „Leopard".

Nandin
Aus dem Indisch-pakistanischen. Bedeutung: „Zerstörer". (Anderer Name von Shiva).

Nandolf
Aus dem Althochdeutschen. Bedeutung: nantha (germ.) = „kühn; mutig" und wolf = „Wolf".

Nándor
Ungarische Form von →Ferdinand.

Nanno
Friesische Kurzform von Namen, die mit „Nant-" beginnen.

Nante
Niederdeutsche und friesische Kurzform von →Ferdinand.

Nantwig
Aus dem Althochdeutschen. Bedeutung: nantha (germ.) = „kühn; mutig" und wig = „Kampf".

Nantwin
Aus dem Althochdeutschen. Bedeutung: nantha (germ.) = „kühn; mutig" und wini = „Freund".

Napoleon
Nach Napoleon Bonaparte (1769 – 1821). Französischer Staatsmann und Feldherr. Bedeutung: Wahrscheinlich nach der italienischen Hafenstadt Neapel (Napoli).

Narciso
Italienische Form von →Narziss.

Narcisse
Französische Form von →Narziss.

Narziss
Aus dem Griechischen. Bedeutung: „Narzisse".

Nat
Kurzform von →Nathan oder →Nathanael.

Natalis
Aus dem Lateinischen. Bedeutung: „der zu Weihnachten Geborene" (→Noel).

Nathan
Biblischer Name hebräischer Herkunft. Bedeutung: nāthān = „Er (Gott) hat ihn gegeben."

Nathanael
Biblischer Name hebräischer Herkunft. Bedeutung: nathanaēl = „Gott gibt".

Nathaniel
Englische Form von →Nathanael.

Nealson
Englische Form von →Nelson.

Ned
Englische Kurzform von →Edward.

Neel
Auch: Neele. Friesische Kurzform von →Cornelius.

Nehemia
Biblischer Name hebräischer Herkunft. Bedeutung: nechemejāh = „Gott hat getröstet".

Neil
Auch: Neal. Aus dem Englischen gälischer Herkunft. Bedeutung: „Wolke" oder „Leidenschaft".

Nelson
Aus dem Englischen. Bedeutung: „Sohn des Neil". Oder Kurzform von →Cornelius.

Nemo
Aus dem Lateinischen. Bedeutung: „kein (Mensch); niemand". Nach dem Zeichentrickfilm „Findet Nemo".

Neo
Aus dem Griechischen. Bedeutung: neos = „neu". Der Auserwählte aus dem SciFi Blockbuster „Matrix".

Nepomuk
Nach dem heiligen Johannes von Nepomuk. Ursprünglich ein Ortsname (Pomuk = Ort in Böhmen).

Nestor
Aus dem Griechischen, nach dem ältesten Anführer gegen Troja. Nestor steht heute für „Weisheit; kluger Ratgeber".

Netis
Aus dem Indianischen. Bedeutung: „guter Freund". (Auch als weiblicher Vorname möglich!)

Nic
Rätoromanische Kurzform von →Nikolaus.

Niccoló
Italienische Form von →Nikolaus.

Nicholas
Englische Form von →Nikolaus.

Nick
Auch: Nicki. Kurzformen von →Nikolaus.

Nico
Kurzform von →Nicola oder →Nicodemo.

Nicodemo
Rätoromanische Form von →Nikodemus.

Nicol
Auch: Nikol. Kurzformen von →Nikolaus.

Nicola
Italienische Form von →Nikolaus.

Nicolaas
Niederländische Form von →Nikolaus.

Nicolai
→Nikolai.

Nicolas
Auch: Nicholas. Englische Formen von →Nikolaus.

Nicolás
Spanische Form von →Nikolaus.

Niculaus
Auch: Niculin. Rätoromanische Formen von →Nikolaus.

Niels
Dänische Form von →Nils.

Nies
Kurzform von →Dionysius.

Nigel
Aus dem Angloamerikanischen lateinischer Herkunft. Bedeutung: „der Dunkle; der Finstere".

Nik
Kurzform von →Nikolai.

Nikita
Russische Koseform von →Nikolai.

Niklas
Auch: Niclas. Niederdeutsche Form von →Nikolaus.

Niklaus
→Nikolaus.

Niko
Auch: Nikol. Kurzformen von →Nikolaus.

Nikodemus
Auch: Nikódēmos. Biblischer Name griechischer Herkunft. Bedeutung: nik →= „Sieg" und dēmos = „Volk".

Nikolai
Auch: Nikolaj. Russische Formen von →Nikolaus.

Nikolas
→Nikolaus.

Nikolaus
Aus dem Griechischen. Bedeutung: nik →= „Sieg" und lāós = „Volksmenge; Volk".

Nils
Schwedische Kurzform von →Nikolaus.

Nino
Italienische Verkleinerungsform von →Giovanni.

Nivard
Aus dem Fränkischen. Bedeutung unbekannt. Vielleicht von rätoromanisch nive = „Schnee".

Niwe
Aus dem Italienischen und Schweizerischen. Bedeutung: nive (roman.) = „Schnee".

Noah
Biblischer Name hebräischer Herkunft. Bedeutung: noach = „der Ruhestifter".

Nodin
Auch: Noton. Aus dem Indianischen. Bedeutung: „Wind".

Noël
Aus dem Französischen (Nouel) lateinischen Ursprungs. Bedeutung: dies natalis = „Geburt(stag) des Herrn". In Frankreich heute Bezeichnung für Weihnachten.

Nolde
Auch: Nolte. Niederdeutsche Kurzform von →Arnold.

Nolik
Russische Kurzform von →Anatolij.

Nonfried
Aus dem Althochdeutschen. Bedeutung: nantha = „kühn; mutig" und fridu = „Friede".

Nonno
Auch: Nonne. Kurzformen von Namen, die mit „Nant-" beginnen.

Norbert
Aus dem Althochdeutschen. Bedeutung: nord = „Norden" und beraht = „glänzend".

Nordwin
Auch: Norwin. Aus dem Althochdeutschen. Bedeutung: nord = „Norden" und wini = „Freund".

Norfried
Aus dem Althochdeutschen. Bedeutung: nord = „Norden" und fridu = „Friede".

Norman
Auch: Normann. Aus dem Angloamerikanischen, althochdeutscher Herkunft. Bedeutung: nord = „Norden" und man = „Mann".

Notker
Aus dem Althochdeutschen. Bedeutung: not = „Gefahr; Bedrängnis" und ger = „Speer". (Umkehrung von →Gernot).

Nuño
Auch: Nunio. Spanisch-portugiesische Form von →Nunzio.

Nunzio
Auch: Nuncius. Aus dem Lateinischen. Bedeutung: „der Bote; die Botschaft".

Nuri
Aus dem Hebräischen mit der Bedeutung „Feuer". Oder aus dem Arabischen mit der Bedeutung „Zigeuner". (Auch als weiblicher Vorname möglich!)

Nuria
Aus dem Hebräischen. Bedeutung: „Feuer Gottes". (Auch als weiblicher Vorname möglich!)

Nuru
Aus dem Afrikanischen (Suaheli). Bedeutung: „Licht".

Nye
Aus dem Mittelenglischen mit der Bedeutung „Inselbewohner" oder aus dem Walisischen mit der Bedeutung „Ehre; Gold".

O

Oberon
Aus dem Altfranzösischen Auberon bzw. Alberon. Andere Form von →Alberich.

Oberto
Italienische Form von →Hubert.

Octave
Französische Form von →Oktavian.

Octavien
Französische Form von →Oktavian.

Octavio
Italienische und spanische Form von →Oktavian.

Oderich
Andere Form von →Roderich.

Odi
Schweizerische Kurzform von →Adam.

Odilo
Alter deutscher Vorname. Ursprünglich eine Verkleinerungsform von →Odo.

Odin
Nach dem nordgermanischen Gott Odin (= Wotan; Toten- und Sturmgott).

Odo
Auch: Ode. Friesische (Kurz)formen von Namen, die mit „Od-" oder „Ot-" beginnen.

Odoardo
Italienische Nebenform von →Edward.

Odomar
Auch: Odemar. Neuere Formen von →Otmar.

Odon
Schwedische Form von →Odin.

Ödön
Ungarische Form von →Edmund.

Odysseus
Auch: Ulixes (lat.). Held der griechischen Mythologie. Gatte der →Penelope, Vater des →Telemachos.

Okon
Aus dem Afrikanischen. Bedeutung: „der in der Nacht Geborene".

Oktavian
Auch: Octavius, Octavianus. Aus dem Lateinischen. Nach der Familie der Octavier.

Olaf
Auch: Olav. Aus dem Altnordischen Aleifr bzw. Anleifr. Bedeutung: ano = „Ahne; Vorfahre" und leifr = „Erbe; Hinterlassenschaft".

Olberich
Neuform von →Alberich.

Olcay
Aus dem Türkischen bzw. Arabischen. Bedeutung: „Glück". (Auch als weiblicher Vorname möglich!).

Olderico
Italienische Form von →Ulrich.

Oldwig
Neuform von Adalwig. Aus dem Althochdeutschen. Bedeutung: adal = „edel" und wig = „Kampf".

Ole
Niederdeutsche Kurzform von Namen, die mit „Od-" oder „Ul-" beginnen. Aus dem Altsächsischen odhil = „Besitz" oder Althochdeutschen adal = „edel". Oder dänische Kurzform von →Oluf.

Oleg
Auch: Olež ek, Olež ka (Kurzformen). Aus dem Russischen altnordischen Ursprungs von →Helge.

Olf
Kurzform von Namen, die mit „Wolf-" beginnen oder „-wolf" enden.

Olfert
Friesische Kurzform von →Wolfhart.

Oliver
Aus dem Altfranzösischen olivier = „Ölbaum (auch: Wiedersacher)". Zweige des Ölbaums sind Symbol des Friedens.

Olivier
→Oliver.

Oliviero
Italienische Form von →Oliver.

Olof
Schwedische Form von →Olaf.

Olrik
Nebenform von →Adalrich.

Oltman
Aus dem Althochdeutschen. Bedeutung: adal = „edel" und man = „Mann; Mensch".

Oluf
Dänische Form von →Olaf.

Olufemi
Aus dem Afrikanischen (Nigeria). Bedeutung: „Gott liebt mich".

Olujimi
Aus dem Afrikanischen (Nigeria). Bedeutung: „Gott hat es mir gegeben".

Olushegun
Aus dem Afrikanischen (Nigeria). Bedeutung: „Gott ist der Sieg".

Olushola
Aus dem Afrikanischen (Nigeria). Bedeutung: „Gott hat mich gesegnet".

Olympus
Aus dem Griechischen. Bedeutung: Olymp = Berg in Griechenland, „Sitz der Götter".

Omar
Aus dem Arabischen. Bedeutung: „der Höchste; der Erstgeborene".

Ömer
Türkische Form von →Omar.

Ondra
Russische For von →Andreas.

Onfroi
Französische Form von →Humfried.

Onofré
Spanische Form von →Humfried.

Onofredo
Italienische Form von →Humfried.

Onorio
Italienische Form von →Honorius.

Onur
Aus dem Türkischen französischer Herkunft. Bedeutung: „Stolz; Ehre".

Oran
Aus dem Irisch-gälischen. Bedeutung: „der Hellhäutige".

Orell
Schweizerische Form von Aurelius bzw. →Aurelian

Oren
Aus dem Hebräischen. Bedeutung: „Kiefer".

Orest
Aus dem Griechischen. Bedeutung: oros = „Berg".

Orion
Aus dem Griechischen. Bedeutung: „Sohn des Feuers; Sohn des Lichts".

Orlando
Italienische und spanische Form von →Roland.

Oro
Aus dem Spanischen. Bedeutung: „der Goldene".

Orson
Aus dem Angloamerikanischen. Ursprünglich aus dem Altenglischen mit der Bedeutung „Sohn des Speerträgers" oder aus dem Altfranzösischen mit der Bedeutung: „kleiner Bär".

Ort
Auch: Orth. Alte hessische Kurzform von Namen, die mit „Ort-" beginnen.

Ortfried
Aus dem Althochdeutschen. Bedeutung: ort = „(Waffen-)Spitze" und fridu = „Friede".

Ortger
Aus dem Althochdeutschen. Bedeutung: ort = „(Waffen-)Spitze" und ger = „Speer".

Ortlieb
Aus dem Althochdeutschen. Bedeutung: ort = „(Waffen-)Spitze" und leiba = „Erbe".

Ortnit
Aus dem Althochdeutschen. Bedeutung: ort = „(Waffen-)Spitze" und nit = „Missgunst; Neid".

Ortolf
Auch: Ortulf. Aus dem Althochdeutschen. Bedeutung: ort = „(Waffen-) Spitze" und wolf, wulf = „Wolf".

Ortolt
Neuere Form von →Ortwald.

Ortwald
Aus dem Althochdeutschen. Bedeutung: ort = „(Waffen-)Spitze" und waltan = „waltan; herrschen".

Ortwein
Auch: Ortwin. Aus dem Althochdeutschen. Bedeutung: ort = „(Waffen-) Spitze" und wini = „Freund".

Orunjan
Aus dem Afrikanischen (Nigeria). Bedeutung: „Gott der Mittagssonne".

Osbert
Neuform von Ansbert. Aus dem Germanischen. Bedeutung: ans = „Gott" und beraht (althochdt.) = „glänzend".

Oscar
Neuform von →Oskar.

Oskar
Aus dem Altenglischen Osgar bzw. Althochdeutschen Ansgar. Bedeutung: ans = „Gott" und ger = „Speer".

Osman
Aus dem Türkischen arabischer Herkunft. Bedeutung unbekannt. Oder englische Form von →Osmund.

Osmar
Aus dem Germanischen. Bedeutung: ans = „Gott" und mari (althochdt.) = „berühmt".

Osmond
Französische Form von →Osmund.

Osmund
Aus dem Germanischen. Bedeutung: ans = „Gott" und munt (althochdt.) = „Schutz".

Ossi
Auch: Ossy. Kurzformen von Namen, die mit „Os-" beginnen.

Ossip
Russische Form von →Josef.

Oswald
Aus dem Germanischen. Bedeutung: ans = „Gott" und waltan (althochdt.) = „walten; herrschen".

Oswin
Aus dem Germanischen. Bedeutung: ans = „Gott" und wini (althochdt.) = „Freund".

Ota
Tschechische Form von →Otto.

Otbert
Aus dem Althochdeutschen. Bedeu-

tung: ot = „Besitz" und beraht = „glänzend".

Otfried
Aus dem Althochdeutschen. Bedeutung: ot = „Besitz" und fridu = „Friede".

Otger
Auch: Otker. Aus dem Althochdeutschen. Bedeutung: ot = „Besitz" und ger = „Speer".

Othon
Französische Form von →Otto.

Otis
Aus dem Englischen griechischen Ursprungs. Bedeutung: ous = „Ohr".

Otmar
Aus dem Althochdeutschen. Bedeutung: ot = „Besitz" und mari = „berühmt".

Otmund
Aus dem Althochdeutschen. Bedeutung: ot = „Besitz" und munt = „Schutz".

Ott
Kurzform von Namen, die mit „Ot-" beginnen.

Otte
Kurzform von Namen, die mit „Ot-" beginnen. Auch schwedische Form von →Otto.

Ottfried
→Otfried.

Ottheinrich
Zusammensetzung aus →Otto und →Heinrich.

Ottheinz
Zusammensetzung aus →Otto und →Heinz.

Otthermann
Zusammensetzung aus →Otto und →Hermann.

Ottmar
→Otmar.

Otto
Mittlerweile selbstständige (Kurz)Form von Namen, die mit „Ot-" beginnen. Aus dem Althochdeutschen. Bedeutung: ot = „Besitz".

Ottokar
Aus dem Althochdeutschen. Ursprünglich Odowakar. Bedeutung: ot = „Besitz" und wakar = „munter; wachsam".

Ottomar
→Otmar.

Ottone
Auch: Oddo, Otto. Italienische Formen von →Otto.

Ottorino
Italienische Verkleinerungsform von →Otto.

Otwald
Aus dem Althochdeutschen. Bedeutung: ot = „Besitz" und waltan = „walten; herrschen".

Otward
Aus dem Althochdeutschen. Bedeutung: ot = „Besitz" und wart = „Hüter; Wächter".

Otwin
Aus dem Althochdeutschen. Bedeutung: ot = „Besitz" und wini = „Freund".

Ouray
Aus dem Indianischen. Bedeutung: „Pfeil".

Ouwe
Friesische Form von →Uwe.

Ove
Schwedische Form von →Uwe.

Owe
Friesische Form von →Uwe.

Owen
Englische Form von →Eugen bzw. →Evan.

P

Paale
Auch: Pals. Friesische Kurzformen von →Paul.

Paavo
Finnische Form von →Paul.

Pablo
Spanische Form von →Paulus.

Pacificus
Aus dem Lateinischen. Bedeutung: „der Friedensstifter".

Paco
Auch: Pako. Spanische Koseform von →Francisco. Oder Paco auch aus dem Indianischen mit der Bedeutung: „Seeadler".

Paddy
Englische Koseform von →Patrick.

Pai
Auch: Pay. Selbstständige (Kurz)Form von →Paul.

Paki
Aus dem Afrikanischen. Bedeutung: „Zeuge".

Pál
Ungarische Form von →Paul.

Pancho
Spanische Koseform von →Francisco.

Pankratius
Auch: Pankraz. Aus dem Griechischen. Bedeutung: pagkratēs = „allmächtig; allgegenwärtig". (Einer der drei „Eisheiligen", neben →Bonifatius und →Servatius).

Pantaleon
Aus dem Griechischen. Bedeutung: pantan = „durchaus; gewiss; sicher" und léon = „Löwe".

Paolino
Verkleinerungsform von →Paolo.

Paolo
Italienische Form von →Paul.

Pär
Schwedische Form von →Peter.

Paridam
Andere Form →Paris.

Paridis
Auch: Paride. Englische Formen von →Paris.

Paris
Auch: Páris, Páridos. In der griechischen Mythologie Sohn des trojanischen Königs Priamos.

Parlan
Schottische Form von →Bartholomäus.

Parsival
Auch: Parsifal. Ursprünglich: Perceval. Wahrscheinlich aus dem Altfranzösischen. Bedeutung: perce val = „der das Tal durchquert". Sagenheld der Artussage.

Pascal
Auch: Paschalis. Aus dem Lateinischen. Bedeutung: paschalis = „zu Ostern (geboren)".

Pascha
Russische Kurzform von →Pavel.

Pascual
Spanische Form von →Pascal.

Pasquale
Italienische Form von →Pascal.

Pat
Englische Kurzform von →Patrick.

Patric
Auch: Patrico. Romanische (Kurz)Formen von →Patricius.

Patrice
Französische Form von →Patricius.

Patricius
Auch: Patrizius. Aus dem Lateinischen. Bedeutung: patricius = „der Patrizier". (Patricier = die ältesten und angesehensten römischen Familien.)

Patrick
Aus dem Irisch-englischen lateinischen Ursprungs. Bedeutung: „von hohem (röm.) Adel".

Patrik
Neuform von →Patrick.

Patrizius
→Patricius.

Paul
→Paulus.

Paulin
Weiterbildung von →Paul.

Paulinus
Andere Form von →Paulus.

Paulus
Aus dem Lateinischen. Ursprünglich ein Beiname. Bedeutung: paulus = „klein; der Kleine".

Pavel
Slawische Form von →Paul.

Pawel
Russische Form von →Paul.

Peder
Dänische und rätoromanische Form von →Peter.

Pedro
Spanische Form von →Peter.

Peeke
Friesische Form von →Peter.

Peer
Nordische Form von →Peter.

Peko
Auch: Peet. Friesische (Kurz)Formen von →Peter.

Pelle
Schwedische Kurzform von →Peter.

Pellegrino
Italienische Form von →Peregrin.

Pepe
Spanische Koseform von →José bzw. →Josef.

Pepino
Spanische Verkleinerungsform von →Pepe.

Pepito
Auch: Pepillo. Verkleinerungsformen von →Pepe.

Peppe
Auch: Peppo. Italienische Koseformen von →Giuseppe bzw. →Josef.

Per
Schwedische Form von →Peter.

Percifal
Englische Form von →Parzifal.

Percy
(Kurz)Form von →Percifal.

Peregrin
Auch: Peregrinus. Aus dem Englischen lateinischer Herkunft. Bedeutung: peregrinus = „Fremdling; Reisender".

Perez
Spanische Form von →Peter.

Perikles
Aus dem Griechischen. Bedeutung: peri-klytós = „hochberühmt; herrlich".

Perino
Verkleinerungsform von →Pero.

Pero
Kurzform von →Pietro.

Perry
Kurzform von →Peregrin.

Petar
Auch: Petko. Bulgarische Form von →Peter.

Peter
→Petrus.

Petö
Ungarische Form von →Peter.

Petronius
Aus dem Lateinischen. Ursprüngl. : „zum altrömischen Geschlecht der Petronier gehörig". Oder aus dem Griechischen mit der Bedeutung: petrós = „Fels; Stein".

Petrus
Aus dem Lateinischen bzw. Griechischen. Bedeutung: pétra, petrós = „Fels; Stein".

Peye
Friesische Kurzform von →Paul.

Phelan
Aus dem Irisch-gälischen. Bedeutung: „kleiner Wolf".

Phil
Englische Kurzform von →Philip.

Philemon
Aus dem Altgriechischen. Bedeutung: „der Freundliche". In der griechischen Mythologie Gatte der →Baucis.

Philhard
Mischung aus →Philipp und →Gerhard.

Philip
Englische Form von →Philipp.

Philipp
Auch: Philippus (lat.). Bedeutung: „der Pferdefreund"; philos = „Freund; Liebhaber" und hippos = „Pferd".

Philippe
Französische Form von →Philipp.

Philippos
Neugriechische Form von →Philipp.

Philo
Aus dem Griechischen. Bedeutung: philéon = „lieben".

Pidder
Nordfriesische Form von →Peter.

Pieder
Schweizerische Form von →Peter.

Pier
Friesische Kurzform von →Peter bzw. Italienische und niederländische (Neu)Form von →Peter.

Piero
Italienische Form von →Peter.

Pierre
Französische Form von →Peter.

Piet
Auch: Pieter. Niederländische Formen von →Peter.

Pietro
Italienische Form von →Peter.

Pilib
Irische Form von →Philipp.

Pilo
Slawische Kurzform von →Peter.

Pim
Niederländische Koseform von →Willem.

Pinar
Aus dem Türkischen. Bedeutung: „die Quelle". (Auch als weiblicher Vorname möglich!)

Pinkus
Auch: Pinkas. Aus dem Hebräischen. Bedeutung: „der Gesegnete".

Pio
Italienische und spanische Form von →Pius.

Piotr
Polnische Form von →Peter.

Pippin
Aus dem Althochdeutschen. Bedeutung: „der Pfeifer".

Pippo
Koseform von →Filippo.

Pitt
Englische Kurzform von →Peter.

Pitter
Rheinische Form von →Peter.

Pius
Aus dem Lateinischen. Bedeutung: pius = „fromm; tugendhaft; gottesfürchtig".

Pjotr
Auch: Petr. Russische Formen von →Peter.

Placido
Spanische Form von →Placidus.

Placidus
Aus dem Lateinischen. Bedeutung: placide = „ruhig; sanft; friedlich".

Platon
Aus dem Griechischen. Bedeutung: „der Breitschultrige". Griechischer Philosoph.

Pol
Auch: Pole. Niederdeutsche Formen von →Paul.

Poldi
Kurzform von →Leopold.

Pontian
Aus dem Lateinischen. Ursprünglich ein Beiname: Pontanus (= „Mann von der Brücke"). Bedeutung: pons, pontis = „Brücke".

Poul
Dänische Form von →Paul.

Prem
Aus dem Indisch-pakistanischen. Bedeutung: „Liebe".

Primus
Aus dem Lateinischen. Bedeutung: „der Erste; der Vorderste".

Prosper
Auch: Prosperus. Aus dem Lateinischen. Bedeutung: „glücklich; günstig".

Prospero
Italienische Form von →Prosper.

Q

Quabil
Aus dem Arabischen. Bedeutung: „begabt; fähig".

Quadir
Andere Form von →Kadir.

Quentin
Französische und englische Form von →Quintus.

Quillan
Aus dem Irisch-gälischen. Bedeutung: „Junge".

Quinlan
Aus dem Irisch-gälischen. Bedeutung: „der Wohlgestaltete".

Quinn
Aus dem Irisch-gälischen. Bedeutung: „der Weise".

Quint
→Quintus.

Quintin
Auch: Quintinus. Weiterbildungen von →Quintus.

Quintus
Aus dem Lateinischen. Bedeutung: „der Fünfte".

Quirin
→Quirinus.

Quirinus
Aus dem Lateinischen. Bedeutung: „der Kriegerische; der Lanzenträger".

Quito
Spanische Form von →Quintus.

R

Raban
Auch: Rabanus (lat.). Aus dem Althochdeutschen. Bedeutung: hraban = „Rabe".

Radek
Auch: Radenko. Kurzformen von →Radomil oder →Radoslaw.

Radolf
Auch: Radulf. Aus dem Althochdeutschen. Bedeutung: rat = „Ratgeber" und wolf, wulf = „Wolf".

Radomil
Aus dem Slawischen. Bedeutung: rad = „froh" und mily = „lieb; angenehm".

Radoslaw
Aus dem Slawischen. Bedeutung: rad = „froh" und slava = „Ruhm; Ehre".

Rafael
Auch: Raffael. →Raphael.

Raffaele
Auch: Raffaelo. Italienische Formen von →Raphael.

Ragnar
Nordische Form von →Rainer.

Raimo
Neuform von →Reimar.

Raimond
Neuform von →Raimund.

Raimondo
Italienische Form von →Raimund.

Raimund
Auch: Reimund. Ursprünglich: Raginmund. Aus dem Althochdeutschen. Bedeutung: ragin = „Rat; Beschluss" und munt = „Schutz".

Rainald
Auch: Reinald. Andere Form von →Reinold.

Rainer
Auch: Reiner. Ursprünglich: Raginhari. Aus dem Althochdeutschen. Bedeutung: ragin = „Rat; Beschluss" und heri = „Heer".

Rainier
Französische Form von →Rainer.

Ralf
Auch: Ralph. Kurzform von →Radolf.

Rambald
Aus dem Althochdeutschen. Bedeutung: hraban = „Rabe" und bald = „kühn".

Rambert
Aus dem Althochdeutschen. Bedeutung: hraban = „Rabe" und beraht = „glänzend".

Rambod
Aus dem Althochdeutschen. Bedeutung: hraban = „Rabe" und boto = „Bote; Gebieter".

Rami
Aus dem Arabischen. Bedeutung: „Bogenschütze".

Ramón
Spanische Form von →Raimund.

Randal
Englische Form von →Randolf bzw. →Randolph.

Rando
Kurzform von Namen, die mit „Rand-" beginnen.

Randolf
Auch: Randulf. Aus dem Althochdeutschen. Bedeutung: rant = „Schild" und wolf = „Wolf".

Randolph
Englische Form von →Randolf.

Randwig
Auch: Rantwig. Aus dem Althochdeutschen. Bedeutung: rant = „Schild" und wig = „Kampf".

Ranko
Aus dem Slowenischen. Bedeutung: rany, rano = „ früh".

Ranon
Auch: Ranen. Aus dem Hebräischen. Bedeutung: „singen; fröhlich sein".

Raoul
Französische Form von →Radolf.

Raphael
Biblischer Name hebräischer Herkunft. Bedeutung: „Gott heilt".

Rappert
→Ratbert.

Rappold
Auch: Rappolt, Rappo. Oberdeutsche Formen von →Ratbald.

Rasin
Aus dem Türkischen bzw. Arabischen. Bedeutung: „widerstandsfähig".

Rasmus
Kurzform von →Erasmus.

Ratbald
Aus dem Althochdeutschen. Bedeutung: rat = „Ratgeber" und bald = „kühn".

Ratbert
Aus dem Althochdeutschen. Bedeutung: rat = „Ratgeber" und beraht = „glänzend"

Ratbod
Auch: Ratpot, Rapoto. Aus dem Alt-

hochdeutschen. Bedeutung: rat = „Ratgeber" und boto = „Bote".

Ratbold
→Ratbald.

Ratfried
Aus dem Althochdeutschen. Bedeutung: rat = „Ratgeber" und fridu = „Friede".

Ratger
Aus dem Althochdeutschen. Bedeutung: rat = „Ratgeber" und ger = „Speer".

Rathard
Aus dem Althochdeutschen. Bedeutung: rat = „Ratgeber" und harti = „hart; stark"

Rathold
Auch: Ratwald. Aus dem Althochdeutschen. Bedeutung: rat = „Ratgeber" und waltan = „walten; herrschen".

Ratmar
Aus dem Althochdeutschen. Bedeutung: rat = „Ratgeber" und mari = „berühmt".

Rätus
Auch: Räto. Ursprünglich ein Ortsname; „Bewohner von Raetia". (Landschaft zwischen Donau und Rhein).

Ratward
Aus dem Althochdeutschen. Bedeutung: rat = „Ratgeber" und wart = „Hüter".

Raul
Spanische Form von →Radolf.

Ravi
Aus dem Indischen bzw. Sanskrit. Bedeutung: „Sonne".

Raviv
Aus dem Hebräischen. Bedeutung: „Regen; Tau".

Ray
Kurzform von →Raymond.

Rayhan
Aus dem Arabischen. Bedeutung: „von Gott bevorzugt".

Raymond
Englische und französische Form von →Raimund.

Reamonn
Irische Form von →Raimund.

Redelf
Friesische Form von →Radolf.

Redlef
Auch: Redelef, Redleff. Aus dem Friesischen althochdeutschen Ursprungs. Bedeutung: rat = „Ratgeber" und leiba (lef) = „Erbe".

Redward
Auch: Redwart, Reduard, Redwert. Friesische Formen von →Ratwart.

Reelef
Auch: Reeleff, Reelf. Friesische Formen von →Radolf bzw. →Redlef.

Reginald
Andere Form von →Reinald.

Regino
Kurzform von →Reginald.

Regis
Kurzform von →Remigius.

Régnier
Französische Form von →Rainer.

Reichard
Ältere Form von →Richard.

Reichwein
→Richwin.

Reimar
Auch: Raimar, Raimer, Reimer. Ursprünglich: Ragimar. Aus dem Althochdeutschen. Bedeutung: ragin, regin = „Rat; Beschluss" und mari = „berühmt".

Reimbert
Auch: Reimbrecht. Aus dem Althochdeutschen. Bedeutung: ragin, regin = „Rat; Beschluss" und beraht = „glänzend".

Reimbod
Aus dem Althochdeutschen. Bedeutung: ragin, regin = „Rat; Beschluss" und boto = „Bote".

Reimert
Niederdeutsche Form von →Reimbert.

Reimo
Kurzform von Namen, die mit „Reim-" beginnen.

Reimund
Neuform von →Raimund.

Reinald
Auch: Raginald, Raginwald, Reginald. Andere Formen von →Reinold bzw. →Reinhold.

Reinar
Andere Form von →Rainer.

Reinbert
→Reimbert.

Reineke
Auch: Reinecke, Reinicke, Reinke. Friesische (Kurz)Formen von Namen, die mit „Rein-" beginnen.

Reinfried
Aus dem Althochdeutschen. Bedeutung: ragin, regin = „Rat; Beschluss" und fridu = „Friede".

Reinhard
Auch: Reinhart. Aus dem Althochdeutschen. Bedeutung: ragin, regin = „Rat; Beschluss" und harti = „hart; stark".

Reinhold
Andere Form von →Reinold.

Reinmar
Aus dem Althochdeutschen. Bedeutung: ragin, regin = „Rat; Beschluss" und mari = „berühmt".

Reinmund
Andere Form von →Raimund.

Reinold
Aus dem Althochdeutschen.Ursprünglich: Raginald. Bedeutung: ragin, regin = „Rat; Beschluss" und waltan = „walten; herrschen".

Reinulf
Aus dem Althochdeutschen. Bedeutung: ragin, regin = „Rat; Beschluss" und wolf, wulf = „Wolf".

Reinwald
Aus dem Althochdeutschen. Bedeutung: ragin, regin = „Rat; Beschluss" und waltan = „herrschen; walten".

Reinward
Aus dem Althochdeutschen. Bedeutung: ragin, regin = „Rat; Beschluss" und wart = „Hüter".

Reku
Finnische Kurzform von →Richard.

Rembert
Andere Form von →Reimbert.

Remi
Auch: Remy. Französische Kurzformen von →Remigius.

Remigius
Aus dem Lateinischen. Bedeutung: „der Ruderer".

Remke
Auch: Remko. Bedeutung: Friesische Kurzformen von →Reinmar.

Remmert
Friesische Form von →Reimbert.

Remo
Italienische Form von →Remus.

Remus
Aus dem Lateinischen. Bedeutung: remus = „Ruder". Bruder des →Romolus. Mitbegründer von Rom.

Renard
Französische Form von →Reinhard.

Renato
Italienische Form von →Renatus.

Renatus
Aus dem Lateinischen. Bedeutung: renatus = „wiedergeboren".

Renaud
Auch: Renault. Französische Formen von →Reginald.

Rendert
Friesische Kurzform von →Reinhard.

René
Französische Form von →Renatus.

Renja
Kurzform von →Andrej.

Reno
Kurzform von →Renato.

Rentje
Friesische Kurzform von Namen, die mit „Rein-" beginnen.

Renzo
Auch: Rienzo. Kurzform von →Lorenzo.

Resmi
Aus dem Türkischen bzw. Arabischen. Bedeutung: „feierlich".

Resul
Aus dem Türkischen bzw. Arabischen. Bedeutung: „Prophet; Gesandter".

Reto
Auch: Retus. →Rätus.

Reynold
Englische Form von →Reinold.

Rex
Englische Kurzform von →Reginald. Oder aus dem Lateinischen. Bedeutung: „König".

Rezsö
Ungarische Form von →Rudolf.

Ricard
Französische Form von →Richard.

Ricardo
Spanische Form von →Richard.

Riccardo
Italienische Form von →Richard.

Ricco
Auch: Rico, Riko. Kurzformen von →Ricardo bzw. →Riccardo.

Richard
Aus dem Althochdeutschen. Ursprünglich: Richart. Bedeutung: rihhi = „reich; mächtig" und harti = „hart; stark".

Richbald
Aus dem Althochdeutschen. Bedeutung: rihhi = „reich; mächtig" und bald = „kühn".

Richbert
Aus dem Althochdeutschen. Bedeutung: rihhi = „reich; mächtig" und beraht = „glänzend".

Richmar
Aus dem Althochdeutschen. Bedeutung: rihhi = „reich; mächtig" und mari = „berühmt".

Richmut
Aus dem Althochdeutschen. Bedeutung: rihhi = „reich; mächtig" und muot = „Geist; Gesinnung".

Richold
→Richwald.

Richwald
Aus dem Althochdeutschen. Bedeutung: rihhi = „reich; mächtig" und waltan = „walten; herrschen".

Richwin
Auch: Reichwein. Aus dem Althochdeutschen. Bedeutung: rihhi = „reich; mächtig" und wini = „Freund".

Rick
Auch: Ricky. Englische Kurzformen von →Richard.

Rickard
Schwedische Form von →Richard.

Rickelf
Auch: Ricklef, Rickleff, Riglef. Aus dem Althochdeutschen. Bedeutung: rihhi = „reich; mächtig" und leiba, leif = „Erbe".

Rickert
Niederdeutsche Form von →Richard.

Rickmer
Friesische Form von →Richmar.

Rickward
Aus dem Altenglischen. Bedeutung: „mächtiger Wächter"

Ridsert
auch: Ridzard, Ridzart. Friesische Formen →Richard.

Riek
Auch: Rik. Niederdeutsche Kurzform von →Frederik bzw. →Hendrik.

Rigbert
→Richbert.

Righard
Friesische Form von →Richard.

Rigo
Kurzform von Namen, die mit „Rig-" beginnen.

Rigobert
→Richbert.

Rigomar
→Richmar.

Rihardos
Griechische Form von →Richard.

Riko
Kurzform von →Richard.

Riley
Auch: Ryley (engl.). Aus dem Irisch-gälischen. Bedeutung: „der Kriegerische".

Rimbert
→Reimbert.

Rimon
Aus dem Hebräischen. Bedeutung: „Granatapfel".

Rinald
→Rainald.

Rinaldo
Italienische Form von →Rainald.

Ringo
Kurzform von →Ringolf.

Ringolf
Auch: Ringulf. Aus dem Althochdeutschen. Bedeutung: ragin, regin = „Rat; Beschluss" und wolf, wulf = „Wolf".

Risto
Finnische Kurzform von →Christoph.

Roald
Nordische Form von →Rodewald.

Rob
Auch: Robby, Robbie. Englische Kurzformen von →Robert.

Robert
Niederdeutsche Form von →Rupert. Ursprüngl.: Hrodeberth. Aus dem Althochdeutschen. Bedeutung: hroth (germ.) = „Ruhm" und beraht = „glänzend".

Roberto
Italienische Form von →Robert.

Robin
Englische (Kurz)Form von →Robert.

Robrecht
→Rodebrecht.

Rocco
Italienische Form von →Rochus.

Rochus
Latinisierte Form von Roch (franz.). Ursprünglich aus dem Althochdeutschen. Bedeutung: rohon = „brüllen; schreien" auch: „Kriegsruf".

Rock
Auch: Rocky. Amerikanische Kurzformen von →Rochus bzw. →Roque. Oder aus dem Englischen mit der Bedeutung rock = „Felsen".

Rod
Kurzform von Namen, die mit „Rod-" beginnen.

Rodebert
Auch: Rodebrecht. Aus dem Althochdeutschen. Bedeutung: hroth (germ.) = „Ruhm" und beraht = „glänzend".

Rodegang
Aus dem Althochdeutschen. Bedeutung: hroth (germ.) = „Ruhm" und gang, ganc = „(Waffen)gang".

Roderic
Französische Form von →Roderich.

Roderich
Aus dem Althochdeutschen. Bedeutung: hroth (germ.) = „Ruhm" und rihhi = „reich; mächtig".

Rodewald
Aus dem Althochdeutschen. Bedeutung: hroth (germ.) = „Ruhm" und waltan = „walten; herrschen".

Rodger
Aus dem Althochdeutschen. Bedeutung: hroth (germ.) = „Ruhm" und ger = „Speer".

Rodolfo
Auch: Ridolfo. Italienische Formen von →Rudolf.

Rodolphe
Französische Form von →Rudolf.

Rodrigo
Spanische Form von →Roderich.

Rodrigue
Französische Form von →Roderich.

Rodulfo
Spanische Form von →Rudolf.

Roelef
Auch: Roelf, Roelof. Friesische Formen von →Rolf bzw. →Rudolf.

Rogan
Aus dem Irisch-gälischen. Bedeutung: „der Rothaarige".

Roger
Nordische, englische und französische Form von →Rodger bzw. →Rüdiger.

Roland
Aus dem Althochdeutschen. Ursprünglich: Hrodland oder Hrodnand. Bedeutung: hroth (germ.) = „Ruhm" und nantha = „wagemutig; kühn" oder lant = „Land".

Rolando
Italienische Form von →Roland.

Rolf
Auch: Rolph (engl.). Kurzformen von →Rudolf.

Rolland
Französische Form von →Roland.

Rolof
Auch: Roloff, Roolof, Roluf. Friesische Formen von →Rudolf.

Romain
Französische Form von →Roman bzw. →Romanus.

Roman
Auch: Román (span.). Andere Formen von →Romanus.

Romano
Italienische Form von →Roman(us).

Romanus
Aus dem Lateinischen. Bedeutung: „der Römer".

Romedius
Auch: Remedius, Romed. Aus dem Lateinischen. Bedeutung: „ der Helfer".

Romek
Polnische Verkleinerungsform von →Roman.

Romeo
Italienische Kurzform von →Barromeo. Oder andere Form von →Romanus.

Romuald
→Rumold.

Romulus
Aus dem Lateinischen. Bruder des →Remus. Mitbegründer von Rom.

Ron
Auch: Ronnie, Ronny. Englische Kurzform von →Ronald.

Ronald
Aus dem Schottischen. Andere Form von →Reinold.

Ronan
Aus dem Irischen. Bedeutung: „kleine Robbe".

Roque
Auch: Roche. Spanische Formen von →Rochus.

Rorik
Auch: Rurik. Alte bzw. friesische Formen von →Roderich.

Rory
Englische Form von →Roderich. Oder aus dem Irisch-gälischen mit der Bedeutung „rothaariger König".

Roswin
Aus dem Althochdeutschen. Bedeutung: hros = „Pferd; Ross" und wini = „Freund".

Rötger
Niederdeutsche Form von →Rüdiger.

Rothard
Aus dem Althochdeutschen. Bedeutung: hroth (germ.) = „Ruhm; Ehre" und harti = „hart".

Rother
Aus dem Althochdeutschen. Bedeutung: hroth (germ.) = „Ruhm; Ehre" und heri = „Heer".

Rouven
Andere Form von →Ruben.

Roux
Französische Form von →Rudolf.

Rover
Aus dem Mittelenglischen. Bedeutung: „Wanderer".

Rowan
Auch: Rowen, Rowe. Aus dem Irisch-gälischen. Bedeutung: „der Rothaarige".

Rowland
Englische Form von →Roland.

Roy
Aus dem Englischen keltischer Herkunft. Bedeutung: ruadh = „rot".

Rube
Englische Koseform von →Ruben.

Ruben
Auch: Rouven, Rauben; Reuben (engl.). Biblischer Name hebräischer Herkunft. Bedeutung: r'uben = „sehet, ein Sohn!"

Rubio
Aus dem Spanischen. Bedeutung: „der Blonde".

Rüdeger
Andere Form von →Rüdiger.

Rudgar
Auch: Rudger. →Rüdiger.

Rudhard
→Rothard.

Rudi
Kurzform von →Rudolf.

Rudibert
Aus dem Althochdeutschen. Bedeutung: hruom, hroth (germ.) = „Ruhm" und beraht = „glänzend".

Rüdiger
Aus dem Althochdeutschen. Ursprünglich: Hrodger. Bedeutung: hruom, hroth (germ.) = „Ruhm" und ger = „Speer".

Rudmar
Aus dem Althochdeutschen. Bedeutung: hruom, hroth (germ.) = „Ruhm" und mari = „berühmt".

Rudo
Kurzform von →Rudolf. Oder aus dem Afrikanischen. Bedeutung: „Liebe".

Rudolf
Aus dem Althochdeutschen. Ursprünglich: Hruodolf, Hrodulf. Bedeutung: hruom, hroth (germ.) = „Ruhm" und wolf, wulf = „Wolf".

Rudolfo
Spanische und italienische Form von →Rudolf.

Rudolph
Englische Form von →Rudolf.

Ruedi
Auch: Ruedy, Ruedeli, Ruedli. Schweizerische Kurzformen von →Rudolf.

Ruffo
Italienische Form von →Rufus.

Rufin
Auch: Rufinus. Andere Formen von →Rufus.

Rufus
Aus dem Lateinischen. Ursprünglich ein Beiname. Bedeutung: rufus = „rot; der Rote; der Rothaarige".

Ruggero
Italienische Form von →Rüdiger.

Ruhi
Aus dem Türkischen bzw. Arabischen. Bedeutung: „aus der Seele".

Rumold
Auch: Rumolt. Aus dem Althochdeut-

schen. Bedeutung: hruom = „Ruhm" und waltan = „walten; herrschen".

Rune
Schwedische (Kurz)Form von Namen, die mit „Run-" (runa = „Geheimnis; Zauber") beginnen.

Runfried
Aus dem Althochdeutschen. Bedeutung: runa = „Geheimnis; Zauber" und fridu = „Friede".

Ruodi
Schweizerische Kurzform von →Rudolf.

Rupert
Auch: Ruppert, Rupertus. Aus dem Althochdeutschen. Ursprünglich: Hruodpert, Rodperth. Bedeutung: hruom, hroth (germ.) = „Ruhm" und beraht = „glänzend".

Ruprecht
Auch: Rupprecht. Andere Form von →Rupert.

Rurik
Ältere Form von →Roderich.

Russell
Aus dem Englischen französischer Herkunft. Bedeutung: „der Rothaarige".

Rutger
Ältere Form von →Rüdiger.

Rütger
Auch: Rüttger. Andere Formen von →Rüdiger.

Ruthard
Aus dem Althochdeutschen. Ursprünglich: Hruodhart. Bedeutung: hruom, hroth (germ.) = „Ruhm" und harti = „hart; stark".

Rutland
Andere Form von →Roland.

Rutlieb
Aus dem Althochdeutschen. Ursprünglich: (H)ruodlieb. Bedeutung: hruom, hroth (germ.) = „Ruhm" und liob = „lieb".

Rutmar
→Rudmar.

Ruven
Auch: Ruwen. →Ruben.

Ryman
Aus dem Altenglischen. Bedeutung: „der Roggenmann".

Ryszard
Polnische Form von →Richard.

S

Sabri
Aus dem Türkischen bzw. Arabischen. Bedeutung: „Geduld; Ausdauer; Kraft".

Saburo
Aus dem Japanischen. Bedeutung: „der Drittgeborene".

Sacha
Französische Form von →Sascha.

Sachar
Russische Form von →Sascha oder →Zacharias.

Sachso
Alter deutscher Vorname. Bedeutung: „der Sachse". Ursprünglich ein Beiname.

Safi
Aus dem Arabischen. Bedeutung: „rein".

Sahen
Aus dem Indisch-pakistanischen. Bedeutung: „Falke".

Said
Aus dem Arabischen. Bedeutung: „der Glückliche".

Saladin
Aus dem Arabischen. Bedeutung: „Heil des Glaubens".

Salih
Aus dem Türkischen bzw. Arabischen. Bedeutung: „der Fromme".

Salim
Kurzform von →Salomo

Salomo
Auch: Salomon. Biblischer Name aus dem Hebräischen. Bedeutung: Sch'lōmōh = „friedlich".

Salvador
Spanische Form von →Salvator.

Salvator
Aus dem Lateinischen. Bedeutung: „Erretter; Erlöser".

Salvatore
Italienische Form von →Salvator.

Sam
Auch: Sammy. Kurzform von →Samuel.

Sameh
Auch: Samih. Aus dem Arabischen. Bedeutung: „der Vergebende".

Samir
Aus dem Arabischen. Bedeutung: „abendlicher Erzähler; Unterhalter".

Samson
Lateinischer Bibelname. →Simson.

Samuel
Biblischer Name aus dem Hebräischen. Bedeutung: schmū'ēl = „Ich bin von Gott erhört".

Samuil
Bulgarische und russische Form von →Samuel.

Sander
Kurzform von →Alexander.

Sándor
Ungarische Kurzform von →Alexander.

Sandro
Italienische Kurzform von →Alessandro.

Sanja
Russische Kurzform von →Aleksandr.

Sansao
Portugiesische Form von →Samson.

Sansón
Spanische Form von →Samson.

Sansone
Italienische Form von →Samson.

Santo
Aus dem Italienischen. Bedeutung: „der Heilige".

Sarad
Aus dem Indisch-pakistanischen. Bedeutung: „der im Herbst Geborene".

Sascha
Russische Kurzform von →Aleksandr bzw. →Alexander.

Sasso
Niederdeutsche Form von →Sachso.

Saul
Biblischer Name aus dem Hebräischen. Bedeutung: scha'ul = „der Erbetene; der Begehrte; der Ersehnte".

Saverio
Italienische Form von →Xaver.

Schorsch
Mundartliche Form von →Georg.

Scott
Aus dem Angloamerikanischen. Ursprünglich ein Familien- bzw. Beiname. Bedeutung: „der Schotte".

Sczepan
Slawische Form von →Stefan.

Seamus
Irische Form von →James.

Sean
Auch: Seann, Shane. Irische Formen von →John bzw. →Johannes.

Sebald
Auch: Sebaldus. Andere Form von →Siegbald.

Sebastian
Aus dem Griechischen. Bedeutung: sebastós = „verehrungswürdig; erhaben".

Sebastiano
Italienische Form von →Sebastian.

Sébastien
Französische Form von →Sebastian.

Sebe
auch: Sebo. Friesische Kurzform von →Siegbert.

Sedat
Aus dem Türkischen bzw. Arabischen. Bedeutung: „Rechtschaffenheit".

Selim
Arabische Form von →Salomo.

Selmar
Männliche Form von Selma bzw. Neuform von →Anselm.

Semjon
Russische Form von →Simon.

Sent
Auch: Sentz. Friesische Kurzformen von →Vinzent bzw. →Vincent.

Sepp
Kurzform von →Josef.

Seraphin
Auch: Seraph. Biblischer Name aus dem Hebräischen. Bedeutung: seraphim = „der Brennende; der Feurige" oder saraph = „Schlange". (Im Alten Testament sechsflügelige Wesen bzw. Engel).

Serenus
Aus dem Lateinischen. Bedeutung: „heiter; glücklich".

Serge
Englische und französische Form von →Sergius.

Sergej
auch: Sergeij, Serguscha. Russische Formen von →Sergius.

Sergio
Italienische und spanische Form von →Sergius.

Sergius
Aus dem Lateinischen. Ursprünglich ein altrömischer Familienname der Sergier. Bedeutung: servus = „Diener; Sklave" bzw. sergente (altitalienisch) = „Gerichtsdiener".

Servatius
Auch: Servaz; Servaas (niederländisch); Servais (französisch); Servazio (italienisch). Aus dem Lateinischen. Bedeutung: „der Gerettete". (Einer der drei „Eisheiligen", neben →Bonifatius und →Pankratius).

Seth
Aus dem Hebräischen. Bedeutung: „Spross".

Severin
Auch: Severinus. →Severus.

Severus
Aus dem Lateinischen. Ursprünglich ein altrömischer Familienname . Bedeutung: severus = „ernsthaft; streng".

Sevilen
Aus dem Türkischen. Bedeutung: „der Geliebte".

Shalom
Aus dem Hebräischen. Bedeutung: „Friede".

Shanahan
Aus dem Irisch-Gälischen. Bedeutung: „der Weise".

Sharad
Aus dem Indisch-pakistanischen. Bedeutung: „Herbst".

Sharif
Aus dem Arabischen. Bedeutung: „ehrlich; redlich".

Shimon
Hebräische Form von →Simeon.

Shing
Aus dem Chinesischen. Bedeutung: „Sieg".

Shiro
Aus dem Japanischen. Bedeutung: „der Viertgeborene".

Shiva
Aus dem Sanskrit. Bedeutung: „der Gütige; der Gnädige" oder „der Freund". Hinduistischer Gott. Auch als weiblicher Vorname möglich!

Siaard
Auch: Siard, Sierd, Siert. Friesische Kurzformen von →Sieghard.

Sibe
Auch: Sibo, Siebo, Sebe. Friesische Kurzformen von →Sigbert bzw. →Siegbold.

Sibrand
→Siegbrand.

Siccard
Französische Form von →Sieghard.

Sidney
Englische Form von →Sidonius. (Auch als weiblicher Vorname möglich!)

Sidonius
Aus dem Lateinischen. Bedeutung: „der Sidonier" (aus der Stadt Sidon, Phönizien).

Siegbald
Auch: Siebold, Siegbold, Sigbolt. Aus dem Althochdeutschen. Bedeutung: sigu = „Sieg" und bald = „kühn".

Siegbert
Auch: Sigbert, Sigibert. Aus dem Althochdeutschen. Bedeutung: sigu = „Sieg" und beraht = „glänzend".

Siegbod
Aus dem Althochdeutschen. Bedeutung: sigu = „Sieg" und boto = „Bote; Gebieter".

Siegbold
Aus dem Althochdeutschen. Bedeutung: sigu = „Sieg" und waltan = „walten; herrschen".

Siegbrand
Aus dem Althochdeutschen. Bedeutung: sigu = „Sieg" und brand = „flammendes Schwert".

Siegbrecht
Aus dem Althochdeutschen. Bedeutung: sigu = „Sieg" und beraht = „glänzend".

Sieger
Auch: Siegher. Aus dem Althochdeutschen. Bedeutung: sigu = „Sieg" und heri = „Heer".

Siegfried
Aus dem Althochdeutschen. Bedeutung: sigu = „Sieg" und fridu = „Friede".

Sieghard
Aus dem Althochdeutschen. Bedeutung: sigu = „Sieg" und harti = „hart; stark".

Siegheld
Neubildung nach dem 2. Weltkrieg aus „Sieg" und „Held".

Sieghelm
Aus dem Althochdeutschen. Bedeutung: sigu = „Sieg" und helm = „Helm; Schutz".

Siegmar
Auch: Segimer (keltisch). Aus dem Althochdeutschen. Bedeutung: sigu = „Sieg" und mari = „berühmt".

Sigbot
Auch: Sibot, Seibot. →Siegbod.

Sigismond
Französische Form von →Siegmund.

Sigismondo
Auch: Gismondo. Italienische Form von →Siegmund.

Siegmund
Auch: Sigmund, Sigismund, Sigimunt; Zygmunt (poln.); Zsigmond (ungar.). Aus dem Althochdeutschen. Bedeutung: sigu = „Sieg" und munt = „Schutz".

Siegolf
Auch: Siegulf. Aus dem Althochdeutschen. Bedeutung: sigu = „Sieg" und wolf = „Wolf".

Siegram
Aus dem Althochdeutschen. Bedeutung: sigu = „Sieg" und hraban = „Rabe".

Siegrad
Auch: Sigrat. Aus dem Althochdeutschen. Bedeutung: sigu = „Sieg" und rat = „Ratgeber".

Siegrich
Auch: Siegerich. Aus dem Althochdeutschen. Bedeutung: sigu = „Sieg" und rihhi = „mächtig; reich".

Siegwald
Aus dem Althochdeutschen. Bedeutung: sigu = „Sieg" und waltan = „walten; herrschen".

Siegward
Auch: Siegwart, Sigvard (nordisch). Aus dem Althochdeutschen. Bedeutung: sigu = „Sieg" und wart = „Hüter".

Siegwin
Aus dem Althochdeutschen. Bedeutung: sigu = „Sieg" und wini = „Freund".

Sierk
Friesische Kurzform von →Siegrich.

Sievert
Auch: Siewert. Niederdeutsche und friesische Formen von →Siegward.

Sigbert
→Siegbert.

Sigfrid
Auch: Sigfried. Ältere Formen von →Siegfried.

Sigge
Auch: Siggi, Sigi, Siggo. Kurzformen von Namen, die mit „Sieg-" oder „Sig-" beginnen.

Sighart
Ältere Form von →Sieghard.

Sigisbert
→Siegbert.

Sigismund
Ältere Form von →Siegmund.

Sigiswald
→Siegwald.

Sigmund
→Siegmund.

Sigo
Auch: Siggo, Sikko. Friesische Kurzformen von Namen, die mit „Sieg-" bzw. „Sig-" beginnen.

Sigurd
Nordische Form von Sigvard bzw. →Siegward.

Silas
Aramäische Form von →Saul.

Silko
Friesische Kurzform von →Cäcilius.

Silvain
Französische Formvon →Silvan.

Silvan
Auch: Silvanus. Aus dem Lateinischen. Name des römischen Waldgottes Silvanus. Bedeutung: silva = „Wald".

Silvano
Italienische Form von →Silvan.

Silvester
Auch: Sylvester. Aus dem Lateinischen. Bedeutung: „waldig; im Wald wachsend, lebend".

Silvestre
Französische Form von →Silvester

Silvio
Italienische Form von →Silvius.

Silvius
Aus dem Lateinischen. Bedeutung: silva = „Wald".

Sima
Aus dem Hebräischen bzw. Aramäischen. Bedeutung: „Schatz; Geschenk".

Simeon
Biblischer Name aus dem Hebräischen. Bedeutung: schimeōn = „Er (Gott) hat erhört".

Simon
Biblischer Name aus dem Griechischen bzw. Hebräischen. Bedeutung: „erhört; Erhörung".

Simson
Auch: Samson (lat.). Aus dem Hebräischen. Bedeutung: schim'schōn = „Glänzender; Starker; der Sonne gleich".

Sinan
Aus dem Türkischen bzw. Arabischen. Bedeutung: „eiserne Speerspitze".

Sintbald
Auch: Sinbald, Sindbald. Aus dem Althochdeutschen. Bedeutung: sind = „Weg; Reise" und bald = „kühn".

Sintbert
Auch: Sinbert. Aus dem Althochdeutschen. Bedeutung: sind = „Weg; Reise" und beraht = „glänzend".

Sintram
Auch: Sindram. Aus dem Althochdeutschen. Bedeutung: sind = „Weg; Reise" und hraban = „Rabe".

Sireno
Alter italienischer Vorname, ursprünglich aus dem Griechischen bzw. Lateinischen. Bedeutung: sirenius = „die lockenden Sirenen betreffend".

Sirius
Aus dem Griechischen. Bedeutung: seirios = „der Verbrennende". Der hellste Stern am Himmel, auch „Hundsstern".

Sirk
Auch: Sirke. Friesische Kurzformen von →Siegrich.

Siro
Italienische Kurzform von →Sireno.

Sisto
Italienische Form von →Sixtus.

Siverd
Auch: Sivert, Siwert. Friesische Formen von →Siegward.

Siwili
Aus dem Indianischen. Bedeutung: „Fuchsschwanz".

Sixten
Aus dem Altschwedischen. Ursprünglich Sigsten. Bedeutung: sigher = „Sieg" und sten = „Stein".

Sixtus
Auch: Sixt, Sixte (franz.). Lateinische Umformung des Griechischen Xystós. Bedeutung: „der Feine; der Glatte". Oder sextus = „der Sechste".

Skipp
Aus dem Altnorwegischen. Bedeutung: „Schiffseigner".

Slavko
Auch: Slava. Slawische Kurzform von Namen, die ein „slawa" (= Ruhm) enthalten.

Sobek
Polnische Form von →Sebstian.

Sofian
Aus dem Arabischen. Bedeutung: „treu; ergeben".

Söncke
Auch: Sönke, Sönnich. Niederdeutsche und friesische Vornamen mit der Bedeutung: „Sohn; Söhnchen".

Sonnfried
Neubildung aus „Sonne" und fridu = „Friede".

Sophus
Aus dem Griechischen. Bedeutung: sophós = „klug; weise".

Sören
Dänische Form von →Severin.

Stachus
Kurzform von →Eustachius.

Stan
Englische Kurzform von →Stanley bzw. polnische Kurzform von →Stanislaw bzw. →Stanislaus.

Stanek
Kurzform von →Stanislaus.

Stanislao
Italienische Form von →Stanislaus.

Stanislas
Französische Form von →Stanislaus.

Stanislaus
Latinisierte Form von →Stanislaw.

Stanislaw
Auch: Stanislav. Aus dem Polnischen bzw. Tschechischen. Bedeutung (urslawisch): stati = „werden" oder stanz = „Festigkeit; Härte" und slava = „Ruhm; Ehre".

Stanley
Aus dem Englischen. Ursprünglich ein Familienname bzw. Ortsbezeichnung.

Steen
Dänische Form von →Sten.

Stefan
Aus dem Griechischen. Bedeutung: stéphanos = „Kranz; (Märtyrer)Krone".

Stefano
Italienische Form von →Stefan.

Steffen
Niederdeutsche Form von →Stefan.

Sten
Aus dem Altnordischen (Runeninschrift). Bedeutung: „Stein".

Stenzel
Schlesische Kurzform von →Stanislaus.

Stepan
Auch: Stenka, Stepka, Stepko, Sczepan. Slawische Formen von →Stefan.

Stephan
Andere Form von →Stefan.

Stephane
Auch: Stéphane. Schweizerische und französische Form von →Stefan.

Stephen
Englische Form von →Stefan.

Steve
Englische Kurzform von →Stephen.

Steven
Englische und niederländische Form von →Stefan.

Stig
Aus dem Nordischen. Bedeutung: „Wanderer".

Stillfried
Aus dem Althochdeutschen. Bedeutung: stilli = „still" und fridu = „Friede".

Stillo
Kurzform von →Stillfried.

Stinnes
Rheinische Kurzform von →Augustinus.

Stiva
Russische Kurzform von →Stanislav bzw. →Stepan.

Stoffel
Auch: Stoffer, Stoffi. Kurzformen von →Christoph.

Stuart
Aus dem Englischen. Ursprünglich Name der engl. Königsfamilie. Bedeutung: sty ward oder stiweard = „Haushüter".

Sturmius
Aus dem Germanischen. Bedeutung: sturm (althochdeutsch) oder stormr (altnordisch) = „heftiger Wind; Angriff".

Sudi
Aus dem Afrikanischen (Suaheli). Bedeutung: „Glück".

Suleiman
Türkische und arabische Form von →Salomo.

Sulpiz
Auch: Sulpicius, Sulpitius. Aus dem Lateinischen. Bedeutung: „aus dem römischen Geschlecht der Sulpicier".

Süncke
Auch: Suno, Sunke, Sunneke, Suntje, Suntke. →Söncke.

Sven
Aus dem Altnordischen (Runeninschrift). Bedeutung: suain = „Jüngling". Ursrprünglich ein Beiname.

Svend
Dänische Form von →Sven.

Swante
Auch: Svante. Kurzform von Svantopolk (slaw.) = „(aus dem) Kriegsvolk".

Swen
→Sven.

Swindbert
Auch: Swidbert. Aus dem Althochdeutschen. Bedeutung: swinde = „stark; schnell" und beraht = „glänzend".

Swindger
Auch: Swidger. Aus dem Althochdeutschen. Bedeutung: swinde = „stark; schnell" und ger = „Speer".

Sylvain
Französische Form von →Silvanus.

Sylvester
→Silvester.

T

Tabib
Aus dem Türkischen. Bedeutung: „Doktor".

Taddeo
Italienische Form von →Thaddäus.

Tade
Auch: Taeike, Taetse, Take. Friesische Kurzformen von Namen, die mit „Diet-" und „Thed-" beginnen.

Tadeo
Spanische Form von →Thaddäus.

Tadi
Aus dem Indianischen. Bedeutung: „Wind".

Tage
Aus dem Nordischen (Dänischen). Ursprünglich die Bezeichnung für einen Bürgen oder Gewährsmann.

Tahir
Aus dem Arabischen. Bedeutung: „rein; sauber".

Tahsin
Aus dem Arabischen. Bedeutung: „Verbesserung".

Tai
Aus dem Vietnamesischen. Bedeutung: „Begabung".

Tamás
Ungarische Form von →Thomas.

Tamino
Herkunft und Bedeutung unklar. Wahrscheinlich aus dem Griechischen. Bedeutung: tamias = „Herr; Gebieter". Seit Mozarts „Zauberflöte" verbreitet.

Tamme
Auch: Tammo, Tanko. Friesische Kurzformen von →Dankmar bzw. Thankmar.

Tammes
Dänische Form von →Thomas.

Tani
Aus dem Japanischen. Bedeutung: „Tal". (Auch als weiblicher Vorname möglich!)

Tarek
Auch: Tarik. Aus dem Arabischen. Name eines arabischen Heerführers.

Taro
Aus dem Japanischen. Bedeutung: „der Erstgeborene".

Tasida
Aus dem Indianischen. Bedeutung: „Reiter". (Auch als weiblicher Vorname möglich!)

Tassilo
Auch: Thassilo. Selbstständige Verkleinerungsform von →Tasso.

Tasso
Wahrscheinlich aus dem Germanischen mit der Bedeutung thasu = „bauen", oder aus dem Italienischen mit der Bedeutung tasso = „Dachs".

Tavis
Schottische Form von →Thomas.

Tebaldo
Italienische Form von →Theobald.

Tebbe
Auch: Tebbo. Friesische Kurzform von →Theodebert.

Ted
Auch: Teddy. Englische Kurzform von →Theodore oder →Edward.

Teetje
Auch: Thetja, Tietje, Tetje, Tete. Friesische Kurzform von Namen, die mit „Diet-" beginnen.

Teilhard
Aus dem Französischen. Bedeutung: tilleul (franz.) = „Linde" und harti (althochdt.) = hart; stark".

Telemachos
Auch: Telemach. Aus dem Griechischen. Bedeutung: „der zielgerichtet Kämpfende". In der griechischen Mythologie Sohn des →Odysseus und der →Penelope.

Tell
Name nach dem Helden der Schweizer

Sage, einem Jäger aus dem Dorf Bürglen (14. Jahrhundert).

Temme
Auch: Temmo. Friesische Kurzformen von →Dietmar.

Teodoro
Italienische und spanische Form von →Theodor.

Teofilo
Italienische und spanische Form von →Theophil.

Terrence
Auch: Terenz. Englischer Name lateinischer Herkunft. Wahrscheinlich nach römischem Familiennamen Terentius.

Tesfay
Aus dem Äthiopischen. Bedeutung: „Hoffnung".

Teutobald
Ältere Form von →Theodebald und →Dietbald.

Teutobert
Ältere Form von →Theodebert und →Dietbert.

Teutomar
Ältere Form von →Theodemar und →Dietmar.

Teutwart
Ältere Form von →Theodeward und →Dietward.

Tevfik
Auch: Tefik. Aus dem Türkischen bzw. Arabischen. Bedeutung: „der vom Glück begünstigte".

Tewes
Kurzform von →Mätthaus.

Thaddäus
Biblischer Name, aus dem Griechischen. Bedeutung: thaddaios = „Lobpreis".

Thaisen
(Kurz-)Form von →Matthias.

Thankmar
→Dankmar.

Theis
Auch: Theiß. Kurzform von →Matthias.

Themke
Kurzform von →Dietmar.

Theo
Kurzform von →Theodor und →Theobald.

Theobald
Auch: Theodebald. Latinisierte Form von →Dietbald. Auch Anlehnung an das Griechische theós = „Gott".

Theodebert
Latinisierte Form von →Dietbert. Oder Mischung aus theós (griechisch) = „Gott" und beraht (althochdt.) = „glänzend".

Theodegar
Auch: Theodeger. Latinisierte Form von →Dietger.

Theodemar
Latinisierte Form von →Dietmar.

Theoderich
Auch: Theuderich. Latinsierte Form von →Dietrich.

Theodolf
Latinisierte Form von →Dietwolf.

Theodor
Aus dem Griechischen. Bedeutung: theós = „Gott" und dōron = „Geschenk; Gabe"; theódōros = „Gottesgeschenk".

Theodore
Englische Form von →Theodor.

Theodosius
Andere Form von →Theodor.

Theodulf
Latinsierte Form von →Dietwolf.

Theofried
Latinisierte Form von →Dietfried.

Theophil
Aus dem Griechischen. Bedeutung: theós = „Gott" und philos = „lieb; angenehm"; theóphilos = „Gottesfreund".

Thewald
Andere Form von →Dietwald.

Thibaut
Auch: Thibauld, Thibault. Französische Form von →Theobald.

Thiedemann
Auch: Thielemann. Andere Formen von →Dietmar bzw. →Dietleib.

Thiemo
Auch: Tiemo. Kurzformen von →Thietmar bzw. →Dietmar.

Thien
Aus dem Vietnamesischen. Bedeutung: „sanft".

Thiento
Auch: Thieto, Thiemon. Bedeutung unklar. Wahrscheinlich aus dem Althochdeutschen. Bedeutung: diot = „Volk".

Thierri
Auch: Thierry. Französische Formen von →Dietrich.

Thies
Auch: Thieß, This. Kurzformen von →Matthias bzw. →Mathis.

Thietmar

→Dietmar.

Thilo
Auch: Tilo. Kurzformen von Namen, die mit „Diet-" beginnen oder von →Thiedemann bzw. Thielemann.

Thomas
Auch: Tomas. Biblischer Name, ursprünglich aus dem Griechischen. Bedeutung: thōmas = „der Zwilling".

Thomé
Französische Form von →Thomas.

Thor
Name des germanischen Donnergottes. Aus dem Nordischen. Bedeutung: thor = „kühn".

Thorbrand
Aus dem Nordischen. Bedeutung: Thor = germanischer Gott und brand (althochdt.) = „flammendes Schwert".

Thorfinn
Zusammensetzung aus →Thor u. →Finn.

Thorgert
Wahrscheinlich Weiterbildung von →Torger.

Thorold
Andere Form von Thorwald bzw. →Torwald

Thorsten
→Torsten.

Tiado
Auch: Tjade, Tiade. Friesische Kurzformen von Namen, die mit „Diet-" beginnen.

Tialf
Auch: Tjalf. Friesische Kurzformen von →Dietleib oder →Dietwolf (Thiadolf).

Tiard
Auch: Tiart. Friesische Kurzformen von →Diethard.

Tiberio
Italienische Form von →Tiberius.

Tiberius
Aus dem Lateinischen. Bedeutung: „dem Flussgott Tiberis geweiht".

Tibor
Ungarische Form von →Tiberius.

Till
Auch: Til, Tile, Tyl. Friesische Kurzformen von →Dietleib, →Detlef. Oder selbstständiger Name aus dem Altfriesischen mit der Bedeutung: til = „gut; tüchtig".

Tillo
Auch: Tilman, Tilmann, Tillmann. Friesische Formen von →Dietleib bzw. →Detlef. Oder aus dem Altfriesischen. Bedeutung: til = „gut; tüchtig". (→Thiedemann.)

Tim
Auch: Timm, Timme, Timmo, Timo. Niederdeutsche und friesische Kurzformen von Namen, die mit „Diet-" beginnen. Meistens von →Dietmar.

Timofej
Russische Form von →Timotheus.

Timon
Biblischer Name griechischen Ursprungs. Bedeutung: „ehrwürdig; ehrenwert".

Timoteo
Italienische und spanische Form von →Timotheus.

Timothée
Französische Form von →Timotheus.

Timotheus
Biblischer Name griechischen Ursprungs. Bedeutung: timótheos = „Ehre Gott!".

Timothy
Englische Form von →Timotheus.

Timur
Aus dem Hebräischen. Bedeutung: „groß; stattlich".

Tino
Italienische Kurzform von Namen, die mit „-tino" enden.

Titianus
Andere Form von →Titus.

Tito
Italienische Form von →Titus.

Titus
Aus dem Lateinischen. Bedeutung: „Wildtaube".

Tivedar
Ungarische Form von →Theodor.

Tivon
Aus dem Hebräischen. Bedeutung: „der die Natur liebt".

Tiziano
Aus dem Italienischen. Ursprünglich ein altrömischer Familienname der Titianer. Bedeutung: „zur Familie des Titius gehörig".

Tobias
Biblischer Name hebräischen Ursprungs. Bedeutung: tōbijāh = „Gott ist gütig".

Toby
Englische Form von →Tobias.

Todd
Aus dem Nordenglischen. Bedeutung: „Fuchs".

Tohon
Aus dem Indianischen. Bedeutung: „Puma".

Tom
Englische Kurzform von →Thomas.

Toma
Südslawische Form von →Thomas.

Tomás
Spanische Form von →Thomas.

Tomaso
Auch: Tommaso. Italienische Formen von →Thomas.

Tomasz
Polnische Form von →Thomas.

Tomislaw
Aus dem Slawischen mit der Bedeutung „peinigen" oder „Ruhm". Auch eine polnische Form von →Thomas.

Tommy
Englische Kurzform von →Thomas.

Toni
Auch: Tony. Kurzform von →Anton.

Tonio
Italienische Kurzform von →Antonio.

Tönjes
Auch: Tönnies, Töns. Niederdeutsche Kurzform von →Antonius.

Toralf
Auch: Thoralf. Aus dem Nordischen. Bedeutung: Thor (germanischer Gott) und alf = „Elf; Naturgeist".

Torben
Auch: Thorben, Torbern, Thorbern. Neuere Form von →Torbjörn.

Torbjörn
Auch: Thorbjörn. Aus dem Nordischen. Bedeutung: Thor (germanischer Gott) und björn (schwedisch) = „Bär".

Torger
Auch: Thorge, Thorger. Aus dem Nordi-

schen. Bedeutung: Thor (germanischer Gott) und ger = „Speer".

Torolf
auch: Thorolf, Torulf. Bedeutung: Thor (germanischer Gott) und ulfr (altisländisch) = „Wolf".

Torsten
Aus dem Nordischen. Bedeutung: Thor (germanischer Gott) und „der Stein".

Torwald
Auch: Thorwald, Torvald. Bedeutung: Thor (germanischer Gott) und waltan = „walten; herrschen".

Traugott
Pietistischer Vorname aus dem 18. Jahrhundert. Bedeutung: „(Ver)traue Gott!"

Traut
Kurzform von →Trudbert.

Trauthelm
Aus dem Althochdeutschen. Bedeutung: trud = „Kraft; Stärke" und helm = „Schutz; Helm".

Trauthold
Aus dem Althochdeutschen. Bedeutung: trud = „Kraft; Stärke" und waltan = „walten; herrschen".

Trautmann
Aus dem Althochdeutschen. Bedeutung: trud = „Kraft; Stärke" und man = „Mann; Mensch".

Trautmar
Aus dem Althochdeutschen. Bedeutung: trud = „Kraft; Stärke" und mari = „berühmt".

Trautmund
Aus dem Althochdeutschen. Bedeutung: trud = „Kraft; Stärke" und munt = „Schutz".

Trautwein
Auch: Trautwin. Aus dem Althochdeutschen. Bedeutung: trud = „Kraft; Stärke" und wini = „Freund".

Treumund
Aus dem Altsächsischen bzw. Althochdeutschen. Bedeutung: triuwi = „treu; wahr" und munt = „Schutz".

Trevor
Aus dem Irischen. Bedeutung: „der Besonnene; der Weise".

Tristan
Auch: Tristram; keltisch: Drystan. Aus dem Keltischen. Bedeutung: drest, drust = „(Herr über) Aufruhr; Waffengeklirr".

Trudbert
Auch: Trudpert. Aus dem Althochdeutschen. Bedeutung: trud = „Kraft; Stärke" und beraht = „glänzend".

Trudo
Kurzform von Namen, die mit „Traut-" bzw. „Trud-" beginnen.

Trutz
Aus dem Mittelhochdeuschen. Bedeutung: trutz, trotz, tratz = „widersetzen; Trotz bieten; auf seinem Recht beharren".

Tuketu
Aus dem Indianischen. Bedeutung: „der Bär, der Staub aufwirbelt".

Tung
Aus dem Vietnamesischen. Bedeutung: „Baum; Ruhe; Würde".

Tünnes
Rheinische Kurzform von →Antonius.

Tuomo
Finnische Form von →Thomas.

Tyee
Aus dem Indianischen. Bedeutung: „Häuptling; Führer".

Tymoteusz
Polnische Form von →Timotheus.

U

Ubald
Ursprünglich: Hugbald, Hugibald. Aus dem Althochdeutschen. Bedeutung: hugu = „Sinn; Geist; Verstand" und bald = „kühn".

Ubaldo
Italienische Form von →Ubald.

Ubba
Auch: Ubbe, Ubbo, Ubbod. Friesische Kurzformen von →Ubald.

Ubert
Rätoromanische Form von Obert, ursprünglich O(di)lbert bzw. →Albert.

Uberto
Italienische Form von →Hubert.

Ubeyd
Kurzform von →Ubeydullah.

Ubeydullah
Türkische Form von Abdullah bzw. →Abdul.

Udo
Auch: Ude, Odo. Friesische selbstständige Kurzformen von Namen, die mit „Od-" beginnen. Oder ursprünglich von Udolf. Aus dem Althochdeutschen. Bedeutung: uodal = „Heimat; Erbgut" und wolf = „Wolf".

Ufe
Auch: Ufert, Uffe, Uffke, Ufko. Friesische Kurzformen von →Wolfbert bzw. Wulfbert.

Ugo
Auch: Ugone. Italienische Form von →Hugo.

Ugolino
Verkleinerungsform von →Ugo.

Ugur
Aus dem Türkischen. Bedeutung: „gutes Vorzeichen; Omen".

Uilleam
Schottische Form von →Wilhelm.

Ulan
Aus dem Afrikanischen. Bedeutung: „erstgeborener Zwilling".

Uland
Auch: Uhland. Ursprünglich Uodalland. Aus dem Althochdeutschen. Bedeutung: uodal = „Erbgut; Heimat" und lant = „Land".

Ulbert
Auch: Ulbe, Ulbet (Kurzformen). Aus dem Althochdeutschen. Bedeutung: uodal = „Erbgut; Heimat" und beraht = „glänzend".

Uldarico
Italienische Form von →Ulrich.

Ule
Auch: Ulerk. Friesische Kurzformen von →Ulrik bzw. →Ulrich.

Ulf
Auch: Ulw. Kurzform von Namen, die mit „Ulf-" beginnen.

Ulfart
Auch: Ulferd, Ulfert. Friesische Kurzformen von →Wolfhard. Oder →Ulfried.

Ulfilas
Andere Form von →Wulfila.

Ulfried
Auch: Ulfrid, Ulfert, Olfert. Aus dem Althochdeutschen. Bedeutung: uodal = „Erbgut; Heimat" und fridu = „Friede".

Ulixes
Lateinische Form von →Odysseus.

Ulli
Auch: Uli. Kurzformen von Namen, die mit „Ul-" beginnen. Meistens von →Ulrich.

Ullmann
Ursprünglich Uodalman. Aus dem Althochdeutschen. Bedeutung: uodal = „Erbgut; Heimat" und man = „Mann; Mensch".

Ulrich
Ursprünglich Uodalrich. Aus dem Althochdeutschen. Bedeutung: uodal = „Erbgut; Heimat" und rihhi = „reich; mächtig".

Ulrico
Italienische Form von →Ulrich.

Ulrik
Niederdeutsche, friesische und nordische Form von →Ulrich.

Ulrych
Polnische Form von →Ulrich.

Ultimus
Aus dem Lateinischen. Bedeutung: „der Letzte (das letzte Kind)".

Ulvi
Aus dem Türkischen bzw. Arabischen. Bedeutung: „himmlisch; erhaben".

Ulysses
Auch: Ulyxes, Ulixes; Ulisse (ital.). Latinisierte Form von Odysseus (König der Ithaker).

Umberto
Italienische Form von →Humbert.

Uner
Aus dem Türkischen. Bedeutung: „berühmt".

Uno
Aus dem Nordischen. Bedeutung: una = „gedeihen; sich heimische fühlen".

Urbain
Französische Form von →Urban.

Urban
Auch: Urbanus. Aus dem Lateinischen. Bedeutung: „der Stadtbewohner; der aus der Stadt (Rom)".

Urbano
Italienische Form von →Urban.

Urias
Auch: Uriah. Aus dem Hebräischen. Bedeutung: „Jahwe (Gott) ist Licht".

Uriel
Aus dem Hebräischen. Bedeutung: „Gott ist mein Licht."

Urs
Schweizerische (Kurz)Form von →Ursus.

Ursio
Italienische Form von →Urs bzw. →Ursus.

Ursinus
Auch: Ursin, Ursino, Orsion. →Ursus.

Ursus
Aus dem Lateinischen. Bedeutung: „der Bär; (der Bärenstarke)".

Usmar
→Osmar.

Utatci
Aus dem Indianischen. Bedeutung: „Bär, der sich kratzt".

Uthelm
Auch: Othelm. Aus dem Althochdeutschen. Bedeutung: ot = „Besitz" und helm = „Helm; Schutz".

Utz
Auch: Uz. Oberdeutsche Kurzform von Namen, die mit „Ul-" beginnen. Meistens von →Ulrich.

Uwe
Auch: Uwo, Uve, Uvo. Friesische Kurzform von Namen, die mit „Ot-" oder „Ul-" beginnen.

Uzoma
Aus dem Afrikanischen (Nigeria). Bedeutung: „der auf einer Reise Geborene".

V

Vaceslav
Andere Form von →Václaw.

Václaw
Auch: Václav. Tschechische Form von →Wenzeslaus.

Vadin
Aus dem Indisch-pakistanischen. Bedeutung: „gelehrter Redner".

Vahdet
Aus dem Türkischen bzw. Arabischen. Bedeutung: „Einheit; Geschlossenheit".

Vakur
Aus dem Türkischen bzw. Arabischen. Bedeutung: „ernst; würdig".

Valâ
Aus dem Türkischen bzw. Persischen. Bedeutung: „hoch; erhaben".

Valdemar
Dänische Form von →Waldemar.

Valente
Italienische Form von →Valentin.

Valentin
Auch: Valentinus. Aus dem Lateinischen. Bedeutung: „gesund sein; sich wohl befinden".

Valentino
Auch: Valentiniano. Italienische Formen von →Valentin.

Valer
→Valerius.

Valerio
Italienische Form von →Valerius.

Valerian
Andere Form von →Valerius.

Valérien
Auch: Valéry. Französische Formen von →Valerius.

Valerius
Aus dem Lateinischen. Ursprünglich ein Familienname der Valerier. Bedeutung: valere = „gesund, stark sein".

Valtin
Oberdeutsche (Kurz-)Form von →Valentin.

Vanja
Andere Form von →Wanja.

Vartan
Aus dem Armenischen. Bedeutung: „Rose".

Varus
Aus dem Lateinischen. Name des römischen Statthalters in Germanien.

Vasco
Aus dem Portugiesischen. Bedeutung: „der Baske; der aus dem Baskenland".

Vasile
Rumänische Form von →Basilius.

Vasilij
→Wassili.

Vasin
Aus dem Indisch-pakistanischen. Bedeutung: „Herrscher".

Vasja
Russische Kurzform von →Vasilij bzw. →Wassili bzw. →Basilius.

Vedat
Aus dem Türkischen bzw. Arabischen. Bedeutung: „Liebe; Freundschaft".

Veit
Ursprünglich Wido. Andere Form von →Guido. Aus dem Althochdeutschen. Bedeutung: witu = „Holz; Wald". Latinisierte Form →Vitus.

Velten
Auch: Veltin. →Valtin.

Vered
Aus dem Hebräischen. Bedeutung: „Rose".

Veritas
Aus dem Lateinischen. Bedeutung: „Wahrheit".

Verner
Dänische und schwedische Form von →Werner.

Vernon
Aus dem Französischen. Ursprünglich ein Ortsname. Bedeutung: „Erlenhain". Oder aus dem Lateinischen vernalis = „frühlingshaft".

Vicente
Italienische Form von →Vinzenz.

Vico
Italienische Kurzform von →Viktor.

Victor
→Viktor.

Vida
Ungarische Form von →Veit.

Vidar
Auch: Widar. Aus dem Nordischen (Norwegen). Bedeutung: „Krieger".

Vigil
Aus dem Spanischen bzw. Lateinischen. Bedeutung: „Wächter".

Vigoleis
Auch: Wigoleis, Wigalois, Wigeles, Wiguleus, Wigeleis. Aus dem Althochdeutschen. Bedeutung: witu = „Holz; Wald" oder wig = „Kampf; Streit".

Viktor
Auch: Victor; Viktorian, Viktorianus. Aus dem Lateinischen. Bedeutung: victor = „der Sieger".

Vilém
Tschechische Form von →Wilhelm.

Vilhelm
Bulgarische und schwedische Form von →Wilhelm.

Vilmar
Aus dem Althochdeutschen. Bedeutung: filu = „viel" und mari = „berühmt".

Vilmos
Ungarische Form von →Wilhelm.

Vinay
Aus dem Indisch-pakistanischen. Bedeutung: „Höflichkeit".

Vincent
Englische, französische und niederländische Form von →Vinzenz.

Vincenzo
Italienische Form von →Vinzenz.

Vinod
Aus dem Indisch-pakistanischen. Bedeutung: „Vergnügen".

Vinzenz
Auch: Vinzent, Vinzentius. Aus dem Lateinischen. Bedeutung: vincere = „siegen".

Virgil
Auch: Virgilius. Ursprünglich ein altrömische Familienname. Bekannt durch den Dichter Vergil, Verfasser des Äneas-Epos.

Vit
Französische Kurzform von →Veit bzw. →Vitus.

Vitalis
Auch: Vitali. Aus dem Lateinischen. Bedeutung: „lebenskräftig".

Vito
Italienische Form von →Veit bzw. →Vitus.

Vittorino
Italienische Verkleinerungsform von →Vittorio.

Vittorio
Italienische Form von →Viktor.

Vitulja
Russische Form von →Viktor.

Vitus
Latinisierte Form von →Veit, ursprünglich Wido bzw. Widu bzw. →Guido.

Vivianus
Auch: Vivian. Aus dem Lateinischen. Bedeutung: vivus = „lebendig; lebhaft; munter."

Vladimir
→Wladimir.

Vladislav
Tschechische Form von →Ladislaus.

Volkbert
Auch: Volbert, Volkbrecht, Volbrecht, Volprecht. Aus dem Althochdeutschen. Bedeutung: folc = „Volk" und beraht = „glänzend".

Volkbrand
Aus dem Althochdeutschen. Bedeutung: folc = „Volk" und brand = „flammendes Schwert".

Volker
Aus dem Althochdeutschen. Bedeutung: folc = „Volk" und heri = „Heer".

Volkert
→Volkhard.

Volkhard
Auch: Volkard, Volkart, Volhard, Volkhart. Aus dem Althochdeutschen. Bedeutung: folc = „Volk" und harti = „hart; stark".

Volkhold
→Volkwald.

Volkmann
Aus dem Althochdeutschen. Bedeutung: folc = „Volk" und man = „Mann; Mensch".

Volkmar
Auch: Volmar. Aus dem Althochdeutschen. Bedeutung: folc = „Volk" und mari = „berühmt".

Volko
Kurzform von Namen, die mit „Volk-" beginnen.

Volkrad
Auch: Vollrad, Volrad, Volrat. Aus dem Althochdeutschen. Bedeutung: folc = „Volk" und rat = „Ratgeber".

Volkram
Aus dem Althochdeutschen. Bedeutung: folc = „Volk" und hraban = „Rabe".

Volkwald
Aus dem Althochdeutschen. Bedeutung: folc = „Volk" und waltan = „herrschen; walten".

Volkward
Aus dem Althochdeutschen. Bedeutung: folc = „Volk" und wart = „Hüter".

Volkwin
Aus dem Althochdeutschen. Bedeutung: folc = „Volk" und wini = „Freund".

W

Waban
Aus dem Indianischen. Bedeutung: „Ostwind".

Waclaw
Auch: Vaclav, Wazlav. Polnische bzw. tschechische Form von →Wenzeslaus.

Waldebert
Auch: Walbert. Aus dem Althochdeutschen. Bedeutung: waltan = „walten; herrschen" und beraht = „glänzen".

Waldemar
Auch: Waldomar. Aus dem Althochdeutschen. Bedeutung: waltan = „walten; herrschen" und mari = „berühmt".

Waldfried
Auch: Walfried. Aus dem Althochdeutschen. Bedeutung: waltan = „walten; herrschen" und fridu = „Friede".

Waldmann
Aus dem Althochdeutschen. Bedeutung: waltan = „walten; herrschen" und man = „Mann; Mensch".

Waldo
Auch: Walo. Kurzform von →Walter und →Waldemar.

Wallace
Aus dem Altenglischen. Bedeutung: „Mann aus Wales".

Wallis
Andere Form von →Wallace.

Walram
Auch: Wallram, Waltram. Aus dem Althochdeutschen. Bedeutung: waltan = „walten; herrschen" und hraban = „Rabe".

Walt
Englische Kurzform von →Walter.

Walter
Auch: Walther. Aus dem Althochdeutschen. Bedeutung: waltan = „walten; herrschen" und heri = „Heer".

Walthard
Aus dem Althochdeutschen. Bedeutung: waltan = „walten; herrschen" und harti = „hart; stark".

Waltram
→Walram.

Wanja
Russische Koseform von →Iwan.

Wanko
Bulgarische Kurzform von →Iwan.

Warand
Auch: Warant, →Weriant, Werant. Aus dem Althochdeutschen. Bedeutung: warjan = „wehren".

Warmund
Aus dem Althochdeutschen. Bedeutung: warjan = „wehren" und munt = „Schutz".

Warnart
Auch: Warnert. Friesische Form von →Wernhard.

Warner
Niederdeutsche und friesische Form von →Werner.

Warnfried
Niederdeutsche und friesische Form von →Wernfried.

Wasil
Slawische Kurzform von →Basilius.

Wasja
Auch: Vasja. Kurzformen von →Wassili.

Wasmut
Auch: Wachsmut, Wasmod, Wasmot. Aus dem Althochdeutschen. Bedeutung: wahsan = „wachsen" und muot = „Gemüt; Geist; Sinn".

Wassili
Auch: Wassilij, Vasilij. Russische Formen von →Basilius.

Wedekind
Auch: Widukind, Wittekind. Aus dem Althochdeutschen. Bedeutung: witu, wede = „Wald" und „Kind": „Waldkind; Waldsohn".

Wedig
Auch: Wedigo, Weeke, Weeko. Kurzformen von Namen, die mit „Wede-" bzw. „Widu-" beginnen.

Weerd
Auch: Weert. Friesische Kurzformen von →Wighard.

Weigand
→Wigand.

Weiart
Auch: Weierd, Weiert, Weihard, Weihert. Friesische Kurzformen von →Weikhard.

Weigel
Kurzform von →Wigand.

Weikhard
→Wighard.

Weinrich
→Winrich.

Welf
Alter deutscher Vorname, ursprünglich Beiname von Angehörigen des Herrscherhauses der Welfen. Wahrscheinlich aus dem Althochdeutschen mit der Bedeutung: (h)welf = „Tierjunges; junger Hund, Wolf; Fuchs".

Welfhard
Aus dem Althochdeutschen. Bedeutung: (h)welf = „Tierjunges; junger Hund, Wolf; Fuchs". und harti = „hart; stark".

Wellem
Rheinische Form von →Wilhelm.

Welmer
Friesische Form von →Willimar.

Wendel
Kurzform von Namen, die mit „Wendel-" beginnen.

Wendelbert
Aus dem Althochdeutschen. Bedeutung: wendel = Stammesname der Wandalen und beraht = „glänzend".

Wendelin
Selbstständige Kurzform von Namen, die mit „Wendel-" beginnen.

Wendelinus
Latinisierte Form von →Wendelin.

Wendelmar
Aus dem Althochdeutschen. Bedeutung: wendel = Stammesname der Wandalen und mari = „berühmt".

Wenemar
Auch: Wennemar. Niederdeutsche Formen von →Winemar.

Wenutu
Aus dem Indianischen. Bedeutung: „aufklarender Himmel".

Wenzel
(Selbstständige) Kurzform von →Wenzeslaus.

Wenzeslaus
Latinisierte Form eines altslawischen Namens. Bedeutung: vjaće (russ.) = „mehr" und sláva = „Ruhm".

Werhart
→Wernhard.

Weriand
Auch: Werant. Aus dem Althochdeutschen. Bedeutung: warjan = „wehren".

Werner
Auch: Wernher. Ursprünglich: Warinheri oder Werinheri. Aus dem Althochdeutschen. Bedeutung: warjan = „wehren" und heri = „Heer".

Wernfried
Aus dem Althochdeutschen. Bedeutung: warjan = „wehren" und fridu = „Friede".

Wernhard
Auch: Wernhart. Aus dem Althochdeutschen. Bedeutung: warjan = „wehren" und harti = „hart; stark".

Werno
Kurzform von Namen, die mit „Wern-" beginnen.

Wernt
Kurzform von Namen, die mit „Wern-" beginnen.

Wibert
→Wigbert

Wibo
Auch: Wibold, Wibolt. Friesische Kurzformen von →Wigbold.

Wichard
Auch: Wickart, Wickhart, Wichert. Neuere Formen von →Wighard.

Wido
Auch: Wide. Kurzformen von →Wedekind.

Wieland
Auch: Wielant, Welant, Wiolant, Velint. Aus dem Altgermanischen. Bedeutung: vela = „Schatz" und walan = „Gold, Metall gießen".

Wigand
Auch: Weigand, Wiegand. Aus dem Althochdeutschen. Bedeutung: wigant, wigan = „kämpfen".

Wigbald
Auch: Wigbold. Aus dem Althochdeutschen. Bedeutung: wig = „Kampf" und bald = „kühn".

Wigbert
Auch: Wigbrecht. Aus dem Althochdeutschen. Bedeutung: wig = „Kampf" und beraht = „glänzend".

Wigbrand
Aus dem Althochdeutschen. Bedeutung: wig = „Kampf" und brand = „flammendes Schwert".

Wigge
Auch: Wigger, Wiggo. Friesische Kurzformen von Namen, die mit „Wig-" beginnen.

Wighard
Auch: Wighart. Aus dem Althochdeutschen. Bedeutung: wig = „Kampf" und harti = „hart; stark". Auch Umkehrung von →Hartwig.

Wigmar
Aus dem Althochdeutschen. Bedeutung: wig = „Kampf" und mari = „berühmt".

Wigmund
Aus dem Althochdeutschen. Bedeutung: wig = „Kampf" und munt = „Schutz".

Wignand
Ältere Form von →Winand.

Wigoleis
→Vigoleis.

Wilbert
Auch: Wilbrecht. Aus dem Althochdeutschen. Bedeutung: willo = „Wille" und beraht = „glänzend".

Wilbrand
Aus dem Althochdeutschen. Bedeutung: willo = „Wille" und brand = „flammendes Schwert".

Wilbur
Aus dem Amerikanischen. Ursprünglich der Familienname der Wildeboer. (Mischung aus Deutsch und Niederländisch, mit der Bedeutung: „fremder Landmann".)

Wilderich
Auch: Willerich. Aus dem Althochdeutschen. Bedeutung: willo = „Wille" und rihhi = „reich".

Wilfred
→Wilfried.

Wilfried
Auch: Wilfrid, Willfried, Willefried, Wildfried. Aus dem Althochdeutschen. Bedeutung: willo = „Wille" und fridu = „Friede".

Wilhard
Auch: Willard, Willhart. Aus dem Althochdeutschen. Bedeutung: willo = „Wille" und harti = „hart; stark".

Wilhelm
Aus dem Althochdeutschen. Bedeutung: willo = „Wille" und helm = „Helm; Schutz".

Wilke
Auch: Wilken, Wilko. Friesische Kurzformen von Namen, die mit „Wil-" beginnen.

Will
Auch: Willi; Willy. Kurzform von Namen, die mit „Wil-" beginnen.

Willbrecht
→Wilbert.

Willehad
Aus dem Althochdeutschen. Bedeutung: willo = „Wille" und hadu = „Kampf".

Willehalm
Alte Form von →Wilhelm.

Willem
Niederdeutsche und niederländische Form von →Wilhelm.

William
Englische Form von →Wilhelm.

Willibald
Auch: Billibald. Aus dem Althochdeutschen. Bedeutung: willo = „Wille" und bald = „kühn".

Willibernd
Zusammensetzung aus →Will(i) und →Bernd.

Willibert
→Wilbert.

Willigis
Auch: Willegis. Aus dem Althochdeutschen. Bedeutung: willo = „Wille" und gis = „hervortreiben; auftreiben".

Williram
Aus dem Althochdeutschen. Bedeutung: willo = „Wille" und hraban = „Rabe".

Willo
Friesische Kurzform von Namen, die mit „Wil-" beginnen.

Wilm
Niederdeutsche Kurzform von →Wilhelm.

Wilmar
Auch: Willimar. Aus dem Althochdeutschen. Bedeutung: willo = „Wille" und mari = „berühmt".

Wilmont
Aus dem Althochdeutschen. Bedeutung: willo = „Wille" und munt = „Schutz".

Wilmut
Aus dem Althochdeutschen. Bedeutung: willo = „Wille" und muot = „Geist; Sinn".

Wilney
Aus dem Indianischen. Bedeutung: „schreiender Adler".

Wilson
Aus dem Altenglischen. Ursprünglich ein Familienname. Bedeutung: „der Sohn des Williams".

Wilu
Aus dem Indianischen. Bedeutung: „schreiendes Falkenjunges".

Wim
Auch: Wims. Kurzformen von →Wilhelm.

Wimar
Kurzform von →Wigmar.

Wimmer
Auch: Wemmer. Kurzformen von →Wennemar bzw. →Winemar.

Winald
Auch: Winold, Winolt Aus dem Althochdeutschen. Bedeutung: wini = „Freund" und waltan = „herrschen; walten".

Winand
Auch: Wienand. Aus dem Althochdeutschen. Bedeutung: wini = „Freund" und nantha (germ.) = „wagemutig; tapfer".

Winemar
Auch: Winmar; Winimar. Aus dem Althochdeutschen. Bedeutung: wini = „Freund" und mari = „berühmt".

Winfried
Auch: Winfred. Aus dem Althochdeutschen. Bedeutung: wini = „Freund" und fridu = „Friede".

Wingolf
Aus dem Althochdeutschen. Bedeutung: wini = „Freund" und wolf = „Wolf". Oder aus dem altnordischen vingolf = „Freundeshalle".

Winibald
Aus dem Althochdeutschen. Bedeutung: wini = „Freund" und bald = „kühn".

Winibert
Aus dem Althochdeutschen. Bedeutung: wini = „Freund" und beraht = „glänzend".

Winno
Kurzform von →Winald.

Winrich
Aus dem Althochdeutschen. Bedeutung: wini = „Freund" und rihhi = „reich; mächtig".

Winston
Aus dem Englischen. Ursprünglich ein Ortsname. Bedeutung (altenglisch): „Stadt des Freundes".

Wipert
Auch: Wiprecht. Neuere Formen von →Wigbert.

Wippo
Kurzform von →Wippold.

Wippold
Neuere Form von Wigbold bzw. →Wigbald.

Wirich
Auch: Weirich, Wyrich. Aus dem Althochdeutschen. Bedeutung: wig = „Kampf" und rihhi = „reich; mächtig".

Witas
Schwedische Form von →Veit.

Witiko
Auch: Wittiko. Aus dem Althochdeutschen. Bedeutung: witu = „Wald; Gehölz" und degan = „tapferer Held". →Wittich.

Wito
Kurzform von →Witiko bzw. →Wittich.

Witold
Aus dem Althochdeutschen. Bedeutung: witu = „Wald; Gehölz" und waltan = „herrschen; walten".

Wittekind
→Wedekind.

Wittich
Ursprünglich: Widuco, Witigo, Witege. Aus dem Althochdeutschen. Bedeutung: witu = „Wald; Gehölz" und degan = „tapferer Held".

Wladimir
Auch: Vladimir. Bedeutung: vladi (slaw.) = „Macht; Herrschaft" und mir (russ.) = „Friede".

Wladislaw
vladi (slaw.) = „Macht; Herrschaft" und slava (slaw.) = „Ruhm". Auch andere Form von →Ladislaus.

Woldemar
→Waldemar.

Wolf
Selbstständiger Vorname als Symbol der Stärke des Wolfs. Aus dem Althochdeutschen wolf, wulf = „Wolf". Oder Kurzform von Namen, die mit „Wolf-" beginnen.

Wolfbert
Auch: Wulfbert. Aus dem Althochdeutschen. Bedeutung: wolf = „Wolf" und beraht = „glänzend".

Wolfdieter
Auch: Wolfdietrich, Wulfdietrich. Neubildungen aus „Wolf-" bzw. „Wulf-" (= „Wolf") und →Dieter bzw. →Dietrich.

Wolfer
Ursprünglich Wolfhari. Aus dem Althochdeutschen. Bedeutung: wolf = „Wolf" und heri = „Heer".

Wolfgang
Auch: →Gangolf. Aus dem Althochdeutschen. Bedeutung: wolf = „Wolf" und ganc= „Krieg; Streit".

Wolfger
Aus dem Althochdeutschen. Bedeutung: wolf = „Wolf" und ger = „Speer".

Wolfhard
Aus dem Althochdeutschen. Bedeutung: wolf = „Wolf" und harti = „hart; stark".

Wolfhelm
Aus dem Althochdeutschen. Bedeutung: wolf = „Wolf" und helm = „Schutz; Helm".

Wolfrad
Aus dem Althochdeutschen. Bedeutung: wolf = „Wolf" und rat = „Ratgeber".

Wolfram
Aus dem Althochdeutschen. Bedeutung: wolf = „Wolf" und hraban = „Rabe".

Wolfried
auch: Wolfrid. Aus dem Althochdeutschen. Bedeutung: wolf = „Wolf" und fridu = „Friede".

Wolodja
Russische Kurzform von →Wladimir.

Wolter
Niederdeutsche Form von →Walter.

Wulf
Andere Form von →Wolf.

Wulfila
Latinisierte Verkleinerungsform vom ursprünglich althochdeutschen „wulf" = „Wolf". Bedeutung: „kleiner Wolf; Wölfchen".

Wunibald
Auch: Wunnibald. Aus dem Althochdeutschen. Bedeutung: wunna = „große Freude; Wonne" und bald = „kühn".

Wunibert
Auch: Wunnebert, Wunnebrecht. Aus dem Althochdeutschen. Bedeutung: wunna = „große Freude; Wonne" und beraht = „glänzend".

Wyn
Auch: Wyne, Wyneke. Friesische Kurzformen von Wynand bzw. →Winand.

Wynn
Aus dem Altwalisischen. Bedeutung: „der Helle; der Blonde".

Wynono
Aus dem Indianischen. Bedeutung: „der Erstgeborene".

X

Xander
Kurzform von →Alexander.

Xaver
Auch: Xaverius. Aus dem Spanischen, nach dem Schloss Xavier (Javier) bei Pamplona (Spanien).

Xavier
Französische, spanische und englische Form von →Xaver.

Xenos
Auch: Xeno. Aus dem Griechischen. Bedeutung: „der Fremde".

Xerus
Auch: Xeres. Andere Formen von →Xerxes.

Xerxes
Griechischer Name des persischen Königs mit dem biblischen Namen Ahsver(os).

Xylon
Aus dem Griechischen. Bedeutung: „Holz".

Y

Yadid
Aus dem Hebräischen. Bedeutung: „Freund; Geliebter".

Yadin
Aus dem Hebräischen. Bedeutung: „Jahwe (Gott) wird richten".

Yakez
Aus dem Indianischen. Bedeutung: „Himmel".

Yana
Aus dem Indianischen. Bedeutung: „Bär".

Yannic
Bretonische Kurzform von →Jean.

Yannick
Auch: Yanneck, Yan, Yanick, Yanik, Yann. Schweizerische Formen von →Yannic bzw. →Jean.

Yannis
Griechische Form von →Johannes.

Yassir
Aus dem Arabischen. Bedeutung: „ins Lot bringen".

Yaver
Aus dem Türkischen bzw. Arabischen. Bedeutung: „Helfer".

Yehudi
Andere Form von →Jehudi.

Yemon
Aus dem Japanischen. Bedeutung: „Torwächter".

Yoda
Jedi-Meister aus Star Wars.

Yorck
Slawische Form von →Georg.

Yorick
Auch: Yorrick. Englische Formen von →Georg.

York
Englische und dänische Form von →Georg.

Yotimo
Aus dem Indianischen. Bedeutung: „Honigbiene".

Yukiko
Aus dem Japanischen. Bedeutung: „Schnee".

Yul
Schwedische Form von →Yule. Oder aus dem Mongolischen. Bedeutung: „jenseits des Horizonts".

Yule
Aus dem Schottischen. Bedeutung: „Weihnacht".

Yuma
Aus dem Indianischen. Bedeutung: „Häuptlingssohn".

Yusuf
Türkische und arabische Form von →Joseph.

Yvan
Andere Form von →Ivan, Iwan.

Yves
Französische Form von →Ivo.

Yvo
Andere Form von →Ivo.

Yvon
Andere Form von →Yves.

Yvor
Russische Form von →Ivar.

Z

Zaccaria
Italienische Form von →Zacharias.

Zacharias
Griechische Form von dem biblischen Namen Sacharja. Ursprünglich aus dem Hebräischen. Bedeutung: „Jahwe (der Herr) hat sich erinnert".

Zacharie
Französische Form von →Zacharias.

Zachary
Englische Form von →Zacharias.

Zachäus
Biblischer Name hebräischer Herkunft. Verkürzung von →Zacharias. Oder aus dem Aramäischen. Bedeutung: zacchai = „unschuldig; rein".

Zadok
Biblischer Name aus dem Hebräischen. Bedeutung: „der Gerechte".

Zafer
Aus dem Türkischen bzw. Arabischen. Bedeutung: „Triumph; Sieg".

Zahit
Aus dem Türkischen bzw. Arabischen. Bedeutung: „gottesfürchtig".

Zahur
Aus dem Afrikanischen (Suaheli). Bedeutung: „Blume".

Zakarij
Slawische Form von →Zacharias.

Zakir
Aus dem Türkischen bzw. Arabischen. Bedeutung: „der Gott Lobpreisende".

Zalo
Aus dem Bulgarischen. Bedeutung: „heil; gesund".

Zamir
Aus dem Hebräischen. Bedeutung: „Vogel; Lied".

Zammert
Friesische Kurzform von →Dietmar.

Zander
Rätoromanische Kurzform von →Alexander.

Zareb
Aus dem Afrikanischen. Bedeutung: „Wächter".

Zarif
Aus dem Türkischen bzw. Arabischen. Bedeutung: „der Vornehme".

Zarin
Auch: Zarjo. Aus dem Bulgarischen. Bedeutung: „Herrscher; Zar".

Zati
Aus dem Türkischen bzw. Arabischen. Bedeutung: „Persönlichkeit; das Wesentliche".

Zdenko
Tschechische Form von →Sidonius.

Zeki
Aus dem Türkischen bzw. Arabischen. Bedeutung: „klug; intelligent".

Zeno
Kurzform vom griechischen Zenodotos bzw. Zenodoros = „Gottesgeschenk; Geschenk des Zeus (= Zeno)" oder Kurzform von →Zenobius.

Zenobio
Italienische und spanische Form von →Zenobius.

Zenobius
Aus dem Griechischen. Bedeutung: zeno = „Zeus“ und bios = „Leben“.

Zephyrinus
Auch: Zefirino (ital.). Aus dem Griechischen. Bedeutung: „Westwind“ oder „Leben bringen“.

Zerres
Auch: Serres. Kurzform von →Severin.

Zesiro
Aus dem Afrikanischen. Bedeutung: „älterer Zwilling“.

Zlatko
Auch: Zlatan. Aus dem Slawischen. Bedeutung: „Gold“.

Zölestin
→Cölestin.

Zoltán
Ungarischer Name, abgeleitet vom türkischen Herrschertitel Sultan.

Zsigmond
Ungarische Form von →Siegmund.

Zwi
Aus dem Hebräischen. Bedeutung: „Hirsch“.

Zyprian
→Cyprian.

Mädchen von A bis Z

A

Aba
Auch: Abina. Aus dem Afrikanischen (Ghana). Bedeutung: „die am Donnerstag Geborene".

Abby
Englische Kurzform von →Abigail.

Abebi
Aus dem Afrikanischen. Bedeutung: „die Ersehnte".

Abelina
Auch: Abeline. Weibliche Form von → Abel. Oder Kurzform von →Adalberta.

Abelke
Friesische Kurzform von Namen, die mit „Adal-" beginnen.

Abelone
Dänische und norwegische Form von →Apollonia.

Abigail
Biblischer Name hebräischer Herkunft. Bedeutung: ʹabigajil = „Quell der Freude".

Abiona
Aus dem Afrikanischen (Nigeria). Bedeutung: „die auf Reisen Geborene".

Abra
Weibliche Form von →Abraham.

Ada
Auch: Adda. Kurzformen von Namen, die mit „Adal-" oder „Adel-" beginnen. Ada auch aus dem Hebräischen mit der Bedeutung: „Schönheit".

Adalberta
Auch: Adelberte, Adelberta. Aus dem Althochdeutschen. Bedeutung: adal = „edel; vornehm" und beraht = „glänzend".

Adalie
Neuform von →Adela. Oder Kurzform von Namen, die mit „Adal-" beginnen.

Adamma
Aus dem Afrikanischen (Nigeria). Bedeutung: „schönes Kind".

Adara
Aus dem Griechischen. Bedeutung: „schön".

Adela
Auch: Adele. Selbstständige (Kurz)Form von →Adelheid.

Adelaida
Auch: Adelaide. Französische Form von →Adelheid.

Adelberta
→Adalberta.

Adelfriede
Auch: Adelfrieda. Aus dem Althochdeutschen. Bedeutung: adal = „edel; vornehm" und fridu = „Friede; Schutz vor Waffengewalt".

Adelgund
Auch: Adelgunde, Adelgundis. Aus dem Althochdeutschen. Bedeutung: adal = „edel" und gund = „Kampf".

Adelheid
Aus dem Althochdeutschen. Bedeutung: adal = „edel" und heit = „Art; Wesen".

Adelhild(e)
Aus dem Althochdeutschen. Bedeutung: adal = „edel" und hiltja = „Kampf".

Adelina
Auch: Adeline. →Adela.

Adelinda
Aus dem Althochdeutschen. Bedeutung: adal = „edel" und lind = „sanft".

Adelmut
Auch: Almod, Almudis. Aus dem Althochdeutschen. Bedeutung: adal = „edel" und muot = „Geist; Sinn; Gemüt".

Adelrun(e)
Aus dem Althochdeutschen. Bedeutung: adal = „edel" und runa = „Geheimnis; Zauber".

Adeltraud
Auch: Adeltrud. Aus dem Althochdeutschen. Bedeutung: adal = „edel" und trud = „Kraft; Stärke".

Adina
→Ada.

Aditi
Aus dem Indisch-pakistanischen. Bedeutung: „frei und ungebunden".

Adna
→Edna.

Adolfa
Auch: Adolfina, Adolfine, Adolphina, Adolphine. Aus dem Althochdeutschen. Bedeutung: adal = „edel" und wolf = „Wolf".

Adonia
→Adonis.

Adorata
Aus dem Lateinischen. Bedeutung: „die Verehrte".

Adriana
Auch: Ariane, Adriane. Aus dem Lateinischen, von Hadrian oder (H)adrianus. Bedeutung: „Die aus der Stadt (H)adria". (Stadt südlich von Venedig).

Adrienne
Engl. und franz. Form von →Adriana.

Adya
Aus dem Indisch-pakistanischen. Bedeutung: „Sonntag".

Afra
Aus dem Lateinischen. Bedeutung: afra = „afrikanisch; die Afrikanerin".

Agascha
Russische Koseform von Agafja bzw. →Agathe.

Agda
Schwedische Form von →Agathe.

Aggie
Auch: Aggy. Englische Koseform von →Agathe bzw. →Angelika.

Aglaia
Auch: Aglaja. Aus dem Griechischen. Bedeutung: aglaia = „Glanz; Pracht".

Agnes
Aus dem Griechischen. Bedeutung: agnós = „heilig; geweiht" oder agnōs = „keusch; rein".

Agnese
Italienische Form von →Agnes.

Agneta
Auch: Agnetha, Agnete. Schwedische Formen von →Agnes.

Agnieszka
Polnische Form von →Agnes.

Agnola
Italienische Form von →Angela.

Aida
Aus dem Griechischen mit der Bedeutung: „die Äthioperin". Oder aus dem Arabischen mit der Bedeutung: „die Zurückkehrende".

Aila
Finnische Form von →Helene, →Helga oder →Alice.

Aileen
Englische Nebenform von →Helene.

Ailis
Irische Form von →Alice.

Aimée
Französische Form von →Amata.

Aischa
Auch: Aische. Andere Formen von →Ayasha.

Aislinn
Aus dem Irisch-gälischen. Bedeutung: „Traum".

Akelei
Ursprünglich ein Blumenname.

Aki
Aus dem Japanischen. Bedeutung: „die im Herbst Geborene".

Akilah
Aus dem Arabischen. Bedeutung: „weise; klug".

Akulina
Auch: Akilina. Russische Form von →Akelei.

Alani
Aus dem Hawaiischen. Bedeutung: „Orange; Orangenbaum".

Alba
Aus dem Lateinischen. Bedeutung: alba = „Perle" oder albus = „weiß; hell".

Alberta
Auch: Alberte. Kurzform von →Adalberta.

Albertina
Auch: Albertine. Andere Form von →Alberta.

Albina
Auch: Albine. Andere Form von →Alba.

Albrun(e)
Aus dem Althochdeutschen. Bedeutung: alb = „Elfe; Naturgeist" und runa = „Geheimnis; Zauber".

Alburg(e)
Auch: Adelburg(a). Aus dem Althochdeutschen. Bedeutung: adal = „edel" und burg = „Schutz; Zuflucht".

Alda
Kurzform von Namen, die mit „Adel-" bzw. „Adal-" beginnen.

Aldegund(e)
Auch: Algonde, Algunde. →Adelgund.

Aldina
Auch: Aldine, Aldona. →Alda.

Aleida
Auch: Aleide. Norddeutsche Kurzformen von →Adelheid.

Aleit
Auch: Alheit. Niederdeutsche Kurzformen von →Adelheid.

Aleke
Auch: Alika, Adalika, Alke, Alkje. Kurzformen von Namen, die mit „Adel-" oder „Al-" beginnen.

Aleksandra
Russische Form von →Alexandra.

Alena
Auch: Alene. Tschechische und ungarische Kurzformen von →Magdalena.

Alenica
Russische Kurzform von →Elena.

Alenka
Slawische und ungarische Form von →Alena.

Alessandra
Italienische Form von →Alexandra.

Alessia
Auch: Alessa. Italienische Kurzformen von Alessandra.

Aleta
Auch: Aletta, Alette (franz.). Kurzformen von →Adelheid.

Alexa
Kurzform von →Alexandra.

Alexandra
Weibliche Form von →Alexander.

Alexandrina
Auch: Alexandrine. Andere Formen von →Alexandra.

Alexia
Auch: Alexis. Kurzform von →Alexandra bzw. weibliche Form von →Alexis.

Alfa
Kurzform von Namen, die mit „Alf-" beginnen.

Alfhild(e)
Aus dem Althochdeutschen, ursprünglich Adalfuns. Bedeutung: alb, alf = „Elfe; Naturgeist" und hiltja = „Kampf".

Alfonsa
Auch: Alphonsa. Aus dem Althochdeutschen. Bedeutung: adal = „edel" und funs = „eifrig; bereit".

Alfrada
Aus dem Althochdeutschen. Bedeutung: alb, alf = „Naturgeist" und rat = „Ratgeber".

Alfreda
Andere Form von →Alfrada.

Alfrun
→ Albrun.

Algunde
→ Adelgund.

Alheid
Auch: Alheit. Niederdeutsche Kurzformen von →Adelheid.

Alia
Aus dem Arabischen. Bedeutung: „erhaben".

Alice
Auch: Alesia, Alicia, Adaliz, Aliz. Ursprünglich englische (Kurz)Form von →Adelheid.

Alid
Auch: Alida, Alide. Friesische Kurzformen von →Adelheid.

Alima
Aus dem Arabischen. Bedeutung: „die Tanz und Musik liebt".

Alina
Auch: Aline. Andere Formen von →Adelina.

Alinda
Auch: Alinde. Kurzformen von →Adelinde.

Alisa
Andere Form von →Alice.

Alison
Englische und französische Form von →Alice.

Alita
Niederländische Kurzform von →Adelheid.

Alix
Französische Kurzform von →Alice.

Alja
Kurzform von →Alexandra.

Allegra
Aus dem Italienischen. Bedeutung: „die Lebhafte".

Alma
Aus dem Spanischen lateinischer Herkunft. Bedeutung: „nährend; wohltätig". Oder Kurzform von Namen, die mit „Amal-" beginnen.

Almaz
Aus dem Äthiopischen. Bedeutung: „die Schöne".

Almod(a)
auch: Almudis. (Kurz)Formen von → Adelmut.

Almut
Selbstständige (Kurz)Form von →Adelmut.

Aloisa
Auch: Aloisia, Aloysia. Romanische Formen des althochdeutschen „Alwisi". Bedeutung: „vollkommen Weise".

Alraun
Auch: Alrun(e). Andere Formen von →Adelrune.

Althea
Aus dem Englischen griechischen Ursprungs. Bedeutung: „die Heilende".

Altraud
Auch: Altrud. Andere Formen von → Adeltraud.

Alva
Aus dem Schwedischen. Bedeutung: „Elfe".

Alvara
Weibliche Form von →Alvaro.

Alwara
Wahrscheinlich germanischer Herkunft. Bedeutung: al(a) = „all; ganz" und wart = „Hüter".

Alwina
Auch: Alwine. Weibliche Formen von →Alwin.

Amabella
Auch: Amabel. Aus dem Lateinischen. Bedeutung: amabilis = „liebenswert".

Amalberga
Auch: Amalburg(a). Aus dem Althochdeutschen. Bedeutung: amal (gotisch) = „tapfer" und bergan = „schützen; bergen".

Amalberta
Aus dem Althochdeutschen. Bedeu-

tung: amal (gotisch) = „tapfer" und beraht = „glänzend".

Amalfrieda
Auch: Amalfriede. Aus dem Althochdeutschen. Bedeutung: amal (gotisch) = „tapfer" und fridu = „Friede".

Amalia
Auch: Amalie, Amalina. (Kurz)Formen von →Amalinde.

Amalinde
Auch: Amalindis. Aus dem Althochdeutschen. Bedeutung: amal (gotisch) = „tapfer" und linta = „Lindenholzschild" oder lind = „sanft".

Amanda
Aus dem Lateinischen. Bedeutung: amandus = „liebenswürdig".

Amaryllis
Ursprünglich ein Blumenname.

Amata
Aus dem Lateinischen. Bedeutung: „die Geliebte".

Amber
Aus dem Englischen französischer bzw. arabischer Herkunft. Bedeutung: „Bernstein; die Blonde".

Ambra
Italienische Form von →Amber.

Ambre
Französische Form von →Amber.

Ambrosia
Auch: Ambrosine (engl.). Aus dem Griechischen. Bedeutung: „die Unsterbliche; die Göttliche".

Amelia
Auch: Amely, Amelie. Andere Formen von →Amalia.

Ameline
Auch: Amelina. →Amalinde.

Amoke
Aus dem Afrikanischen (Nigeria). Bedeutung: „sie kennen heißt sie lieben".

Amöna
Auch: Amöne. Aus dem Lateinischen. Bedeutung: amoenus = „anmutig; lieblich".

Amrei
Schweizerische Kurzform von →Annemarie.

Amy
Englische Kurzform von →Annemarie.

Ana
Spanische Form von →Anna.

Anabel
Andere Form von →Annabella.

Anastasia
Aus dem Griechischen. Bedeutung: „Auferstehung".

Andra
Kurzform von →Alexandra.

Andrée
Französische Form von →Andrea.

Andrea
Weibliche Form von →Andreas. Aus dem Griechischen. Bedeutung: andreios = „tapfer".

Andreana
Auch: Andrejana, Andrijana. Slawische Formen von →Andrea.

Andromeda
Tochter des Äthioperkönigs Kepheus bzw. ein Sternbild.

Anemone
Ursprünglich ein Blumenname.

Anette
→ Annette.

Anevay
Aus dem Indianischen. Bedeutung: „die Überlegene".

Angela
Aus dem Lateinischen. Bedeutung: angelus = „Engel".

Angelika
Auch: Angelica, Angélique (franz.). Weiterbildung von →Angela.

Angelina
Italienische Verkleinerungsform von →Angela.

Ania
Spanische Form von →Anna.

Anica
Slawische Form von →Anna.

Aniela
Auch: Aniele. Polnische und litauische Formen von →Angela.

Anik
Auch: Anika, Annika, Annica. Slawische, schwedische und niederländische Formen von →Anna. Andere Formen von →Annik.

Aniska
Russische Kurzform von →Anna.

Anita
Verkleinerungsform von →Ana.

Anja
Russische Kurzform von →Anna.

Anjuscha
Auch: Anjuschka, Hanusja. Slawische Verkleinerungsformen von →Anna.

Anjuta
Bulgarische Koseform von →Anna.

Anka
Auch: Anke. Slawische und niederdeutsche Form von →Anna.

Ann
Englische Form von →Anna.

Anna
Biblische, griechische Form von →Hannah. Mischformen: Annabarbara, Annabeth, Annalene, Annalies, Annalisa, Annamaria, Annamarie, Annarösli.

Annabell
Auch: Annabella. Mischform aus Anna und bella (ital.) = „die Schöne".

Anne
Deutsche, englische und französische Form von →Anna. Mischformen: Annebarbara, Annelene, Annerösli, Annebärbel, Annedore, Annegard, Annegret, Annekat(h)rin, Anneli(e)s(e), Annelore, Annelotte, Annemarei, Annemargret, Annemarie, Annerose, Annetilde, Annetraud.

Anneke
Niederdeutsche und niederländische Verkleinerungsform von →Anna.

Anneli
Auch: Annelie. Oberdeutsche Verkleinerungsform von →Anna.

Annemie
Koseform von Annemarie.

Annett(e)
(Französische) Verkleinerungsform von →Anna.

Anni
Auch: Annie, Anny. Verkleinerungsformen von →Anna.

Annik
Auch: Annika, Annick. Schwedische Formen von →Anna.

Annina
Auch: Annine, Anine (schwed.). Weiterbildungen von →Anna.

Annunziata
Auch: Annunciata. Aus dem Italienischen. Bedeutung: „die Angekündigte".

Annuska
Ungarische Koseform von →Anna.

Anouk
Auch: Anouck, Annouk, Anouchka, Anoucka. Slawische Kurzformen von →Anuscha.

Anselma
Auch: Anselmina. Aus dem Althochdeutschen. Bedeutung: ans = „Gott (Ase)" und helm = „Schutz".

Anta
Kurzform von →Antonia.

Anthea
Aus dem Altgriechischen. Bedeutung: „Blume", „die Blütenreiche".

Antje
Friesische Kurzform von →Anna.

Antka
Polnische Kurzform von →Antonina bzw. →Antonia.

Antoinette
Französische Verkleinerungsform von →Antonia.

Antonella
Italienische Verkleinerungsform von →Antonia.

Antonetta
Auch: Antonette. Rätoromanische Verkleinerungsform von →Antonia.

Antonia
Auch: Antonie. Aus dem Lateinischen. Name der altrömischen Familie der Antonier.

Antonietta
Italienische Verkleinerungsform vom →Antonia.

Antonija
Russische Form von →Antonia.

Antonina
Bulgarische und polnische Form von →Antonia.

Antonita
Spanische Koseform von →Antonia.

Anuscha
Auch: Anuschka. Slawische Koseformen von →Anna.

Anzu
Aus dem Japanischen. Bedeutung: „Aprikose; Marille".

Aquila
Aus dem Lateinischen. Bedeutung: „Adler".

Aquileia
Auch: Aquilea. Nach der ehemaligen römischen Hafenstadt in Venetien.

Apolline
Auch: Apollonia. Aus dem Griechischen. Bedeutung: „dem Gott Apoll geweiht".

Arabella
Wahrscheinlich aus dem Spanischen. Bedeutung: arabella = „kleine Araberin" oder „schöne Araberin".

Aranka
Aus dem Ungarischen. Bedeutung: arany = „Gold".

Areta
Auch: Aretha. Aus dem Angloamerikanischen griechischer Herkunft. Bedeutung: aretē = „die Vortreffliche".

Aria
Auch: Arya. Niederländische Kurzform von →Adriana.

Ariadne
Aus dem Griechischen. Bedeutung: adein = „singen".

Ariane
Auch: Arianne; Arianna (ital.). Französische Form von →Ariadne.

Ariela
Auch: Ariella, Arielle. Aus dem Französischen bzw. Italienischen hebräischer Herkunft. Bedeutung: 'ariel = „Opferaltar Gottes".

Arieta
Auch: Arietta. Verkleinerungsform von →Adriane.

Arista
Aus dem Griechischen. Bedeutung: aristos = „Beste(r); Vornehmste(r)" und eidos = „Ansehen; Gestalt".

Arka
Niederländische Kurzform von Namen, die mit „Arn-" beginnen. Oder russische Form von →Ariadne.

Arlene
Aus dem Englisch-irischen keltischer Herkunft. Bedeutung: „Liebespfand; Kind".

Arlett(e)
Französische Verkleinerungsform von →Arlene.

Armanda
Auch: Armande (franz.). Weibliche Form von →Armand.

Armella
Auch: Armelle, Armilla. Weibliche Form zu dem französischen Heiligen Armel.

Armida
Auch: Armide, Armina, Arminia. Andere Formen von →Armanda.

Arndis
Aus dem Althochdeutschen. Bedeutung: arn = „Adler" und dis = „(Schutz)Göttin".

Arngard
Aus dem Althochdeutschen. Bedeutung: arn = „Adler" und gard = „Gehege; Schutz".

Arnhild(e)
Aus dem Althochdeutschen. Bedeutung: arn = „Adler" und hiltja = „Kampf".

Arnika
Ungarische Kurzform von →Arnolde. Oder ursprünglich ein Blumenname.

Arnolde
Auch: Arnalde, Arnoldine, Arna (Kurzform). Aus dem Althochdeutschen. Bedeutung: arn = „Adler" und waltan = „walten; herrschen".

Arntraud
Aus dem Althochdeutschen. Bedeutung: arn = „Adler" und trud = „Kraft; Stärke".

Artura
Wahrscheinlich aus dem Keltischen. Bedeutung: „Stein" oder „Bär".

Asa
Auch: Asina. Aus dem Schwedischen germanischen Ursprungs. Bedeutung: ans = „Gott".

Ashley
Aus dem Altenglischen. Bedeutung: „Bewohnerin des Eschenhains".

Asifa
Aus dem Arabischen. Bedeutung: „Sturm".

Asimo
Aus dem Griechischen. Bedeutung: „die Silberne".

Asiza
Aus dem Afrikanischen. Bedeutung: „Waldgeist".

Asja
Auch: Assja. Russische Kurzform von →Anna bzw. →Anastasia.

Aspasia
Aus dem Griechischen. Bedeutung: aspásios = „willkommen; erwünscht".

Assunta
Aus dem Italienischen. Bedeutung: „die in den Himmel Aufgenommene".

Asta
Kurzform von →Anastasia, →Astrid, →Augusta.

Astrid
Aus dem Schwedischen. Ursprünglich: Asfrith. Bedeutung: as (schwed.), ans (germ.) = „Gott" und fridhr (altnord.) = „schön".

Aswine
Auch: Aswina. Aus dem Althochdeutschen. Bedeutung: ask = „Esche" und wini = „Freund(in)".

Atalaya
Aus dem Spanischen. Bedeutung: „die Wächterin".

Atara
Aus dem Hebräischen. Bedeutung: „Krone".

Athalia
Auch: Attalia, Athalie (franz.). Biblischer Name hebräischer Herkunft. Bedeutung: athaljäh = „Gott ist erhaben".

Attala
Aus dem Gotischen bzw. Althochdeutschen. Bedeutung: atta, atto = „Vorfahr; Vater".

Aud(a)
Auch: Aude (franz.). Aus dem Altisländischen mit der Bedeutung „reich". Oder auch ursprünglich Alda mit der Bedeutung alt (althochdt.) = „bewährt; alt".

Audrey
Englische Form von →Adeltraud.

Augusta
Auch: Auguste. Weibliche Form von →August.

Augustina
Auch: Augustine. Weiterbildung von →Augusta.

Aura
Rumänische Kurzform von →Aurelia.

Aurelia
Auch: Aurelie. Aus dem Lateinischen. Bedeutung: aureolus = „aus Gold gemacht".

Aurica
Rumänische Form von →Aurelia.

Aurora
Auch: Aure, Aurore (franz.). Aus dem Lateinischen. Bedeutung: „Morgenröte".

Austine
Andere Form von →Augustina.

Ava
Aus dem Althochdeutschen. Bedeutung: awa = „Wasser; Strom".

Avelina
Aus dem Altsächsischen. Bedeutung: aval = „Kraft".

Avery
Aus dem Altenglischen. Bedeutung: „Elfenkönigin".

Awanata
Aus dem Indianischen. Bedeutung: „Schildkröte".

Awenita
Aus dem Indianischen. Bedeutung: „(Reh)Kitz".

Awreja
Aus dem Russischen lateinischer Herkunft. Bedeutung: aurea = „golden".

Axinja
Wahrscheinlich russische Nebenform von →Xenia.

Ayame
Aus dem Japanischen. Bedeutung: „Iris".

Ayasha
Aus dem Arabischen. Bedeutung: „Leben".

Ayita
Aus dem Indianischen. Bedeutung: „die Fleißige; Arbeiterin".

Ayoka
Aus dem Afrikanischen. Bedeutung: „die allen Freude bringt".

Ayolda
Weibliche Form von →Ayold bzw. →Aginald.

Azalea
Auch: Azalee, Azalie. Ursprünglich ein Blumenname.

Aziza
Aus dem Afrikanischen (Suaheli). Bedeutung: „die Wertvolle; die Kostbare".

B

Babette
Auch: Babetta, Babett. Französische Verkleinerungsform von →Barbara bzw. →Elisabeth.

Balbina
Auch: Balbine. Aus dem Lateinischen. Bedeutung: balbus = „stottern; lallen".

Balda
Kurzformen von Namen, die mit „Bald-" beginnen.

Baldegund(e)
Aus dem Althochdeutschen. Bedeutung: bald = „mutig; kühn" und gund = „Kampf".

Banu
Aus dem Türkischen bzw. Arabischen. Bedeutung: „angesehene Frau".

Balthilde
Aus dem Althochdeutschen. Bedeutung: bald = „kühn" und hiltja = „Kampf".

Baltrun
Aus dem Althochdeutschen. Bedeutung: bald = „kühn" und runa = „Geheimnis; Zauber".

Baptista
Aus dem Griechischen. Bedeutung: baptistes = „Täufer".

Barbara
Aus dem Lateinischen bzw. Griechischen. Bedeutung: barbarus (lat.); bárbaros (griech.) = „fremd; ausländisch".

Barbe
Französische Kurzform von →Barbara.

Bärbel
Kurzform von →Barbara.

Barberina
Auch: Barberine. Weiterbildungen von →Barbara.

Barbi
Auch: Barbla, Barblie, Barbie. Kurzformen von →Barbara.

Barbro
Schwedische Kurzform von →Barbara.

Bartholomea
Weibliche Form von →Bartholomäus.

Basia
Polnische Form von →Barbara.

Basilea
Auch: Basilia. Aus dem Griechischen. Bedeutung: „die Königliche".

Basima
Aus dem Arabischen. Bedeutung: „Lächeln".

Bastienne
Weibliche französische Form von →Sebastian.

Bathilde
Auch: Bathildis. Aus dem Althochdeutschen. Bedeutung: batu = „Kampf; Vorstoß" und hiltja = „Kampf".

Baubie
Schottische Form von →Barbara.

Baucis
Aus der griechischen Mythologie. Gattin des →Philemon.

Bea
Kurzform von →Beate.

Beate
Auch: Beata. Aus dem Lateinischen. Bedeutung: beatus = „glücklich".

Beatrice
Italienische und französische Form von →Beatrix.

Beatrix
Andere Form von →Beate.

Becky
Englische Kurzform von →Rebekka.

Bega
Auch: Begga. Kurzformen von Namen, die mit „Bert-" beginnen.

Begonia
Ursprünglich ein Blumenname.

Beke
Kurzform von →Elisabeth.

Bel
Aus dem Indisch-pakistanischen. Bedeutung: „Apfelbaum".

Belana
Halb-Klingonin aus der SciFi-Serie „Star Trek Voyager".

Bele
Kurzform von →Elisabeth bzw. →Bertila.

Belina
Auch: Béline (franz.). Ursprünglich wahrscheinlich aus dem Italienischen von bella = „schön" oder belina = „Spielzeug".

Belinda
Auch: Belinde. Andere Formen von →Belina.

Bella
Italienische und spanische Kurzform von →Isabella.

Bende
Auch: Bendine. Friesische und niederdeutsche Formen von →Bernhardine.

Benedetta
Italienische Form von →Benedikta.

Benedikta
Auch: Benedicta, Bénédicte (franz.). Aus

dem Lateinischen. Bedeutung: „die Gesegnete".

Bengta
Schwedische und dänische (Kurz)Form von →Benedikta.

Benigna
Aus dem Lateinischen. Bedeutung: „die Gütige; die Freundliche; die Liebevolle".

Benita
Italienische und spanische Form von →Benedikta.

Benoîte
Französische Form von →Benedikta.

Beppa
Italienische Verkleinerungsform von →Giuseppa bzw. →Josefa.

Berendina
Auch: Berendine. Niederdeutsche Kurzform von →Bernhardine.

Berenike
Auch: Bernice, Bérénice (franz.). Aus dem Griechischen. Bedeutung: phērēnikē = „den Sieg bringen".

Bergit
Auch: Bergita. Andere Form von →Birgit.

Berill
Ungarische Form von →Beryl.

Berit
Auch: Beret. Dänische und schwedische Form von →Birgit bzw. →Brigitte.

Berlinde
Aus dem Althochdeutschen. Bedeutung: bero = „bär" und linta = „Lindenholzschild" oder lindi = „weich; zart".

Berna
Kurzform von Namen, die mit „Bern-" beginnen.

Bernadette
Französische Verkleinerungsform von →Bernarde.

Bernalde
Aus dem Althochdeutschen. Bedeutung: bero = „Bär" und waltan = „herrschen; walten".

Bernarde
Auch: Bernarda. Englische, romanische, slawische und niederländische Formen von →Bernharde.

Bernardina
Auch: Bernardine. Romanische, niederländische und schwedische Form von →Bernhardine.

Bernfriede
Aus dem Althochdeutschen. Bedeutung: bero = „Bär" und fridu = „Friede; Schutz".

Berngard
Aus dem Althochdeutschen. Bedeutung: bero = „Bär" und gard = „Hort; Schutz".

Bernharde
Auch: Bernharda. Aus dem Althochdeutschen. Bedeutung: bero = „Bär" und harti = „hart".

Bernhardine
Weiterbildung von →Bernharde.

Bernhild(e)
Aus dem Althochdeutschen. Bedeutung: bero = „Bär" und hiltja = „Kampf".

Bernolde
Aus dem Althochdeutschen. Bedeutung: bero = „Bär" und waltan = „walten; herrschen".

Berta
Auch: Berte, Bertha, Berthe. Aus dem Althochdeutschen. Bedeutung: beraht = „glänzend". Meistens Kurzformen von Namen, die mit „Bert-" beginnen.

Bertfriede
Aus dem Althochdeutschen. Bedeutung: beraht = „glänzend" und fridu = „Friede".

Berthild(e)
Aus dem Althochdeutschen. Bedeutung: beraht = „glänzend" und hiltja = „Kampf".

Bertholde
Auch: Bertolda, Bertolde. Aus dem Althochdeutschen. Bedeutung: beraht =

„glänzend" und waltan = „walten; herrschen".

Bertine
Auch: Bertina. Weiterbildung von →Berta bzw. Kurzformen von →Hubertina bzw. →Albertina.

Bertraude
Auch: Bertrude, Bertraut. Aus dem Althochdeutschen. Bedeutung: beraht = „glänzend" und trud = „Kraft".

Bertrun
Aus dem Althochdeutschen. Bedeutung: beraht = „glänzend" und runa = „Geheimnis; Zauber".

Beryl
Aus dem Englischen. Ursprünglich eine Edelsteinart.

Beryll
Deutsche Form von →Beryl.

Bess
Auch: Bessie, Bessy, Betsy. Englische Kurzformen von →Elisabeth.

Bethany
Aus dem Aramäischen. Bedeutung: „Haus der Armut".

Bethia
Aus dem Englischen hebräischer Herkunft. Bedeutung: „Haus Gottes".

Bethli
Auch: Bethly. Schweizerische Kurzformen von →Elisabeth.

Betta
Auch: Bette, Betti, Betty. Kurzformen von →Elisabeth.

Bettina
Weiterbildung von →Betta bzw. Betti.

Bian
Aus dem Vietnamesischen. Bedeutung: „verborgen; geheimnisvoll".

Bianca
Auch: Bianka. Aus dem Italienischen. Bedeutung: „weiß".

Bibiana
Auch: Bibiane. Andere Formen von →Viviana.

Bill
Auch: Bille. Kurzformen von →Sibylle.

Bina
Auch: Bine. Kurzformen von →Sabina bzw. Sabine. Bina auch aus dem Hebräischen mit der Bedeutung „Verständnis; Weisheit".

Binka
Auch: Binke. Kurzformen von →Benigna. Oder bulgarische Form von →Bibiana.

Binti
Aus dem Afrikanischen. Bedeutung: „Tochter".

Bionda
Auch: Biondetta. Aus dem Italienischen. Bedeutung: „die Blonde".

Birga
Andere Form von →Birgit bzw. →Brigitte.

Birgit
Auch: Birgitta, Birgid, Birgitt. Schwedische Formen von →Brigitte.

Birke
Auch: Birka. Ursprünglich ein Baumname. Bedeutung: „die Glänzende".

Birte
Auch: Birthe. Dänische Kurzformen von →Birgit bzw. Birgitta.

Bithia
Aus dem Hebräischen. Bedeutung: „Tochter Gottes".

Bitki
Aus dem Türkischen. Bedeutung: „Pflanze".

Blanca
Auch: Blanka. Rätoromanische Form von →Bianca.

Blanche
Französische Form von →Bianca.

Blanchette
Verkleinerungsform von →Blanche.

Blanda
Aus dem Lateinischen. Bedeutung: „freundlich".

Blandina
Auch: Blandine. Weiterbildungen von →Blanda.

Blide
Kurzform von →Blidhilde.

Blidhilde
Aus dem Althochdeutschen. Bedeutung: blidi = „fröhlich" und hiltja = „Kampf".

Blomma
Aus dem Schwedischen. Bedeutung: „Blume".

Blonda
Auch: Blondina. „die Blonde".

Bluette
Aus dem Französischen. Verkleinerungsform von bluet = „Kornblume".

Blum
Aus dem Jiddischen. Bedeutung: „Blume".

Bo
Aus dem Chinesischen. Bedeutung: „wertvoll".

Bobby
Englische Kurzform von →Roberta.

Bogdana
Aus dem Slawischen bzw. Russischen. Bedeutung: bog = „Gott" und dan = „Geschenk".

Bohumila
Auch: Bogumila. Aus dem Slawischen bzw. Russischen. Bedeutung: bog = „Gott" und milyi = „lieb; angenehm".

Bohdana
Tschechische Form von →Bogdana.

Bona
Aus dem Lateinischen. Bedeutung: „die Gute".

Bonifatia
Weibliche Form von →Bonifatius.

Bonita
Aus dem Spanischen. Bedeutung: „die Schöne".

Borghild

→ Burghild.

Bothilde
Aus dem Althochdeutschen. Bedeutung: boto = „Bote; Gebieter" und hiltja = „Kampf".

Bozena
Aus dem Tschechischen. Bedeutung: „Gottesgeschenk".

Branda
Auch: Brenda. Aus dem Althochdeutschen. Bedeutung: brant = „Brand".

Branka
Auch: Branca. Slawische Kurzform von →Bronislawa oder →Franziska.

Brianna
Weibliche Form von →Brian.

Brida
Kurzform von →Brigida.

Bridget
Englische Kurzform von →Brigitte.

Briga
Auch: Brigga. Kurzformen von →Brigitte.

Brigida
Auch: Brigide. Latinisierte Formen von →Brigitte.

Brigitte
Auch: Brigitt, Brigitta. Aus dem Keltischen. Bedeutung: „die Hohe; die Erhabene".

Briska
Slawische Koseform von →Franziska.

Brit
Auch: Brita, Britt, Britta. Kurzformen von →Brigitte bzw. Brigitta.

Bronislawa
Aus dem Slawischen bzw. Russischen.

Bedeutung: bronja = „Panzer" und slava = „Ruhm; Ehre".

Bronja
Kurzform von →Bronislawa.

Brooke
Aus dem Altenglischen. Bedeutung: „die vom Bach".

Bruna
Aus dem Althochdeutschen. Bedeutung: brun = „braun".

Bruneke
Niederdeutsche Verkleinerungsform von →Brunhilde.

Brunelda
Italienische Form von →Brunhilde.

Brunella
Koseform von →Brunelda.

Brunhild(e)
Auch: Brünhild(e). Aus dem Althochdeutschen. Bedeutung: brun = „braun; (Bär)" und hiltja = „Kampf".

Brünne
Auch: Bruni. Kurzformen von →Brunhilde.

Bruntje
Friesische Kurzform von →Brunhilde.

Burga
Auch: Burgel, Burgl. Kurzformen von Namen, die mit „Burg-" beginnen oder mit „-burg" enden.

Burghild(e)
Aus dem Althochdeutschen. Bedeutung: burg = „Burg" und hiltja = „Kampf".

Burgit
Neubildung von Namen, die mit „Burg-" beginnen oder andere Form von →Birgit.

Burglinde
Aus dem Althochdeutschen. Bedeutung: burg = „Burg" und linta = „Lindenholzschild" oder lindi = „weich; zart".

Burgunde
Aus dem Althochdeutschen. Bedeutung: burg = „Burg" und gund = „Kampf".

C

Cäcilia
Auch: Cäcilie. Aus dem Lateinischen. Name einer altrömischen Familie der Caecilier. Oder mit der Bedeutung: coeli lilia = „himmlische Lilie".

Cai
Aus dem Vietnamesischen. Bedeutung: „Frau".

Caja
Dänische und schwedische Form von →Kai.

Calantha
Aus dem Griechischen. Bedeutung: „schöne Blüte".

Calida
Aus dem Spanischen. Bedeutung: „glühend; begeistert".

Calla
Schwedische Kurzform von →Karoline.

Cameron
Aus dem Schottisch-gälischen. Ursprünglich ein Familienname, etwa mit der Bedeutung: „schiefe Nase". (Auch als männlicher Vorname möglich!)

Camilla
Auch: Kamilla, Camille (franz.). Aus dem Lateinischen. Bedeutung: „die Ehrbare; aus guter Familie".

Can
Aus dem Türkischen. Bedeutung: „Leben".

Canice
Aus dem Walisischen. Bedeutung: „die Kinderliebe".

Candida
Aus dem Lateinischen. Bedeutung: „hell, glänzend, weiß, aufrichtig".

Candy
Auch: Candie. Englische Kurzform von →Candida.

Caprice
Aus dem Französischen. Bedeutung: „Laune; Einfall".

Cara
Auch: Kara. Aus dem Lateinischen. Bedeutung: cara = „lieb; teuer".

Caren
Auch: Karen. Dänische und schwedische Form von →Karin.

Cari
Aus dem Türkischen. Bedeutung: „wie Wasser fließt".

Carin
→ Karin.

Carina
Auch: Carine, Carinne, Karina, Karine, Karynne. Aus dem Lateinischen. Bedeutung: „hübsch; niedlich".

Caritas
Auch: Charitas. Aus dem Lateinischen. Bedeutung: „(Nächsten)Liebe".

Carla
→ Karla.

Carlota
Spanische und portugiesische Form von →Charlotte.

Carlotta
Italienische Form von →Charlotte.

Carmela
Auch: Carmelia, Carmelina. Weiterbildung von →Carmen.

Carmen
Ursprünglich ein Beiname. Bedeutung: Virgen del Carmen = „Jungfrau vom Berg Karmel" (Palästina/Karmeliterkloster).

Carmina
Auch: Carmine. Weiterbildungen von →Carmen.

Carola
Auch: Carole. Latinisierte Formen von →Karla.

Carolin
Auch: Caroline, Carolina. Weiterbildungen von →Carola.

Carolyn
Englische Form von →Carolin.

Carrie
Auch: Carry. Kurzformen von →Carolyn.

Carsta

→ Karsta.

Cäsarina
Auch: Cesarina, Cäsarine, Cesarine. Weibliche Form von →Cäsar.

Catarina
Auch: Caterina, Catharina, Catherine, Cathrin. →Katharina.

Catalina
Spanische Form von →Katharina.

Catherine
Französische und englische Form von →Katharina.

Cathia
Auch: Catia, Catiana, Catina. Romanische Formen von →Käthe.

Cathleen
Auch: Kathleen. Englisch-irische Formen von →Katharina.

Ceara
Aus dem Irisch-gälischen. Bedeutung: „Speer".

Cécile
Auch: Cecilia, Ceciliy. →Cäcilia.

Celestine
Auch: Celestina (ital.). Andere Formen von →Cölestina.

Celia
Kurzform von →Cäcilia.

Celine
Auch: Celina, Céline. (Kurz)Formen von →Marceline.

Cella
Auch: Celina, Cellina. Kurzformen von →Marcella.

Cendrine
Aus dem Französischen. Bedeutung: cendre = „Asche".

Centa
Kurzform von →Vincenta.

Chanda
Auch: Chandra. Aus dem Indisch-pakistanischen. Bedeutung: „Mond". Auch als männlicher Vorname möglich!

Channa
Aus dem Indisch-pakistanischen. Bedeutung: „Kichererbse".

Chantal
Auch: Chantale. Aus dem Französischen. Bedeutung: cantal (altfranz.) = „Stein" . Oder von chant (franz.) bzw. cantus (lat.) = „Gesang".

Charda
Aus dem Arabischen. Bedeutung: „Ausreißerin".

Charis
Aus dem Griechischen. Bedeutung: „Anmut; Liebreiz".

Charlotte
Weiterbildung von →Karla bzw. weibliche Form von →Charles.

Chatrina
Andere Form von →Katharina.

Chaya
Aus dem Hebräischen. Bedeutung: „Leben".

Chelsea
Aus dem Altenglischen. Bedeutung: „Hafen".

Chenoa
Aus dem Indianischen. Bedeutung: „weiße Taube".

Cheyenne
Aus dem Indianischen. Ursprünglich der Name eines Stammes.

Chiara
Auch: Chiarella. Italienische Formen von →Klara.

Chilenka
Auch: Chiletschka. Russische Koseformen von →Chilja.

Chilja
Auch: Chilia. Russische Kurzformen von →Rachil bzw. →Rachel.

Chimalis
Aus dem Indianischen. Bedeutung: „Elfenblauvogel".

Chiona
Nach einem Ort bzw. Strand auf Kreta. Christliche Märtyrerin.

Chloe
Aus dem Griechischen. Bedeutung: „junger Spross; erster Pflanzentrieb".

Chlothilde

→ Klothilde.

Christa
Kurzform von →Christiana.

Christabel
Mischform aus Christa und bella (= „schön").

Christel
Auch: Christl. Kurzformen von Namen, die mit „Christ-" beginnen.

Christele
Auch: Christelle, Christeli. Schweizerische Weiterbildungen von →Christel.

Christiane
Auch: Christiana, Christianne. Weibliche Form von →Christian.

Christin
Auch: Christine, Christina, Kristina. Andere Formen von →Christiane.

Christophine
Auch: Christophora. Weibliche Formen von →Christoph.

Chrysantha
Aus dem Griechischen. Bedeutung: chrysós = „Gold" und ánthos = „Blume".

Cia
Kurzform von →Lucia.

Cilia
Auch: Cilla, Cille, Cilli, Cillia, Cilly. Kurzformen von →Cäcilia.

Cinderella
Aus dem Englischen. Nach der Märchenfigur „Aschenputtel".

Cindy
Kurzform von →Cinderella.

Cinja
Auch: Cinnia (ungar.). Ursprünglich ein Blumenname.

Cinzia
Auch: Cintia. Italienische bzw. ungarische Formen von →Cynthia.

Cissy
Englische Kurzform von Cecily bzw. →Cäcilia.

Claire
Französische Form von →Klara.

Clara
→ Klara.

Clare
Englische und französische Form von →Klara.

Clarelia
Weiterbildung von →Clara.

Claretta
Auch: Clarette, Clairette. Französische Verkleinerungsformen von →Clara.

Clarissa
Auch: Clarisse, Klarissa, Clarice. Weiterbildungen von →Clara bzw. →Klara.

Clarita
Spanische Verkleinerungsform von →Clara.

Claude
Französische Form von →Claudia.

Claudette
Französische Verkleinerungsform von →Claudia.

Claudia
Auch: Klaudia. Aus dem Lateinischen. Bedeutung: „die Hinkende". Nach dem Namen einer altrömischen Familie der Claudier.

Claudine
Auch: Claudina. Weiterbildungen von →Claudia.

Claudinette
Weiterbildung von →Claudine.

Clematis
Ursprünglich ein Blumenname.

Clementia
Auch: Clemenza., Klementia. Aus dem Lateinischen. Bedeutung: clemens = „mild; sanft".

Clementina
Auch: Clementine, Klementina. Weiterbildungen von →Clementia.

Cleopatra
→ Kleopatra.

Clio
Aus dem Griechischen. Bedeutung: kleō = „Ruhm".

Clivia
Auch: Klivia. Ursprünglich ein Blumenname.

Clodia
Andere Form von →Claudia.

Cloe
→ Chloe.

Clorinda
→ Klorinde.

Cocheta
Aus dem Indianischen. Bedeutung: „die Unbekannte".

Cölestina
Auch: Cölestine, Cöleste, Zölestine. Aus dem Lateinischen. Bedeutung: caelestis = „himmlisch; zum Himmel gehörig".

Coletta
Italieneische Kurzform von →Nicoletta.

Colette
Französische Kurzform von →Nicolette.

Colleen
Aus dem Englischen gälischer Herkunft. Bedeutung: „Mädchen".

Columba
Auch: Columbina, Colombine, Kolumbina. Aus dem Lateinischen. Bedeutung: „Taube".

Concetta
Aus dem Italienischen. Bedeutung: „die Empfangene".

Concordia
Auch: Konkordia. Aus dem Lateinischen. Bedeutung: „Harmonie; Eintracht".

Connie
Auch: Conny. Englische Kurzformen von →Constance bzw. →Cornelia.

Conradine
→ Konradine.

Consilia
Aus dem Lateinischen. Bedeutung: „Ratgeberin".

Constanca
Italienische Form von →Konstanze.

Constance
Auch: Constanze. →Konstanze.

Consuela
Auch: Consuelo. Aus dem Spanischen und Italienischen. Bedeutung consuelo (span.): „Trost; Tröstung". Oder von Consus = altlateinischer Gott der Erde.

Cora
→ Kora.

Coralie
Aus dem Niederländischen. Bedeutung: „Perle".

Cordelia
Andere Form von →Cordula.

Cordula
Auch: Kordula. Aus dem Griechischen. Bedeutung: kora = „Mädchen" oder kórē = „Jungfräulichkeit".

Coretta
Auch: Corette. Verkleinerungsformen von →Cora.

Corina
Auch: Corinna, Korinna, Corine, Corinne. Aus dem Griechischen. Bedeutung: kora = „Mädchen" oder kór →= „Jungfräulichkeit".

Cornelia
Auch: Kornelia. Weibliche Form von →Cornelius.

Cornell
Auch: Corny. Englische Kurzformen von →Cornelia.

Corona
Auch: Korona. Aus dem Lateinischen. Bedeutung: „Kranz; Krone".

Corrie
Auch: Corrie. Englische Kurzformen von →Cornelia.

Cortina
Aus dem Lateinischen. Bedeutung: cortina = „Sitz der apollonischen Hellseherin".

Corvina
Aus dem Lateinischen. Bedeutung: „kleiner Rabe".

Cosetta
Auch: Cosette. Französische Verkleinerungsformen von →Nicole.

Cosima
Auch: Kosima. Aus dem Griechischen. Bedeutung: kósmos = „Ordnung, Glanz, Ehre".

Cosine
Aus dem Italienischen. Bedeutung: cosina = „kleines Ding".

Cosmea
Ursprünglich ein Blumenname.

Crescentia
→ Kreszentia.

Cristiana
Auch: Cristina. Italienische Formen von →Christiane.

Cynthia
Auch: Cinzia (ital.), Cintia (ungar.). Beiname der griechischen Jagdgöttin Artemis, nach dem Berg Kynthos.

Cyra
Andere Form von →Kyra.

D

Dacia
Aus dem Griechischen. Bedeutung: „die aus Dakien Stammende".

Dafne
Italienische Form von →Daphne.

Dagmar
Aus dem Dänischen slawischer bzw. keltischer Herkunft. Bedeutung: dago (kelt.) = „gut" oder dragi (altslaw.) = „lieb; teuer" und mari (althochdt.) = „berühmt" oder mir (slaw.) = „Friede". →Dragomira.

Dagny
Aus dem Schwedischen. Bedeutung: dag = „Tag" und ny = „neu".

Dagoberta
Aus dem Keltischen. Bedeutung: dago = „gut" und beraht (althochdeutsch) = „glänzend".

Daisy
Aus dem Englischen. Bedeutung: „Gänseblümchen".

Dalila
Auch: Dalilah. Biblischer Name hebräischer Herkunft. Bedeutung: „die Sehnende".

Damaris
Aus dem Griechischen. Bedeutung: dámar = „Gattin; Geliebte". Aus dem Arabischen. Bedeutung: „der Eintretende".

Damiana
Aus dem Italienischen griechischer Herkunft. Bedeutung: dem(i)os = „Volk".

Dana
Kurzform von →Daniela. Oder slawische Kurzform von →Bogdana. Oder weibliche Form von →Dan.

Danai
Aus dem Neugriechischen. Bedeutung: „die mit dem Meer zu tun hat".

Danela
→ Daniela.

Danella
Auch: Danelle. Englische Formen von →Daniela.

Daniela
Auch: Daniella. Aus dem Hebräischen. Bedeutung: „Mein Richter ist Gott".

Danielle
Französische Formen von →Daniela.

Danila
Auch: Danilka, Danaila, Dana. Slawische Formen von →Daniela.

Danja
Auch: Danjana. Koseformen von →Danila.

Danka
Kurzform von Namen, die mit „Dank-" beginnen. Oder aus dem Serbokroatischen mit der Bedeutung: „die Gegebene; die Geschenkte".

Dankrade
Aus dem Althochdeutschen. Bedeutung: danc = „Dank" und rat = „Rat".

Danny
Auch: Dany. Englische Kurzformen von →Daniela.

Danuta
Polnische Form von →Daniela.

Daphne
Auch: Dafne. Aus dem Griechischen. Bedeutung: dáphnē= „Lorbeer(baum)".

Daria
Weibliche Form von →Darius.

Darja
Slawische Form von →Daria.

Davida
Auch: Davide, Davita. Weibliche Formen von →David.

Davina
Auch: Davine. Schottische Formen von →Davida.

Dawn
Aus dem Englischen. Bedeutung: „Morgendämmerung".

Dea
Kurzform von →Andrea bzw. →Desideria.

Debby
Auch: Deb, Debra, Debir. Englische Kurzformen von →Deborah.

Deborah
Auch: Debora. Biblischer Name hebräischer Herkunft. Bedeutung: „Biene; Wespe".

Deike
Niederdeutsche Kurzform von Namen, die mit „Diet-" beginnen.

Dela
Auch: Dele, Della, Delan (schwed.). Kurzformen von →Adele.

Delia
Nach der griechischen Göttin Artemis (röm. Diana). Bedeutung: „Die von der Insel Delos".

Delila(h)
→ Dalila.

Delora
Englische Form von →Dolores.

Delphine
Auch: Delphina, Delfine. Aus dem Französischen griechischer Herkunft. Bedeutung: „Delphin".

Delu
Aus dem Afrikanischen. Bedeutung: „erste Tochter nach drei Söhnen".

Demetria
Aus dem Griechischen. Bedeutung: demetrios = „der Göttin Demeter geweiht".

Demut
Aus dem Althochdeutschen. Bedeutung: deomuoti = „Gottesgesinnung; Demut".

Dena
Aus dem Indianischen. Bedeutung: „Tal".

Denice
Englische Form von →Dionysia.

Denise
Französische Form von →Dionysia.

Deniz
Aus dem Türkischen. Bedeutung: „zum Meer gehörig".

Deodata
Aus dem Lateinischen. Ursprüngl. Adeodata. Bedeutung: „von Gott gegeben".

Desideria
Aus dem Lateinischen. Bedeutung: „verlangen; begehren" oder „die Ersehnte; die Erwünschte".

Desirée
Französische Form von →Desideria.

Despina
Aus dem Neugriechischen. Bedeutung: „herrschen".

Deva
Aus dem Indisch-pakistanischen. Bedeutung: „göttlich" (Name der Mondgöttin).

Devaki
Aus dem Indisch-pakistanischen. Bedeutung: „schwarz" (Name von Krishnas Mutter).

Diana
Auch: Diane. Nach der römischen Jagd- und Mondgöttin.

Dianne
Französische Form von →Diana.

Diantha
Auch: Dianthia. Aus dem Griechischen. Bedeutung: „Blume des Zeus".

Dido
Aus dem Griechischen phönizischen Ursprungs. Bedeutung: „Mondgöttin".

Diederike
Aus dem Althochdeutschen. Bedeutung: diot = „Volk" und rihhi = „Reich; Herrschaft".

Dieta
Kurzform von Namen, die mit „Diet-" beginnen.

Dietgard
Aus dem Althochdeutschen. Bedeutung: diot = „Volk" und gard = „Hort; Schutz".

Dietgund(e)
Aus dem Althochdeutschen. Bedeutung: diot = „Volk" und gund = „Kampf".

Diethild(e)
Aus dem Althochdeutschen. Bedeutung: diot = „Volk" und hiltja = „Kampf".

Dietlind(e)
auch: Dietlindis. Aus dem Althochdeutschen. Bedeutung: diot = „Volk" und linta = „Lindenholzschild" oder lindi = „weich; nachgiebig; zart".

Dietmunde
Aus dem Althochdeutschen. Bedeutung: diot = „Volk" und munt = „Schutz".

Dietmute
Aus dem Althochdeutschen. Bedeutung: diot = „Volk" und muot = „Geist; Gesinnung".

Dietrade
Aus dem Althochdeutschen. Bedeutung: diot = „Volk" und rat = „Ratgeber; Berater".

Dietrun(e)
Aus dem Althochdeutschen. Bedeutung: diot = „Volk" und runa = „Geheimnis; Zauber".

Dija
Russische Kurzform von →Concordia.

Dilia
Kurzform von →Odilia.

Dimitra
Nach Demeter, der griechischen Göttin der Fruchtbarkeit.

Dina
Auch: Dinah. Biblischer Name hebräischer Herkunft. Bedeutung: dinah = „der zu Recht verholfen wurde".

Dionysia
Auch: Dionisia. Weibliche Form von →Dionys.

Djamila
Auch: Jamila. Aus dem Arabischen. Bedeutung: „die Schöne".

Dobra
Kurzform von →Dobravka bzw. →Dubravka.

Dodo
Koseform von →Dorothea.

Dolly
Auch: Doll, Doly; Dolitta, Dollika, Dolli (ungar.). Englische Kurzformen von →Dorothea.

Dolores
Aus dem Spanischen lateinischer Herkunft, nach der Jungfrau Maria. Bedeutung: Mater dolorosa = „schmerzensreiche Mutter".

Doma
Auch: Domka. Slawische Kurzform von →Domenica.

Domenica
Auch: Dominica, Domenika, Dominika. Aus dem Lateinischen. Bedeutung: „dem Herren gehörig".

Dominga
Spanische Form von →Domenika.

Dominique
Französische Form von →Domenica.

Domna
Russische Neuform von →Domenica.

Donata
Auch: Donate. Aus dem Lateinischen. Bedeutung: „Schenkung (Gottes); die (von Gott) Geweihte".

Donatella
Auch: Donatina. Italienische Verkleinerungsformen von →Donata.

Donka
Russische und bulgarische Kurzform von →Donata bzw. →Domna.

Dora
Auch: Dore. Kurzformen von →Dorothea.

Dorée
Aus dem Französischen. Bedeutung: „die Goldene".

Doreen
Irische Form von →Dorothea.

Dorett(e)
Verkleinerungsform von →Dorothée.

Dori
Auch: Doride. Italienische Formen von →Doris.

Dorice
Englische Form von →Doris.

Doriet
Auch: Dorrit, Dory. Kurzformen von →Dorothea.

Dorina
Auch: Dorinka. Ungarische Formen von →Dora bzw. →Dorothea.

Dorinda
Auch: Dorinde. Italienische Kurzformen von →Dorothea.

Doris
Selbstständige (Kurz)Form von →Dorothea bzw. →Theodora. Oder aus dem Griechischen mit der Bedeutung „die Dorerin".

Dorisa
Aus dem Hawaiischen. Bedeutung: „die vom Meer".

Dorit
Auch: Dorita, Dorith. Kurzform von →Dorothea.

Doro
Kurzform von →Dorothea, →Theodora, →Doris.

Dorota
Polnische und tschechische Form von →Dorothea.

Dorotea
Italienische und spanische Form von →Dorothea.

Dorothea
Auch: Dorothee. Umkehrung von →Theodora. Bedeutung: „Gottesgeschenk".

Dorothée
Französische Form von →Dorothea.

Dorothy
Englische Form von →Dorothea.

Dörte
Auch: Dörthe, Dorte, Dörte, Dortje, Doortje. Niederländische und friesische Kurzformen von →Dorothea.

Dragana
Auch: Draginja. Aus dem Slawischen. Ursprünglich Kurzformen von slawischen Namen, die mit „Drago-" beginnen. Bedeutung: dragi = „lieb; teuer; wertvoll".

Dragomira
→ Dagmar oder weibliche Form von →Dragomir.

Duana
Aus dem Irisch-gälischen. Bedeutung: „die kleine Finstere" oder „Lied".

Dubravka
Auch: Doubravka, Dobravka (tschech.); Dabrówka (poln.). Aus dem Slawischen. Bedeutung: dobru = „gut".

Dufina
Auch: Dufke, Duifke, Duva, Düveke, Duyve, Dyveke. Friesische Koseformen niederländischer Herkunft. Bedeutung: duif, duive = „Taube".

Duglora
Auch: Duglore. Aus dem Slawischen. Bedeutung: dlugu = „lang".

Dunja
Slawische Koseform von Evdokija (russ.) griechischer Herkunft. Bedeutung: eudokía = „die wohlgefällt; die Angesehene".

Dyani
Aus dem Indianischen. Bedeutung: „Reh".

E

Ebba
Auch: Ebbe. Friesische Kurzform von Namen, die mit „Eber-" beginnen.

Ebergard
Aus dem Althochdeutschen. Bedeutung: ebur = „Eber" und gard = „Hort; Schutz".

Ebergund(e)
Aus dem Althochdeutschen. Bedeutung: ebur = „Eber" und gund = „Kampf".

Eberharde
Auch: Eberhardine. Aus dem Althochdeutschen. Bedeutung: ebur = „Eber" und harti = „hart; stark".

Eberhild(e)
Aus dem Althochdeutschen. Bedeutung: ebur = „Eber" und hiltja = „Kampf".

Eberta
Auch: Ebertine. Kurzformen von → Eberharde bzw. →Eberhardine.

Ebony
Aus dem Angloamerikanischen. Bedeutung: „Ebenholz".

Eda
Schwedische Kurzform von →Edwardina. Oder andere Form von →Edda.

Edana
Aus dem Irisch-gälischen. Bedeutung: „die kleine Feurige".

Edburga
Aus dem Angelsächsischen. Ursprünglich Edborough. Bedeutung: ead, od (althochdt.) = „Erbgut; Besitz" und burg = „Schutz".

Edda
Auch: Eda, Etta. Kurzformen von Namen, die mit „Ed-" beginnen. Oder aus dem Angelsächsischen bzw. Althochdeutschen. Bedeutung: ead; od, ot (althochdt.) = „Erbgut; Besitz".

Edelberta
Auch: Edelberte. →Adalberta.

Edelburg(a)
Aus dem Althochdeutschen. Bedeutung: adal = „edel; vornehm" und burga = „Schutz; Zuflucht".

Edelgard
Auch: Edelgart. Aus dem Althochdeutschen. Bedeutung: adal = „edel; vornehm" und gard = „Hort; Schutz".

Edelinde

→ Adelinde.

Edelmira
Auch: Edelmire. Deutsche Form von →Elmira.

Edeltraud
Auch: Edeltrud. →Adeltraud.

Eden
Aus dem Hebräischen. Bedeutung: „Schönheit".

Edigna
Nach der Heiligen Edigna. Herkunft unbekannt. Vielleicht andere Form von →Edina.

Edina
Weiterbildung von →Edna. Oder biblischer Name hebräischer Herkunft. Bedeutung: ʹadina = „Wonne; Schönheit",

Edita
Auch: Edite. →Edith.

Edith
Auch: Editha. Aus dem Angelsächsischen. Ursprünglich Eadgyth. Bedeutung: ead = „Erbgut; Besitz" und gyth = „Kampf".

Edmea
Italienische Form von →Edmunda.

Edmée
Französische Form von →Edmunda.

Edmonda
Auch: Edmonde, Edmée (franz.). Englische, französische und niederländische Formen von →Edmunda.

Edmunda
Auch: Edmunde. Aus dem Angelsächsischen. Bedeutung: eadmund bzw.

audhmundr (isländ.) = „Beschützer des Erbguts".

Edna
Biblischer Name hebräischer Herkunft. Bedeutung: ′adena(h) = „Wonne; Lieblichkeit; Schönheit".

Eduarde
Auch: Eduardine. Aus dem Altenglischen. Bedeutung: ead = „Erbgut; Besitz" und weard = „Hüter; Schützer".

Edvige
Italienische Form von →Hedwig.

Edwardine
Auch: Edwardina. →Eduarde.

Edwina
Auch: Edwine. Aus dem Altenglischen. Bedeutung: ead = „Erbgut; Besitz" und wine = „Freund".

Edyth
Auch: Edithe, Eydie. Englische Formen von →Edith.

Edzarda
Friesische weibliche Form von →Eckehard.

Effi
Kurzform von →Elfriede.

Egberta
Auch: Egberta, Egbertine. Weibliche Formen von →Eckbert.

Ehrengard
Pietistischer Name aus dem 18. Jahrhundert. Bedeutung: „Ehre" und gard = „Hort; Schutz".

Ehrentraud
Auch: Ehrentrud. Bedeutung: „Ehre" und trud = „Kraft; Stärke". Oder aus dem Althochdeutschen von Erinthrut mit der Bedeutung: arn, arin = „Adler" und trud = „Kraft; Stärke".

Eike
Auch: Eika. Kurzform von Namen, die mit „Eg-" bzw. „Eil-" beginnen.

Eilburg
Aus dem Althochdeutschen. Bedeutung: (agil), ekka = „Schwert; Schneide einer Waffe" und burg = „Schutz; Zuflucht".

Eila
(Kurz)form von →Eilen.

Eileen
Irische und englische Form von →Helene.

Eilen
Norwegische Form von →Helene.

Eilis
Auch: Eilise. Irische Formen von →Elisabeth.

Eiltraud
Auch: Eiltrud. Aus dem Althochdeutschen. Bedeutung: (agil) ekka = „Schwert; Schneide einer Waffe" und trud = „Kraft; Stärke".

Eina
Weibliche Form von →Einar.

Ekaterina
Auch: Ecaterina. Russische Form von →Katharina.

Ekaterini
Neugriechische Form von →Katharina.

Ela
Auch: Eli. Kurzform von →Elisabeth bzw. →Helene bzw. →Eleonora.

Elaine
Französische und englische Form von →Helene.

Elarda
Friesische weibliche Form von →Eilhard.

Elborg
Auch: Elburg. →Eilburg.

Eldrid
Nordische Form von →Edeltraud.

Eleanor
Auch: Ellinor, Elinore. Englische Formen von →Eleonora.

Elektra
Aus dem Griechischen. Bedeutung: „die Strahlende".

Elena
Auch: Eleane. Bulgarische, rumänische, russische, griechische, italienische, spanische und norwegische Form von →Helena.

Eleni
Neugriechische Form von →Helene.

Elna
Schwedische und norwegische Form von →Eleonora bzw. →Helena.

Eleonora
Auch: Eleonore. Aus dem Griechischen eleos = „Mitleiden" oder dem Arabischen ellinor = „Gott ist mein Licht".

Eléonore
Französische Form von →Eleonora.

Elfe
Kurzform von Namen, die mit „Elf-" beginnen.

Elfgard
Aus dem Althochdeutschen. Bedeutung: alb = „Elfe; Naturgeist" und gard = „Hort; Schutz".

Elfi
Auch: Elfie. Kurzform von Namen, die mit „Elf-" beginnen.

Elfreda
Englische Form von →Elfriede.

Elfriede
Aus dem Althochdeutschen. Ursprünglich Alfrida. Bedeutung: adal = „edel; vornehm" und fridu = „Friede".

Elfrun
→ Albrun.

Elftraud
Auch: Elftrud. Aus dem Althochdeutschen. Bedeutung: alb = „Elfe; Naturgeist" und trud = „Kraft; Stärke".

Elga
Nordische Kurzform von →Helga.

Elgin
Auch: Elgine, Ellegina. Niederländische und friesische Kurzformen von Namen, die mit „Adal-" bzw. „Adel-" beginnen.

Elian
Auch: Eliana, Eliane, Elianka. Weibliche Formen von →Elias.

Elida
Aus dem Isländischen. Bedeutung: ellidhi = „das schnelle Segelschiff".

Elie
Französische weibliche Form von →Elias.

Eliette
Verkleinerungsform von →Elie.

Elina
Auch: Elin. Finnische, schwedische und rumänische Form von →Helena.

Elisa
Auch: Elise. Kurzformen von →Elisabeth.

Elisabeth
Auch: Elisabetha. Biblischer Name hebräischer Herkunft. Bedeutung: elischeba = „die Gott verehrt; die Gott geweiht ist".

Elisabetta
Italienische Form von →Elisabeth.

Elizabeth
Englische Form von →Elisabeth.

Elizaveta
Russische Form von →Elisabeth.

Elke
Auch: Elka, Elleke. (Kurz)Form von Namen, die mit „Adel-" bzw. „Adal-" beginnen. Bedeutung: „die Edle, die Vornehme".

Ella
Kurzform von →Elisabeth, →Elfriede, →Eleonora, →Gabriella.

Ellen
Englische Form von →Helen(a) oder Kurzform von →Eleanor, →Ellinor.

Ellice
Englische weibliche Form von →Elias.

Ellidhi
→ Elida.

Ellinor
Auch: Elinor, Elinore. Englische Formen von →Eleonora.

Elma
Kurzform von →Elmira. Oder andere Form von →Alma.

Elmira
Aus dem Spanischen arabischer Herkunft. Bedeutung: „erhaben; vornehm".

Elna
Schwedische Kurzform von →Helena.

Eloise
Andere Form von →Heloise.

Elsa
Auch: Else. Selbstständige (Kurz)Form von →Elisabeth.

Elsabe
Auch: Elsbe, Elsebe, Elsbea. Friesische und niederdeutsche Kurzformen von →Elisabeth.

Elsbeth
Schweizerische Form von →Elisabeth.

Elsita
Auch: Elsine. Koseformen von →Elsa.

Elvira
Auch: Elwira. Weibliche Form von →Alvaro.

Elvin
Auch: Elwine. →Alwina.

Ema
Spanische Form von →Emma.

Emanuela
Auch: Emmanuelle (franz.). Weibliche Form von →Immanuel. Bedeutung: „Gott mit uns".

Emerita
Auch: Emerentia, Emerenz. Aus dem Lateinischen. Bedeutung: „die Würdige; die Verdienstvolle".

Emy
Auch: Emy. Kurzformen von →Emilia.

Emilia
Auch: Emilie, Emely. Aus dem Lateinischen. Bedeutung: „aus der Familie der Ämilier" oder aemulus = „nachahmend; wetteifernd".

Emiliana
Andere Form von →Emilia.

Emily
Englische Form von →Emilia.

Emlyn
Aus dem Walisischen. Bedeutung: „Wasserfall".

Emma
Von Imme = „die Biene; die Fleißige". Oder Kurzform von Namen, die mit „Irm-" beginnen.

Emmelia
Auch: Eumelia. Andere (ältere) Form von →Emilia.

Emmeline
Andere Form von →Amalinde.

Emmi
Auch: Emmy. Kurzformen von →Emma bzw. →Emilie.

Emmilotte
Mischform aus →Emmi und →Lotte.

Emmy
Auch: Emme, Imma, Em. Englische Formen von →Emma.

Ena
Schwedische Form von →Eina.

Engelberga
Aus dem Althochdeutschen. Bedeutung: Engel = Stammesname der Angeln oder engil = „Engel" und bergan = „schützen".

Engelberta
Aus dem deutschen Stammesnamen der Angeln oder engil = „Engel" und beraht = „glänzend".

Engelburg(a)
Aus dem deutschen Stammesnamen der Angeln oder engil = „Engel" und burg = „Schutz; Zuflucht".

Engelgard
Aus dem deutschen Stammesnamen der

Angeln oder engil = „Engel" und gard = „Hort; Schutz".

Engelina
Auch: Engeline. Weiterbildung von Engel.

Engeltraud
Auch: Engeltrud. Aus dem deutschen Stammesnamen der Angeln oder engil = „Engel" und trud = „Kraft; Stärke".

Engla
Auch: Engela. Schwedischer Name mit der Bedeutung: „Engel".

Engracia
Spanische Form von →Gratia.

Enid
Aus dem Irischen. Bedeutung: „kleines Feuer" oder „blond". Oder aus dem Altwalisischen mit der Bedeutung „Reinheit".

Ennea
Aus dem Griechischen. Bedeutung: „neun".

Enrica
Italienische weibliche Form von →Heinrich.

Eobane
Aus dem Griechischen. Bedeutung: „der Morgenröte entgegen".

Eos
Aus dem Griechischen. Bedeutung: „Morgenröte".

Ephrosine
→ Euphrosine.

Erda
Nach der Urmutter im „Ring des Nibelungen", der altnordischen Erdgöttin Jörd.

Erhardine
Weibliche Form von →Erhard.

Erika
Auch: Erica. Aus dem Isländischen. Bedeutung: eirikr = „Alleinherrscher" oder nach dem Blumennamen Erika.

Erin
Aus dem Irisch-gälischen. Bedeutung: „die aus Irland". (Auch als männlicher Vorname möglich!)

Erkengard
Aus dem Althochdeutschen. Bedeutung: erkan = „ausgezeichnet; echt" und gard = „Hort; Schutz".

Erkenhild(e)
Aus dem Althochdeutschen. Bedeutung: erkan = „ausgezeichnet; echt" und gard = „Hort; Schutz".

Erkentraud
Auch: Erkentrud. Aus dem Althochdeutschen. Bedeutung: erkan = „ausgezeichnet; echt" und trud = „Kraft; Stärke".

Erla
Kurzform von Namen, die mit „Erl-" beginnen.

Erlanda
Aus dem Isländischen erlendr bzw. örlendr. Bedeutung: „ausländisch; fremd".

Erlfriede
Aus dem Althochdeutschen. Bedeutung: erl = „freier Mann" und fridu = „Friede".

Erlgard
Aus dem Althochdeutschen. Bedeutung: erl = „freier Mann" und gard = „Hort; Schutz".

Erltraud
Auch: Erltrud. Aus dem Althochdeutschen. Bedeutung: erl = „freier Mann" und trud = „Kraft; Stärke".

Erlwine
Aus dem Althochdeutschen. Bedeutung: erl = „freier Mann" und wini = „Freund".

Erma
→ Irma.

Ermelina
→ Irmela.

Ermelinda
Auch: Ermelinde, Ermlinde. →Irmlinde.

Ermengard
Auch: Ermgard, Ermingard. →Irmgard.

Ermenhild(e)
Auch: Erminhild(e), Ermhild. →Irmhild.

Ermentraud
Auch: Ermentrud, Ermtr(a)ud, Ermintr(a)ud. →Irmtraud.

Ermina
Auch: Erminia. Italienische Form von →Hermina. Oder friesische und niederdeutsche Kurzform von Namen, die mit „Ermen-" bzw. „Irmin-" beginnen.

Erna
Selbstständige (Kurz)Form von → Ernesta.

Ernesta
Aus dem Lateinischen. Bedeutung: „die Ernste; die Entschlossene; die Beharrliche".

Ernestina
Auch: Ernestine, Ernstina, Ernstine. Weiterbildungen von →Ernesta.

Ernfriede
Auch: Arnfriede. Weibliche Formen von →Arnfried.

Erwine
Aus dem Althochdeutschen. Bedeutung: heri = „Heer" und wini = „Freund".

Erzsébet
Ungarische Form von →Elisabeth.

Esma
Aus dem Georgischen. Bedeutung: „Gott hat erhört".

Esmeralda
Aus dem Spanischen. Bedeutung: „Smaragd".

Esta
Aus dem Altenglischen. Ursprünglich: Estalind(a). Bedeutung: Eostre = „Frühlingsgöttin" und linta = „Lindenholzschild" oder lindi = „weich; zart". Auch Kurzform von →Estella.

Estella
Italienische Form von →Stella.

Estelle
Französische Form von →Stella.

Ester
Auch: Esther. Biblischer Name hebräischer Herkunft. Bedeutung: estēr = „junge Frau" oder „Stern" (persisch).

Estrella
Spanische Form von →Stella.

Estrid
Andere Form von →Astrid.

Etele
Ungarische Form von →Ottilie.

Etelka
Auch: Etel. Ungarische Kurzformen von →Adela.

Etenia
Aus dem Indianischen. Bedeutung: „gesund".

Etta
Kurz- und Nebenform von →Ida, →Edda, →Henrietta, →Marietta.

Ettina
Weiterbildung von →Etta.

Etelka
Auch: Etka. Koseformen von →Etele.

Etumu
Aus dem Indianischen. Bedeutung: „Bär, der sich in der Sonne wärmt".

Etumuye
Aus dem Indianischen. Bedeutung: „Bär, der auf einen Hügel steigt".

Eudice
Moderne hebräische Form von →Judith.

Eudokia
Aus dem Griechischen. Bedeutung: „die Geachtete".

Eugenie
Auch: Eugenia. Aus dem Griechischen. Bedeutung: eugenes = „edel; wohlgeboren".

Eulalia
Auch: Eulalaie. Aus dem Griechischen.

Bedeutung: eulalos = „wortgewandt; beredt".

Eunice
Aus dem Englischen griechischer Herkunft. Bedeutung: „guter Sieg".

Euphemia
Auch: Eufemia, Euphemie. Aus dem Griechischen. Bedeutung: eu-phēmia = „guter Ruf; gutes Omen".

Euphrosine
Auch: Ephrosine, Euphrosyne. Aus dem Griechischen. Bedeutung: eu-phrosynē = „Frohsinn; Heiterkeit". Griechische Göttin der Anmut.

Europa
Aus dem Griechischen. Bedeutung: eurus = „weit; geräumig". In der griechischen Mytholgie Eurōpē, die von Zeus entführte Tochter des Phoenix.

Eusebia
Aus dem Griechischen. Bedeutung: „fromm; gottesfürchtig".

Eustachia
Auch: Eustacia. Aus dem Griechischen. Bedeutung: „schöne Ähre; reiche Frucht".

Eutropia
Aus dem Griechischen. Bedeutung: „Gewandtheit; Beweglichkeit; Geschicklichkeit".

Eva
Biblischer Name hebräischer Herkunft. Bedeutung: chavvah = „Leben; die Lebensspenderin; Mutter".

Evalina
Auch: Evaline. →Evelin.

Evangelina
Aus dem Griechischen. Bedeutung: „gute Botschaft".

Evanthia
Aus dem Neugriechischen. Bedeutung: „schöne Blume".

Eve
Englische Form von →Eva.

Evelin
Auch: Evelina, Eveline, Eweline. Weiterbildungen von →Eva. Oder andere Form von →Avelina.

Evelinde
Mischform aus →Eva und →Linda.

Evelyn
Englische Form von →Evelin.

Evelyne
Französische Form von →Evelin.

Everdina
Auch: Everdine. →Ewerdina.

Everose
Mischform aus →Eva und →Rose bzw. →Rosa.

Evi
Kurzform von Namen, die mit „Eva-" oder „Eve-" beginnen.

Evita
Spanische Koseform von →Eva.

Ewa
Polnische Form von →Eva.

Ewerdina
Auch: Ewerdine. Weibliche Formen von →Eward.

Eyota
Aus dem Indianischen. Bedeutung: „die Größte". (Auch als männlicher Vorname möglich!)

Eyvette
Amerikanische Form von →Yvette.

F

Fabia
Aus dem Lateinischen. Ursprünglich „Fabius", ein altrömischer Familienname. Faba (lat.) = „Bohne".

Fabiana
Auch: Fabiane. Andere Form von →Fabia.

Fabienne
Französische Form von →Fabiana.

Fabiola
Spanische Verkleinerungsform von →Fabia.

Fabrizia
Aus dem Italienischen nach dem lateinischen Familiennamen der Fabricier. Faber (lat.) = „handwerklich, künstlerisch geschickt".

Faizah
Aus dem Arabischen. Bedeutung: „die Siegreiche".

Fanny
Auch: Fanny. Kurzformen von →Stephanie oder →Franziska.

Faralda
Aus dem Althochdeutschen. Bedeutung: fara(n) = „fahren; reisen" und waltan = „walten; herrschen".

Farhild(e)
Aus dem Althochdeutschen. Bedeutung: fara(n) = „fahren; reisen" und hiltja = „Kampf".

Fastrade
Aus dem Althochdeutschen. Bedeutung: fasti = „fest" und rat = „Ratgeber".

Fatima
Auch: Fatime. Aus dem Arabischen. Tochter des Propheten Mohammed.

Fausta
Aus dem Lateinischen. Bedeutung: „günstig; glückbringend".

Faustina
Auch: Faustine. Italienische Verkleinerungsformen von →Fausta.

Fayola
Aus dem Afrikanischen (Nigeria). Bedeutung: „gutes Schicksal".

Federica
Auch: Federiga. Italienische und spanische Formen von →Friederike.

Fedora
Auch: Feodora. Russische Formen von →Theodora.

Fedra
Aus dem Neugriechischen. Bedeutung: „heller Schein".

Fee
Englische Koseform von →Felicia.

Felicia
Auch: Felizia. Aus dem Lateinischen. Bedeutung: felix = „glücklich".

Felicidad
Spanische Form von →Felicitas.

Felicitas
Auch: Felizitas. Aus dem Lateinischen. Bedeutung: felicitas = „Glück(seligkeit)".

Félicie
Französische Form von →Felicitas.

Felicity
Englische Form von →Felicitas.

Felipa
Spanische Form von →Philippa.

Femi
Aus dem Afrikanischen (Nigeria). Bedeutung: „liebe mich!".

Femke
Auch: Femma, Femmy. Friesische Kurzformen von →Euphemia.

Fenella
Aus dem Englischen keltischer Herkunft. Ursprünglich: Fionnghuala. Bedeutung: fionn = „weiß" und guala = „Schulter".

Fenja
Auch: Fenka, Fenke, Fenna, Fenne, Fenneke. Friesische und niederländische Koseformen von Namen, die mit „Fried(e)-" beginnen oder mit „-friede" enden.

Feodora
Auch: Feodosia. →Fedora.

Ferdinanda
Auch: Ferdinande, Fernanda (ital.; span.), Fernande (franz.). Aus dem Althochdeutschen. Bedeutung: fridu = „Friede" und nantha = „mutig; kühn".

Ferdinandine
Niederländische Form von →Ferdinanda.

Ferhild
→Farhild.

Fida
Aus dem Arabischen. Bedeutung: „Hingabe; Aufopferung".

Fidelia
Aus dem Lateinischen. Bedeutung: „treu; ehrlich; zuverlässig".

Fides
Aus dem Lateinischen. Bedeutung: „Vertrauen; Glaube".

Filiberta
Aus dem Althochdeutschen. Bedeutung: filu = „viel" und beraht = „glänzend".

Filippa
Italienische Form von →Philippa.

Filomena
→Philomena.

Fina
Auch: Fine. Kurzformen von →Josefine.

Finetta
Auch: Finette. Koseformen von →Josefine.

Finja
Auch: Finne, Finni, Finnja. Aus dem Nordischen, wahrscheinlich mit der Bedeutung: „Wanderer" oder „Weiße".

Fiona
Aus dem Englischen keltischen Ursprungs. Bedeutung: fionn = „rein; weiß".

Fiore
Aus dem Italienischen. Bedeutung: „Blume".

Fiorella
Auch: Florella. Italienische Verkleinerungsformen von →Fiore bzw. →Flora.

Fiorenza
Italienische Form von →Florenze.

Fioretta
→Floretta.

Fiorina
Verkleinerungsform von →Fiore.

Firmina
Aus dem Lateinischen. Bedeutung: firmus = „fest; beharrlich; standhaft".

Fita
Kurzform von →Josefita.

Flanna
Aus dem Irisch-gälischen. Bedeutung: „die Rothaarige".

Flavia
Ursprünglich nach dem Familiennamen der Flavier. Bedeutung: flavus (lat.) = „gelb; strohblond".

Fleur
Französische Form von →Flora bzw. →Fiora.

Fleurette
Verkleinerungsform von →Fleur.

Flora
Aus dem Lateinischen. Bedeutung: flos, floris = „Blume; Blüte". Nach der römischen Göttin der Blumen.

Florence
Englische und französische Form von →Flora bzw. →Florentina.

Florentia
Auch: Florenzia. Aus dem Lateinischen. Bedeutung: florens = „blühend; im besten Alter".

Florentina
Auch: Florentine. →Florentia.

Florenze
Deutsche Form von →Florentia.

Floretta
Auch: Florette. Verkleinerungsform von →Flora.

Floria
Englische Form von →Flora.

Floriana
Auch: Floriane, Florianne. Aus dem La-

teinischen. Bedeutung: „blühen; frisch sein; glänzen; hohes Ansehen genießen".

Floribella
Zusammensetzung aus florens = „blühend" und bella = „schön".

Florida
Aus dem Lateinischen. Bedeutung: „die Blühende".

Florina
Auch: Florine. Andere Formen von →Floriana.

Florinda
Spanische Form von →Floriana.

Floris
Niederländische Form von →Floriana.

Fortuna
Aus dem Lateinischen. Bedeutung: „Glück; Zufall". Nach der römischen Schicksalsgöttin.

Fortunata
Aus dem Lateinischen. Bedeutung: „beglückt; glücklich; vom Schicksal begünstigt".

France
Französische weibliche Form von →Frank.

Frances
Auch: Francis. Englische Formen von →Franziska.

Francesca
Auch: Francisca. Romanische Formen von →Franziska.

Francine
Verkleinerungsform von →France.

Françoise
Französische Form von →Franziska.

Franka
Auch: Franca. Weibliche Formen von →Frank.

Franzine
Deutsche Form von →Francine.

Franziska
Weibliche Form von →Franziskus. Slawische Formen: Franciska, Františka, Franeka, Franja, Fanika; Ferike (ungarisch).

Frauke
Aus dem Friesischen westgermanischer Herkunft. Bedeutung: fraw, frau = „fröhlich; flink".

Freda
Kurzformen von →Winifred, →Frederika.

Fredegard
Niederdeutsche Form von →Friedegard.

Fredegund
→Friedegund.

Frédérique
Französische Formen von →Friederike.

Freia
Auch: Freya. Aus dem Isländischen nach der altnördischen Göttin Freyja. Bedeutung: freyja = „Herrin; Herrscherin".

Frieda
Auch: Frida. Kurzform von Namen, die mit „Fried-" beginnen oder „-friede" enden. Bedeutung: fridu = „Friede".

Friedburg
Auch: Friedeborg, Friedeburg. Aus dem Althochdeutschen. Bedeutung: fridu = „Friede" und burg = „Schutz; Zuflucht".

Friedegund
Auch: Friedgund. Aus dem Althochdeutschen. Bedeutung: fridu = „Friede" und gund = „Kampf".

Friedel
Kurzform von Namen, die mit „-fried-" beginnen oder enden.

Friederike
Aus dem Althochdeutschen. Bedeutung: fridu = „Friede" und rihhi = „mächtig; reich".

Friedgard
Auch: Friedegard. Aus dem Althochdeutschen. Bedeutung: fridu = „Friede" und gard = „Hort; Schutz".

Friedhild(e)
Aus dem Althochdeutschen. Bedeutung: fridu = „Friede“ und hiltja = „Kampf“.

Friedlin(e)
Auch: Friedelind. Aus dem Althochdeutschen. Bedeutung: fridu = „Friede“ und linta = „Lindenholzschild“ oder lindi = „weich; zart“.

Friedrun
Auch: Friederun, Friderun. Aus dem Althochdeutschen. Bedeutung: fridu = „Friede“ und runa = „Geheimnis; Zauber“.

Frini
Aus dem Neugriechischen. Bedeutung: „die Charmante“.

Frodegard
Auch: Frogard. Aus dem Althochdeutschen. Bedeutung: frot, fruot = „klug; weise“ und gard = „Hort; Schutz“.

Frodehild(e)
Auch: Frohild(e). Aus dem Althochdeutschen. Bedeutung: frot, fruot = „klug; weise“ und hiltja = „Kampf“.

Frodelinde
Auch: Frolinde. Aus dem Althochdeutschen. Bedeutung: frot, fruot = „klug; weise“ und linta = „Lindenholzschild“ oder lindi = „weich; zart“.

Frodewine
Aus dem Althochdeutschen. Bedeutung: frot, fruot = „klug; weise“ und wini = „Freund“.

Frodina
Auch: Frodine. Kurzformen von Namen, die mit „Frod-“ beginnen.

Frohmute
Auch: Fromute. Aus dem Althochdeutschen. Bedeutung: frot, fruot = „klug; weise“ und muot = „Sinn; Geist“.

Frosina
Schweizerische Form von Namen, die mit „Frode-“ beginnen.

Fryderyka
Polnische Form von →Friederike.

Fulberta
Neuere Form von →Volkberta.

Fulvia
Aus dem Lateinischen. Bedeutung: fulvus = „rotgelb“; „die mit dem rotgelben Haar“.

Fumia
Rätoromanische (Kurz)Form von → Euphemia.

G

Gabi
Auch: Gaby. Kurzformen von →Gabriela, Gabriele, Gabrielle.

Gabriela
Auch: Gabriele. Biblischer Name aus dem Hebräischen. Bedeutung: gabri´el = „Mann Gottes; Sein Held“.

Gabriella
Italienische Form von →Gabriela.

Gabrielle
Französische Form von →Gabriela.

Gada
Aus dem Hebräischen. Bedeutung: „glücklich“.

Gadi
Aus dem Arabischen. Bedeutung: „mein Glück“.

Gail
Aus dem Amerikanischen althochdeutscher Herkunft. Bedeutung: gails (got.) = „fröhlich“ oder geil (althochdt.) = „übermütig; lustig“. Oder Kurzform von →Abigail.

Gala
Aus dem Altnorwegischen. Bedeutung: „Sängerin“.

Galdina
Italienische Verkleinerungsform von →Gerharda bzw. →Gerhardine.

Galina
Aus dem Russischen. Bedeutung: „Ruhe; Stille; Friede".

Galla
Auch: Galia. Aus dem Lateinischen. Bedeutung: „die Gallierin".

Ganesa
Aus dem Indisch-pakistanischen. Nach dem Gott des Schicksals und der Weisheit.

Ganit
Aus dem Hebräischen. Bedeutung: „Garten".

Ganja
Kurzform von →Galina bzw. →Gavrila.

Garbine
Friesische Form von →Gerborg.

Garde
Friesische Kurzform von →Gerharde.

Gauri
Aus dem Indisch-pakistanischen. Bedeutung: „gelb; blond".

Gavrila
Auch: Gawrila. Russische Form von →Gabriela.

Gayle
Englische Form von →Gail.

Gea
Nach der griechischen Göttin Gäa, Gaia. Bedeutung: ge = „Erde".

Gebba
Auch: Gebe, Gebbe, Gebine, Gebke, Gebkea. Friesische Kurzformen von Namen, die mit „Geb-" oder „Ger-" beginnen.

Gebharde
Aus dem Althochdeutschen. Bedeutung: ger = „Speer" und harti = „hart; stark".

Geel
Auch: Geelke, Geeltje. Aus dem Gotischen bzw. Althochdeutschen. Bedeutung: gails (got.) = „fröhlich" oder geil (althochdt.) = „übermütig; lustig".

Geerdina
Auch: Geerdruit. Friesische und niederländische Formen von Namen, die mit „Ger-" beginnen bzw. von →Gertrud.

Gela
Slawische Kurzform von →Daniela.

Gelja
Russische Kurzform von →Angelina bzw. →Angelika.

Geltrudis
→Gertrud.

Gemma
Aus dem Lateinischen. Bedeutung: „Edelstein".

Gena
Bulgarische und serbokroatische Form von →Eugenie.

Gene
Englische Kurzform von →Eugenie bzw. →Genoveva.

Geneviève
Französische Form von →Genoveva.

Genia
Kurzform von →Eugenia.

Genna
Aus dem Arabischen. Bedeutung: „Himmel".

Genoveva
Auch: Genovefa. Aus dem Gallisch-provenzalischen. Bedeutung: gen(o) = „Volk; Stamm" und wefa = „Frau".

Georgeta
Rumänische Form von →Georgia.

Georgette
Französische Verkleinerungsform von →Georgia.

Georgia
Weibliche Form von →Georg.

Georgina
Auch: Georgine. →Georgia.

Gepa
Aus dem Althochdeutschen.
Ursprünglich Gerpirga. Bedeutung: ger

= „Speer“ und bergan = „schützen; bergen“.

Gepke
Friesische Kurzformen von Namen, die mit „Geb-“ oder „Ger-“ beginnen.

Gera
Kurzform von Namen, die mit „Ger-“ beginnen.

Geraldine
Auch: Geralde. Weibliche Formen von →Gerald bzw. →Gerold.

Gerarda
Polnische, bulgarische und niederländische Form von →Gerharda.

Gerardina
Italienische Form von →Gerhardine.

Gerborg
Auch: Gerburg. Aus dem Althochdeutschen. Bedeutung: ger = „Speer“ und burg = „Schutz; Zuflucht“.

Gerda
Aus dem Altnordischen bzw. Althochdeutschen. Bedeutung: Gerdhr = „Schützerin“ oder gard (althochdt.) = „Hort; Schutz“.

Gerde
Auch: Gerdi, Gerdie. Koseformen von →Gerda.

Gerdina
Auch: Gerdken. Friesische (Kurz)Formen von →Gerharda.

Gerdis
Aus dem Schwedischen altnordischer Herkunft. Bedeutung: geirr = „Speer“ und dis = „Schutzgöttin“.

Gerharda
Auch: Gerharde. Aus dem Althochdeutschen. Bedeutung: ger = „Speer“ und harti = „hart; stark“.

Gerhardine
Weiterbildung von →Gerharda.

Gerhild(e)
Aus dem Althochdeutschen. Bedeutung: ger = „Speer“ und hiltja = „Kampf“.

Gerlind(e)
Auch: Gerlindis. Aus dem Althochdeutschen. Bedeutung: ger = „Speer“ und linta = „Lindenholzschild“.

Gerlis
Mischform aus ger = „Speer“ und →Lise.

Germa
Kurzform von →Germana bzw. →Germaine.

Germaine
Weibliche Form von →Germanus. Oder aus dem Französischen mit der Bedeutung „die Germanin“.

Germana
Auch: Germina (niederländ.). Weibliche Formen von →Germanus.

Gerolda
Auch: Gerolde. Aus dem Althochdeutschen. Bedeutung: ger = „Speer“ und waltan = „walten; herrschen“.

Gerritdina
Friesische und niederländische Form von →Gerharda.

Gerritje
Friesische Kurzform von →Gerharda.

Gerta
Auch: Gerti. Kurzformen von →Gertraud, →Gertrud.

Gertje(n)
Auch: Gertke. Friesische Kurzformen von Namen, die mit „Ger-“ beginnen.

Gertraud(e)
Auch: Gertraut. →Gertrud.

Gertrud(e)
Auch: Gertrudis. Aus dem Althochdeutschen. Bedeutung: ger = „Speer“ und trud = „Kraft; Stärke“.

Gervasia
Auch: Gervaise (franz.). Aus dem Althochdeutschen. Bedeutung: ger = „Speer“ und vass (kelt.) = „Knecht; Diener“.

Gerwine
Aus dem Althochdeutschen. Bedeutung: ger = „Speer“ und wini = „Freund“.

Gesa
Auch: Gese, Gesche, Geeske, Geske, Geska. Niederdeutsche und friesische Kurzformen von →Gertrud.

Gesina
Auch: Gesine. Weiterbildungen von →Gesa.

Ghada
Aus dem Arabischen. Bedeutung: „junges Mädchen".

Ghislaine
Französische Form von →Gislinde.

Gianna
Italienische Kurzform von →Giovanna.

Giannina
Koseform von →Gianna.

Gila
Auch: Gilla. Schwedische Kurzformen von →Gisela. Oder aus dem Hebräischen mit der Bedeutung „Freude; Glück".

Gilberte
Andere Form von →Giselberta.

Gilda
Italienische (Kurz)Form von Namen, die mit „-ilda" enden.

Gill
Englische Kurzform von →Julia.

Gilla
→Gila.

Gillian
Englische Form von →Juliana.

Gina
Auch: Gine. Kurzformen von →Regina, →Regine. Oder italienische Verkleinerungsform von →Ludwiga.

Ginette
Verkleinerungsform von →Geneviève.

Giovanna
Italienische Form von →Johanna.

Giovannina
Verkleinerungsform von →Giovanna.

Giorgina
Rumänische Form von →Georgia.

Giralda
Italienische Form von →Geraldine.

Gisa
Kurzformen von Namen, die mit „Gis-" beginnen.

Gisberga
Auch: Gisburga, Giselberga, Giselburga. Aus dem Althochdeutschen. Bedeutung: gisal = „Bürge; Pfand" oder gisa(l) (germ.) = „Spross" und burg = „Schutz; Zuflucht".

Gisberta
Auch: Giselberta. Aus dem Althochdeutschen. Bedeutung: gisal = „Bürge; Pfand" oder gisa(l) (germ.) = „Spross" und beraht = „glänzend".

Gisela
Selbstständige (Kurz)Form von Namen, die mit „Gis-" bzw. „Gisel-" beginnen. Aus dem Althochdeutschen. Bedeutung: gisal = „Bürge; Pfand" oder gisa(l) (germ.) = „Spross".

Gisèle
Französische Form von →Gisela.

Giselheid
Aus dem Althochdeutschen. Bedeutung: gisal = „Bürge; Pfand" oder gisa(l) (germ.) = „Spross" und heit = „Art; Wesen".

Gisella
Italienische Form von →Gisela.

Giseltraud
Auch: Giseltrud, Gistraud(e), Gistrud. Aus dem Althochdeutschen. Bedeutung: gisal = „Bürge; Pfand" oder gisa(l) (germ.) = „Spross" und trud = „Kraft; Stärke".

Gislind(e)
Aus dem Althochdeutschen. Bedeutung: gisal = „Bürge; Pfand" oder gisa(l) (germ.) = „Spross" und linta = „Lindenholzschild" oder lindi = „weich; zart; mild".

Gismara
Aus dem Althochdeutschen. Bedeutung: gisal = „Bürge; Pfand" oder gisa(l) (germ.) = „Spross" und mari = „berühmt".

Gismunda
Auch: Gismunde. Aus dem Althochdeutschen. Bedeutung: gisal = „Bürge; Pfand" oder gisa(l) (germ.) = „Spross" und munt = „Schutz".

Gita
Auch: Gitta, Gitte. Kurzformen von →Brigitta, Brigitte.

Gitana
Aus dem Spanischen. Bedeutung: „Zigeunerin".

Giulia
Auch: Giuliana. Italienische Formen von →Julia bzw. →Juliana.

Giulietta
Weiterbildung von →Giulia.

Giuseppa
Auch: Giuseppina. Italienische Formen von →Josefa bzw. →Josefina.

Gizella
Ungarische Form von →Gisela.

Gladys
Aus dem Englischen keltischer Herkunft. Ursprünglich Gwladys, Gladusa. Bedeutung unbekannt. Vielleicht walisische Form von →Claudia.

Gleda
Aus dem Isländischen. Bedeutung: „die Freude Bringende".

Gloria
Auch: Gloriana. Aus dem Lateinischen. Bedeutung: „Ruhm; Ehre".

Goda
Auch: Godela. Kurzform von Namen, die mit „Gode-" beginnen.

Godeberta
Auch: Goberta. Aus dem Althochdeutschen. Bedeutung: got = „Gott" und beraht = „glänzend".

Godelewa
Auch: Godolewa. Weibliche Formen von →Gottlieb.

Godelinde
Auch: Gotelinde, Gotlinde. Aus dem Althochdeutschen. Bedeutung: got = „Gott" und lindi = „weich; zart; mild".

Golda
Aus dem Friesischen bzw. Niederländischen. Ursprünglich Goudje (niederländ.). Bedeutung: goud = „Gold". Auch aus dem Jiddischen mit der Bedeutung „die Goldene".

Gonsela
Auch: Gonda. Kurzformen von →Hildegonda, →Hildegundis.

Gosina
Weibliche Form von Männernamen, die mit „Gos-" beginnen.

Gosta
Kurzform von →Augusta.

Grace
Englische Form von →Grazia.

Gracia
Spanische und niederländische Form von →Grazia.

Grazia
Auch: Gratia. Aus dem Lateinischen. Bedeutung: „Anmut; Gnade".

Graziana
Auch: Graziella. Italienische (Kose)Formen von →Grazia.

Greta
Auch: Grete, Gretchen, Gretel, Gret, Greti, Grit, Grit(t)a, Gritli, Griet, Gretske, Greet, Gre(e)the, Grietje. Kurzformen von →Margareta.

Griselda
Auch: Griseldis. Aus dem Althochdeutschen. Bedeutung: gris = „grau" und hiltja = „Kampf".

Guda
Auch: Gudula, Gutta. Kurzformen von Namen, die mit „Gund-" beginnen.

Güde
Auch: Gyde. Aus dem Altnordischen. Ursprünglich Gudhfridh. Bedeutung: gudh = „Gott" und fridhr = „Liebe; Friede".

Gudrun
Aus dem Althochdeutschen. Ursprünglich Gunderun. Bedeutung: gund = „Kampf" und runa = „Geheimnis; Zauber".

Guglielmina
Italienische Form von →Wilhelmina.

Gulja
Kurzform von →Galina.

Gunborg
Aus dem Althochdeutschen. Bedeutung: gund = „Kampf" und burg = „Schutz; Zuflucht".

Gunbritt
Mischform aus gund = „Kampf" und →Brit(t).

Gunda
Auch: Gunde, Gundela, Gundula. Aus dem Althochdeutschen. Bedeutung: gund = „Kampf".

Gundalena
Mischform aus →Gunda und →Lena.

Gundel
Kurzform von Namen, die mit „Gund-" beginnen.

Gundelinde
Auch: Guntlinde, Gunlinde. Aus dem Althochdeutschen. Bedeutung: gund = „Kampf" und linta = „Lindenholzschild".

Gundhilde
→Gunthilde.

Gundula
→Gunda.

Gunhild
Auch: Gunild, Gunilla, Gunnhild. →Gunthild.

Guntberga
Aus dem Althochdeutschen. Bedeutung: gund = „Kampf" und bergan = „bergen; schützen".

Guntberta
Aus dem Althochdeutschen. Bedeutung: gund = „Kampf" und beraht = „glänzend".

Gunthild(e)
Aus dem Althochdeutschen. Bedeutung: gund = „Kampf" oder gunnen = „gewähren; gestatten" und hiltja = „Kampf".

Guntlinde
Aus dem Althochdeutschen. Bedeutung: gund = „Kampf" oder gunnen = „gewähren; gestatten" und linta = „Lindenholzschild" oder lindi = „weich; zart; mild".

Guntrade
Auch: Guntrada. Aus dem Althochdeutschen. Bedeutung: gund = „Kampf" und rat = „Ratgeber".

Guntrun
→Gudrun.

Guscha
Russische Kurzform von Olguscha, Koseform von →Olga.

Gusta
Auch: Guste, Gusti, Gustel. Kurzformen von →Auguste bzw. →Gustava.

Gustava
Auch: Gustave. Aus dem Altschwedischen. Bedeutung: göt = „Gott" und staf = „Stab; Stütze".

Gutja
Russische Kurzform von →Augusta.

Gutrune
→Gudrun.

Gwen
Auch: Gwenda. Kurzformen von →Gwendolin.

Gwendolin
Auch: Gwendolyne. Aus dem Englischen keltischer Herkunft. Nach der Mondgöttin. Bedeutung: gwyn = „weiß".

Gwindi
Auch: Gvindi. Aus dem Georgischen. Bedeutung: „Wir wollen dich".

Gwyneth
Aus dem Englischen walisischer Herkunft. Ursprünglich Gwynedd, eine Bezeichnung für Nordwales oder mit der Bedeutung „die Weiße; die Gesegnete".

H

Hadburga
Aus dem Althochdeutschen. Bedeutung: hadu = „Kampf" und burg = „Schutz; Zuflucht".

Hadelinde
Aus dem Althochdeutschen. Bedeutung: hadu = „Kampf" und linta = „Lindenholzschild".

Hadiya
Aus dem Afrikanischen (Suaheli). Bedeutung: „Gabe; Geschenk".

Hadmut(e)
Aus dem Althochdeutschen. Bedeutung: hadu = „Kampf" und muot = „Geist; Gemüt".

Hadwig
→Hedwig.

Hadwine
Aus dem Althochdeutschen. Bedeutung: hadu = „Kampf" und wini = „Freund".

Haldis
Aus dem Schwedischen. Bedeutung: hall = „Fels; Stein" und dis = „Göttin".

Halina
Auch: Halinka, Halka. Polnische Verkleinerungsformen von →Helene.

Hallgard
Auch: Hallgerd (schwed.). Aus dem Altnordischen. Bedeutung: hall = „Fels; Stein" und gard = „Hort; Schutz".

Halona
Aus dem Indianischen. Bedeutung: „gutes Schicksal".

Hama
Aus dem Japanischen. Bedeutung: „Ufer".

Hana
Aus dem Japanischen. Bedeutung: „Blume".

Hanja
Slawische Kurzform von →Johanna.

Hanka
Slawische Koseform von →Johanna.

Hanna
Kurzform von →Johanna.

Hannah
Biblischer Name hebräischer Herkunft. Bedeutung: channāh = „die Anmutige".

Hanne
Kurzform von →Johanna bzw. Namen, die mit „Hanne-" beginnen.

Hannedore
Mischform aus →Hanna und →Dora.

Hannelore
Mischform aus →Hanna und →Lore.

Hannerose
Mischform aus →Hanne und →Rosa, Rose.

Hanni
Kurzform von →Johanna oder Namen, die mit „Hanne-" beginnen.

Hansine
Weibliche Form von →Hans.

Haralda
Weibliche Form von →Harald.

Harbertje
Friesische Form von →Herberta.

Harmanna
Auch: Harmke. Friesische Formen von →Hermanna.

Harriet
Englische Kurzform von →Henriette bzw. englische weibliche Form von →Harry.

Hartmute
Aus dem Althochdeutschen. Bedeu-

tung: harti = „hart; stark" und muot = „Mut; Eifer".

Haru
Aus dem Japanischen. Bedeutung: „Frühling".

Hasina
Aus dem Afrikanischen (Suaheli). Bedeutung: „gut".

Hauke
Friesische Kurzform von Namen, die mit „Hug-" beginnen. Aus dem Althochdeutschen. Bedeutung: hugu = „Geist; Verstand; Sinn".

Hazel
Aus dem Englischen. Bedeutung: „Haselnuss".

Heda
Auch: Hedda, Hede, Hedi, Hedy. Kurzformen von →Hedwig.

Hedwig
Auch: Hedwigis (niederländ.), Hedvig (schwed.) Aus dem Althochdeutschen. Bedeutung: hadu = „Streit" und wig = „Krieg; Kampf".

Heide
Auch: Heide. Kurzformen von →Adelheid. Oder aus dem Althochdeutschen. Bedeutung: heide = „wildes Feld" oder heidan = „wild wachsend; herb".

Heidegard
Aus dem Althochdeutschen. Bedeutung: heide = „wildes Feld" oder heidan = „wild wachsend; herb" und gard = „Hort; Schutz".

Heidegret
Mischform aus →Heide und →Greta bzw. Grete.

Heidelinde
Mischform aus →Heide und →Linda.

Heidelore
Mischform aus →Heide und →Lore.

Heidemarie
Mischform aus →Heide und →Marie bzw. →Maria.

Heiderose
Mischform aus →Heide und →Rose bzw. Rosa.

Heidewig
Auch: Heidewicke. Aus dem Altfriesischen bzw. Altniederfränkischen. Bedeutung: hed(e) bzw. heide = „Ehre; Ansehen" und wig (althochdt.) = „Kampf".

Heidi
Kurzform von →Adelheid bzw. Namen, die mit „Heide-" beginnen.

Heidina
Friesische Kurzform von Namen, die mit „Heid-" beginnen oder mit „-heid" enden.

Heidrun
Aus dem Althochdeutschen. Bedeutung: heitar = „klar; hell" oder heidan = „wild" oder heide (altniederfränk.) = „Ehre; Ansehen" und runa = „Geheimnis; Zauber".

Heike
Auch: Heikea, Heinke. Niederdeutsche und friesische Kurzformen von →Heinrike.

Heila
Auch: Haila, Heile. Friesische Kurzformen von Namen, die mit „Heil-" beginnen.

Heilgard
Aus dem Althochdeutschen. Bedeutung: heil = „gesund; heil" und gard = „Hort; Schutz".

Heiltraud
Auch: Heiltrud. Aus dem Althochdeutschen. Bedeutung: heil = „gesund; heil" und trud = „Kraft; Stärke".

Heimberga
Aus dem Althochdeutschen. Bedeutung: heima = „Heim; Behausung" und bergan = „schützen".

Heimburg(a)
Aus dem Althochdeutschen. Bedeutung: heima = „Heim; Behausung" und burg = „Schutz; Zuflucht".

Heimlinde
Neue Mischform aus Heima (= „Heim; Behausung") und →Linda.

Heimtraud
Auch: Heimtrud(e). Aus dem Althochdeutschen. Bedeutung: heima = „Heim; Behausung" und trud = „Kraft; Stärke".

Heinrike
Niederdeutsche weibliche Form von →Heinrich.

Helen
Englische Form von →Helena.

Helena
Auch: Helene. Aus dem Griechischen. Bedeutung: hēlē = „(Sonnen)Schein", nach Helios, dem griechischen Sonnengott. (Oder von selene = „Mond" bzw. selas = „Licht; Glanz").

Helga
Aus dem Schwedischen. Bedeutung: helig = „gesund; heil".

Helgard
→Heilgard.

Heliane
Koseform von →Helene.

Hella
Auch: Hela, Hele, Heli, Helle, Helli. Kurzformen von →Helene oder →Helga.

Helma
Auch: Hilma. Kurzformen von Namen, die mit „Helm-" beginnen.

Helmbald
Auch: Helmbold. Aus dem Althochdeutschen. Bedeutung: helm = „Schutz; Helm" und bald = „kühn".

Helmburg
Aus dem Althochdeutschen. Bedeutung: helm = „Schutz; Helm" und burg = „Schutz; Zuflucht".

Helmgard
Aus dem Althochdeutschen. Bedeutung: helm = „Schutz; Helm" und gard = „Hort; Schutz".

Helmina
Auch: Helmine. Kurzformen von →Wilhelmina.

Helmtraud
Auch: Helmtrud. Aus dem Althochdeutschen. Bedeutung: helm = „Schutz; Helm" und trud = „Kraft; Stärke".

Heloise
Auch: Héloise (franz.). Ursprünglich Helewidis. Aus dem Althochdeutschen. Bedeutung: heil = „gesund; unversehrt" und wit = „weit; groß".

Hemma
Andere Form von →Emma.

Hendrika
Auch: Hendrike, Hendrijke, Henrike, Hendrina. Weibliche Formen von →Hendrik.

Henni
Auch: Henny, Hennie. Kurzformen von →Henriette bzw. →Henrika.

Henriette
Auch: Henrietta, Heinriette. Weibliche Verkleinerungsformen von →Henri bzw. →Heinrich.

Henrika
Auch: Henrike, Hinrika. Weibliche Formen von →Henrik bzw. →Hinrich.

Hera
Aus dem Griechischen. Bedeutung: „die Starke; die Mächtige". Nach der griechischen Göttin Hera, Schwester und Frau des Zeus.

Herberta
Aus dem Althochdeutschen. Bedeutung: heri = „Heer" und beraht = „glänzend; prächtig".

Herdis
Aus dem Altnordischen. Bedeutung: herr = „Heer" und dis = „Göttin".

Herdina
Koseform von Namen, die mit „Har-" bzw. „Her-" beginnen.

Hergard
Aus dem Althochdeutschen. Bedeu-

tung: heri = „Heer" und gard = „Schutz; Hort".

Herlinde
Auch: Herlindis. Aus dem Althochdeutschen. Bedeutung: heri = „Heer" und linta = „Lindenholzschild".

Herma
Kurzform von →Hermine.

Hermanna
Auch: Hermanne. Weibliche Formen von →Hermann.

Hermengilde
Auch: Hermgild. Name des Stammgottes der germanischen Herminonen (Irminonen) und gelt (althochdt.) = „Zahlung; Opfer".

Hermina
Auch: Herminia. Slawische, schwedische, friesische und ungarische Formen von →Hermanna.

Hermine
Andere Form von →Hermanna.

Hermione
Weibliche Form von →Hermes.

Hermosa
Aus dem Spanischen. Bedeutung: „schön".

Herrade
Aus dem Althochdeutschen. Bedeutung: heri = „Heer" und rat = „Ratgeber".

Herta
Auch: Hertha. Nach der germanischen Göttin Nerthus (nach Tacitus Mutter Erde und Fruchtbarkeitsgöttin).

Hertrud
Aus dem Althochdeutschen. Bedeutung: heri = „Heer" und trud = „Kraft; Stärke".

Hertwiga
Weibliche Form von →Hertwig bzw. →Hartwig.

Herwiga
Aus dem Althochdeutschen. Bedeutung: heri = „Heer" und wig = „Kampf".

Herzeleide
auch: Herzeloide. Nach Wolfram von Eschenbachs „Parzival" (13. Jahrhundert).

Hester
Englische Form von →Esther.

Hidda
Aus dem Althochdeutschen. Ursprünglich Kurzform von Hildiberga. Bedeutung: hiltja = „Kampf" und bergan = „schützen".

Hilaria
Aus dem Lateinischen. Bedeutung: hilaris = „heiter; fröhlich".

Hilary
Englische Form von →Hilaria.

Hildburg
Aus dem Althochdeutschen. Bedeutung: hiltja = „Kampf" und burg = „Schutz; Zuflucht".

Hilde
Auch: Hilda. Ursprünglich Kurzformen von Namen, die mit „Hild-" beginnen oder mit „-hild" enden. Bedeutung: hiltja = „Kampf".

Hildeberta
Aus dem Althochdeutschen. Bedeutung: hiltja = „Kampf" und beraht = „glänzend".

Hildegard
Aus dem Althochdeutschen. Bedeutung: hiltja = „Kampf" und gard = „Hort; Schutz".

Hildegund(e)
Auch: Hillegonde. Aus dem Althochdeutschen. Bedeutung: hiltja = „Kampf" und gund = „Kampf".

Hildemut
Aus dem Althochdeutschen. Bedeutung: hiltja = „Kampf" und muot = „Geist; Sinn; Gemüt".

Hildrun
Auch: Hiltrun. Aus dem Althochdeutschen. Bedeutung: hiltja = „Kampf" und runa = „Geheimnis; Zauber".

Hilma
→Helma.

Hiltraud
Auch: Hildtrud, Hiltrude. Aus dem Althochdeutschen. Bedeutung: hiltja = „Kampf" und trud = „Kraft; Stärke".

Hinda
Aus dem Jiddischen. Bedeutung: „Reh".

Hinderika
Auch: Hindrika, Hinka, Hinrika. Friesische Formen von →Henrike.

Hjördis
Aus dem Altnordischen. Bedeutung: „Göttin des Schwertes".

Hoa
Aus dem Vietnamesischen. Bedeutung: „Blume" oder „Friede".

Hoku
Aus dem Hawaiischen. Bedeutung: „Stern".

Hokulani
Aus dem Hawaiischen. Bedeutung: „Stern am Himmel".

Holda
Auch: Holle. →Hulda.

Holdine
Weiterbildung von →Holda.

Holma
Aus dem Nodischen. Bedeutung: holmr (altisländ.) = „Insel(bewohner)".

Hope
Aus dem Englischen. Bedeutung: „Hoffnung".

Hortensia
Auch: Hortense. Aus dem Lateinischen. Bedeutung: hortensis = „den Garten betreffend".

Hoshi
Aus dem Japanischen. Bedeutung: „Stern".

Hua
Aus dem Chinesischen. Bedeutung: „Blume".

Huberta
auch: Hubertina, Hubertine. Weibliche Formen von →Hubert.

Huguette
Weibliche schweizerische Form von →Hugo.

Hulda
Aus dem Althochdeutschen. Bedeutung: holda = „weiblicher Geist".

Humberta
Aus dem Althochdeutschen. Bedeutung: hun = „braun; dunkel" und beraht = „glänzend".

Hye
Aus dem Koreanischen. Bedeutung: „Eleganz; Anmut".

I

Ib
Auch: Iba, Ibi. Kurzformen von →Isabel bzw. →Elisabeth.

Ida
Auch: Idda, Ide (franz.). Aus dem Althochdeutschen. Bedeutung: ida = „die Göttliche; die Seherin".

Idis
Neuform von →Ida.

Iduna
Aus dem Nordischen. Nach „Idhun", der altnordischen Göttin der Jagd und Unsterblichkeit.

Ignatia
Aus dem Lateinischen. Bedeutung: ignis = „Feuer", igneus = „feurig; glühend".

Ilana
Bulgarische Form von →Helene.

Ilaria
Italienische Form von →Hilaria.

Ildiko
Auch: Ildico. Ungarische (Kurz)Formen von Namen, die mit „Hilde-" beginnen oder mit „-hild(e)" enden.

Ilda
Auch: Ildi, Ildike, Ildóka. Kurz- oder Nebenformen von →Ildiko.

Ileana
auch: Ileane, Ilene. Rumänische Formen von →Helena.

Ilga
Kurzform von →Ilsegard.

Iliana
Auch: Iliane. Andere Formen von →Juliana.

Iljana
Auch: Ilana, Ilina. Slawische weibliche Formen von →Elias.

Ilka
Ungarische Kurzform von →Helena.

Ilona
Ungarische Form von →Helena.

Ilonka
Auch: Ilu, Iluska, Inca, Inka. Ungarische Koseformen von →Ilona.

Ilsabe
Auch: Ilsabeth. Kurzformen von →Elisabeth.

Ilse
Auch: Ilsa. Selbstständige (Kurz)Formen von →Elisabeth.

Iman
Aus dem Arabischen. Bedeutung: „Glaube".

Imelda
Andere Form von →Irmhild.

Imma
Andere Form von →Emma oder Kurzform von Namen, die mit „Irm-" beginnen.

Imme
Friesische Kurzform von Namen, die mit „Irm-" beginnen.

Imogen
Ursprünglich vermutlich Innogen. Aus dem Lateinischen. Bedeutung: innocens = „unschuldig". Oder aus dem Altirischen, von ingen = „Tochter; Mädchen".

Ina
Kurzform von Namen, die mit „-ina" enden.

Indira
Auch: Indra. Aus dem Indisch-pakistanischen bzw. Sanskrit, wahrscheinlich nach dem vedischen Hauptgott Indra.

Ines
Auch: Inez. Nach der spanischen Form Inés von →Agnes.

Inga
Auch: Inge. Kurzformen von →Ingeborg.

Ingeborg
Auch: Ingeburg. Aus dem Althochdeutschen. Bedeutung: Ingi, Ingwio = germanischer Stammesgott und burg = „Schutz; Hilfe".

Ingegund
Aus dem Althochdeutschen. Bedeutung: Ingi, Ingwio = germanischer Stammesgott und gund = „Kampf".

Ingehild
Auch: Inghild, Ingild. Aus dem Althochdeutschen. Bedeutung: Ingi, Ingwio = germanischer Stammesgott und hiltja = „Kampf".

Inger
Schwedische Kurzfom von →Ingrid.

Ingetraud
Auch: Ingetrud. Aus dem Althochdeutschen. Bedeutung: Ingi, Ingwio = germanischer Stammesgott und trud = „Kraft; Stärke".

Ingrid
Auch: Ingerid (schwed.). Aus dem Althochdeutschen. Bedeutung: Ingi, Ingwio = germanischer Stammesgott und fridhr (altnord.) = „schön".

Ingrun
Aus dem Althochdeutschen. Bedeutung: Ingi, Ingwio = germanischer Stammesgott und runa = „Geheimnis; Zauber".

Inka
Auch: Inken. Friesische Kurzformen von Namen, die mit „Ing-“ beginnen.

Innozentia
Auch: Innocentia. Aus dem Lateinischen. Bedeutung: innocens = „unschuldig; tugendhaft“.

Inula
Ursprünglich ein Blumenname.

Ioanna
Neugriechische Form von →Johanna.

Iolandi
Neugriechische Form von →Jolanda.

Iphigenie
Auch: Iphigenia, Ifigenia. Nach der griechischen Göttin.

Ira
Kurzform von →Irina oder →Irene.

Ireen
Andere Form von →Irene.

Irén
Ungarische Form von →Irene.

Irene
Aus dem Griechischen. Bedeutung: eirēnē = „Frieden“.

Irène
Französische Form von →Irene.

Irena
Auch: Irina. Slawische Form von →Irene.

Irini
Neugriechische Formvon →Irene.

Iris
Aus dem Griechischen. Bedeutung: eirein = „anzeigen; ankündigen“. Oder nach dem Blumennamen.

Irka
Polnische Form von →Irene.

Irma
Alte deutsche Kurzform von Namen, die mit „Irm(en)-“ bzw. „Irmin-“ beginnen. Oder aus dem Althochdeutschen mit der Bedeutung: irmin = „Erde; Welt; allumfassend“.

Irmberga
Auch: Irmburg, Irmenburg. Nach dem germanischen Stamm bzw. Gott der Herminonen (Irminonen) oder aus dem Althochdeutschen mit der Bedeutung: irmin = „Erde; Welt; allumfassend“ und burg = „Schutz; Zuflucht“.

Irmela
Auch: Irmelin. Verkleinerungsformen von →Irma.

Irmene
Auch: Irmina, Irmine. Weiterbildungen von →Irma.

Irmgard
Auch: Irmengard, Irmingard. Nach dem germanischen Stamm bzw. Gott der Herminonen (Irminonen) oder aus dem Althochdeutschen mit der Bedeutung: irmin = „Erde; Welt; allumfassend“ und gard = „Hort; Schutz“.

Irmhild
Auch: Irminhild. Nach dem germanischen Stamm bzw. Gott der Herminonen (Irminonen) oder aus dem Althochdeutschen mit der Bedeutung: irmin = „Erde; Welt; allumfassend“ und hiltja = „Kampf“.

Irmlinde
Nach dem germanischen Stamm bzw. Gott der Herminonen (Irminonen) oder aus dem Althochdeutschen mit der Bedeutung: irmin = „Erde; Welt; allumfassend“ und lindi = „weich; sanft; zart“.

Irmtraud
Auch: Irmentraud, Irmtrud, Irmentrud. Nach dem germanischen Stamm bzw. Gott der Herminonen (Irminonen) oder aus dem Althochdeutschen mit der Bedeutung: irmin = „Erde; Welt; allumfassend“ und trud = „Kraft; Stärke“.

Isa
Kurzform von →Isabel, →Elisa, →Louisa, →Isadora, →Isolde.

Isabe
Kurzform von →Isabella bzw. andere Form von →Ilsabe.

Isabel
Spanische Form von →Elisabeth. Oder aus dem Hebräischen mit der Bedeutung ′izebel = „die Unberührte".

Isabella
Italienische Form von →Isabel.

Isabelle
Französische Form von →Isabel.

Isadora
→Isidora.

Isberga
Auch: Isburga. Aus dem Althochdeutschen. Bedeutung: isan = „Eisen" und bergan, burg = „Schutz; Zuflucht".

Isgard
Aus dem Althochdeutschen. Bedeutung: isan = „Eisen" und gard = „Hort; Schutz".

Ishi
Aus dem Japanischen. Bedeutung: „Stein".

Ishild(e)
Aus dem Althochdeutschen. Bedeutung: isan = „Eisen" und hiltja = „Kampf".

Isidora
Auch: Isidore, Isadore. Aus dem Griechischen. Bedeutung: isidōros = „Geschenk der Isis". (Isis = ägyptische Götin der Fruchtbarkeit).

Iska
Friesische Kurzform von Namen, die mit „Is-" beginnen.

Isleen
Englische Form von →Aislinn.

Ismet
Aus dem Türkischen. Bedeutung: „Ehre; Anstand". (Auch als männlicher Vorname möglich!)

Ismini
Aus dem Neugriechischen. Bedeutung: „die mit den guten Eigenschaften".

Isobel
Englische Form von →Isabel.

Isolde
Aus dem Althochdeutschen. Bedeutung: isan = „Eisen" und waltan = „walten; herrschen".

Istraud
Auch: Isentraud, Isentrud. Aus dem Althochdeutschen. Bedeutung: isan = „Eisen" und trud = „Kraft; Stärke".

Ita
Auch: Ite. Schweizerische Kurzformen von →Jutta.

Itta
Auch: Itte. Andere Formen von →Ida.

Ivana
Auch: Iwana. Slawische Formen von →Johanna.

Ivett
Auch: Ivette. →Yvette.

Ivonn
Auch: Ivonne. →Yvonne.

Iwanka
Verkleinerungsform von →Ivana bzw. →Iwana.

Izusa
Aus dem Indianischen. Bedeutung: „weißer Stein".

J

Jacinta
Auch: Jacintha. Weibliche Formen von →Hyazinth.

Jackie
Auch: Jacky. Angloamerikanische Kurzformen von →Jacqueline bzw →Jacinta.

Jacqueline
Auch: Jacquelin, Jacquetta. Weibliche Formen von →Jacques bzw. →Jakob.

Jadwiga
Polnische Form von →Hedwig.

Jakoba
Auch: Jakobea, Jakobina, Jakobine. Weibliche Formen von →Jakob.

Jama
Wahrscheinlich Neubildung aus →Jakob und →Maria.

Jana
Slawische Form von →Johanna.

Jane
Englische (Kurz)Form von →Johanna, →Christiane, →Juliane.

Janet
Englische Verkleinerungsform von →Jane.

Janett
Auch: Janette. Deutsche Form von →Jeannette.

Janika
Auch: Janinka. Bulgarische Verkleinerungsform von →Jana.

Janina
Auch: Janine, Jannina. Slawische und ungarische Koseformen von →Jana.

Janick
Auch: Jannick, Janique, Jannic. Schweizerische Kurzformen von →Jeannique.

Janis
Andere Form von →Jane.

Janita
Slawische Kurzform von →Jana.

Janka
Bulgarische und ungarische Verkleinerungsform von →Jana.

Janna
Auch: Janne. Friesische Kurzformen von →Johanna bzw. →Marianne. Oder biblischer Name hebräischer Herkunft mit der Bedeutung jannai = „Gott ruht".

Jannet(t)a
Auch: Jannetje, Jannken. Friesische (Kurz)Formen von →Johanna bzw. →Jeannette.

Jantina
Auch: Jantine. Slawische Verkleinerungsformen von →Jana.

Jarita
Aus dem Indisch-pakistanischen. Bedeutung: „Vogel".

Jarla
Aus dem Altisländischen. Bedeutung: iarl = „Edler; Freier".

Jarmila
Weibliche Form von →Jaromil.

Jasmin
Auch: Jasmina, Jasmine. Ursprünglich ein Blumenname.

Jeanne
Französische Form von →Johanna.

Jeanette
Verkleinerungsform von →Jeanne.

Jeannine
Weiterbildung von →Jeanne.

Jeannique
Verkleinerungsform von →Jeanne.

Jehanne
Friesische Neuform von →Johanna.

Jekaterina
Russische Form von →Katharina.

Jelena
Russische Form von →Helena.

Jelenka
Koseform von →Jelena.

Jelisaweta
Russische Form von →Elisabeth.

Jelka
Ungarische Kurzform von →Helena.

Jenni
Auch: Jenny, Jenna. Kurzformen von →Johanna bzw. →Jennifer.

Jennifer
Aus dem Englischen keltischer Herkunft. Ursprünglich: Genevieve, Guinevere. Bedeutung: gwyn = „weiß". →Gwendolin.

Jensine
Dänische Form von →Johanna.

Jerra
Friesische Kurzform von →Gertrud.

Jessamine
Auch: Jessamyn. Englische Formen von →Jasmin.

Jessica
Auch: Jessika. Englischer Name hebräischer Herkunft. Bedeutung: jiskāh = „Gott sieht".

Jess
Auch: Jessie. Kurzformen von →Jessica.

Jetta
Auch: Jette. Kurzformen von →Henriette.

Jezabel
Hebräische Form von →Isabel.

Jill
Auch: Jil. Kurzformen von →Gillian.

Jindra
Tschechische weibliche Form von →Heinrich bzw. →Jindřich.

Jitka
Tschechische Kurzform von →Judita.

Joachime
Weibliche Form von →Joachim.

Joan
Englische Form von →Johanna.

Joana
Portugiesische Form von →Johanna.

Joanna
Polnische Form von →Johanna.

Jocasta
Jedi aus Star Wars.

Jocelyne
Auch: Joceline, Joscelyn (engl.). Weibliche Form von →Josse.

Jody
Auch: Jodie. Englische Koseformen von →Judith.

Jöelle
Auch: Joel. Biblischer Name hebräischen Ursprungs. Bedeutung: jo'ēl = „Jehova ist Gott".

Johana
Tschechische Form von →Johanna.

Johanna
Auch: Johanne. Biblischer Name griechisch-hebräischen Ursprungs. Bedeutung: johannes (griech.), jochanan = „der Herr ist gütig".

Johannetta
Auch: Johannette, Johannine. Weiterbildungen von →Johanna.

Jolan
Ungarische Kurzform von →Jolanda. Oder Kurzform von →Jólanká.

Jolanda
Auch: Jolande, Jolantha, Jolanthe. Aus dem Griechischen. Bedeutung: io(n) = „Veilchen" und (l)ánthos = „Blüte".

Jólanká
Aus dem Ungarischen. Bedeutung: „gutes Mädchen".

Jonna
Dänische Form von →Johanna.

Jordan
Aus dem Altnordischen germanischer Herkunft. Bedeutung: jordh (altnord.) = „Erde" und nantha (germ.) = „wagemutig; kühn". Oder aus dem Hebräischen. Bedeutung: „das Herabfließende". (Auch als männlicher Vorname möglich!)

Jordis
Auch: Jördis. Aus dem Isländischen. Ursprünglich: Hjördis. Bedeutung: hjörr = „Schwert" und dis = „Göttin".

Jorid
Aus dem Nordischen. Bedeutung: ior (isländ.) = „Pferd" und fridhr = „schön".

Jorina
Auch: Jorin, Jorine, Jorinna, Jorinde, Jore. Weibliche friesische Formen von →Georg.

Jörna
Weibliche Form von →Jörn bzw. →Jürgen.

Joseé
Schweizerische Form von →Josefa.

Josefa
Auch: Josepha. Biblischer Name hebräischer Herkunft. Bedeutung: josiphjāh = „der Herr vermehrt".

Josefina
Auch: Josephina, Josephine, Joséphine (franz.). Weiterbildungen von →Josefa.

Josefita
Auch: Josenita. Spanische Verkleinerungsformen von →Josefa.

Josette
Französische Verkleinerungsform von →Joséphine bzw. →Josefina.

Josiane
Auch: Josianne. Kurzformen von →Joséphine bzw. →Josefina.

Josina
Auch: Jozina. Niederländische Formen von →Josefina.

Jovanka
Serbische, kroatische und slowenische Form von →Johanna.

Jovita
Auch: Jowita. Slawische Kurzformen von →Johanna.

Joyvita
Auch: Jovita. Aus dem Englischen. Bedeutung: „Lebensfreude".

Joy
Auch: Joyce. Weibliche Form von → Joyce. Oder aus dem Englischen mit der Bedeutung: „Freude".

Juana
Spanische Form von →Johanna.

Juanita
Verkleinerungsform von →Juana.

Jucunda
Auch: Jukunda. Aus dem Lateinischen. Bedeutung: „anziehend; liebenswürdig".

Judenta
Auch: Judintha. Ältere Formen von →Judith.

Judica
Auch: Judika. Aus dem Lateinischen. Bedeutung: „richte!"

Judita
Tschechische Form von →Judith.

Judith
Auch: Juditha. Biblischer Name hebräischer Herkunft. Bedeutung: jehudith = „Bekennerin; Frau aus Jehud; Jüdin".

Judy
Englische Kurzform von →Judith.

Jule
Auch: Jula. Kurzformen von →Julia.

Julia
Auch: Julie (dt.; franz.); July (engl.). Altrömischer Name: „aus der Familie (dem Geschlecht) der Julier".

Juliana
Auch: Juliane. Weiterbildungen von →Julia.

Julianka
Slawische Form von →Julia.

Julianna
Auch: Julianne. Ungarische Formen von →Juliana.

Julienne
Französische Form von →Julia bzw. →Juliana.

Juliet
Englische Form von →Julia.

Julietta
Verkleinerungsform von →Julia.

Juliette
Französische Verkleinerungsform von →Julia.

Julika
Auch: Julka, Juliska, Julischka. Ungarische Koseformen von →Julia.

Julitta
Weiterbildung von →Julia.

Julja
Russische Form von →Julia.

Junia
Auch: Juni (schwed.), June (engl.). Nach dem Monatsnamen.

Juno
Nach der römischen Schutzgöttin der Ehe und Geburt, Gattin des Jupiter.

Jurena
Auch: Jurina. Slawische Form von →Georgina.

Justa
Aus dem Lateinischen. Bedeutung: justus = „gerecht".

Justina
Auch: Justine. →Justa.

Jutta
Auch: Juta, Jutte, Jütte, Juthe, Jytte. Nach dem Volk der Jüten (Dänemark) oder andere Form von →Judith.

K

Kachina
Aus dem Indianischen. Bedeutung: „heilige Tänzerin".

Kadriye
Aus dem Türkischen. Bedeutung: „Macht; Stärke".

Kagami
Aus dem Japanischen. Bedeutung: „Spiegel".

Kai
Auch: Kaj, Kaja, Kay. Aus dem Nordischen. Ursprünglich wahrscheinlich Kurzformen von →Katharina bzw. →Karin. (Oder aus dem Hawaiischen mit der Bedeutung „Meer".)

Kaija
→Chaya.

Kajetane
Weibliche Form von →Kajetan.

Kala
Aus dem Indisch-pakistanischen. Bedeutung: „die Schwarze".

Kalama
Aus dem Hawaiischen. Bedeutung: „leuchtende Fackel".

Kalere
Aus dem Afrikanischen. Bedeutung: „kleine Frau".

Kali
Aus dem Indisch-pakistanischen. Bedeutung: „schwarze Göttin".

Kalila
Aus dem Arabischen. Bedeutung: „Geliebte".

Kalinda
Aus dem Indisch-pakistanischen. Bedeutung: „Sonne".

Kalliope
Aus dem Griechischen. Bedeutung: „die mit der schönen Stimme".

Kalpana
Aus dem Indisch-pakistanischen. Bedeutung: „Gedanke; Vorstellung".

Kama
Aus dem Indisch-pakistanischen. Bedeutung: „Liebe".

Kamaria
Aus dem Afrikanischen (Suaheli). Bedeutung: „die dem Mond gleicht".

Kamata
Aus dem Indianischen. Bedeutung: „Spiel".

Kameko
Aus dem Japanischen. Bedeutung: „Tochter der Schildkröte".

Kami
Aus dem Japanischen. Bedeutung: „göttliche Kraft".

Kamila
Aus dem Arabischen. Bedeutung: „vollkommen". Oder lettische und polnische Form von →Camilla.

Kamilla
→Camilla.

Kanani
Aus dem Hawaiischen. Bedeutung: „Schönheit".

Kandida
→Candida.

Kanika
Aus dem Afrikanischen. Bedeutung: „schwarzes Tuch".

Kanya
Aus dem Indisch-pakistanischen. Bedeutung: „Jungfrau".

Kapua
Aus dem Hawaiischen. Bedeutung: „Blume".

Kapuki
Aus dem Afrikanischen. Bedeutung: „Erstgeborene".

Karda
Kurzform von →Richarda bzw. Rikarda.

Kareen
Auch: Karen, Karena. Andere Formen von →Karin.

Karianne
Auch: Carianne. Niederländische Mischformen von →Katharina und →(Joh)anna.

Karin
Nordische selbstständige (Kurz)Form von →Katharina.

Karina
Auch: Karine, Kaarina (finn.). Andere Formen von →Karin bzw. →Carina.

Karla
Weibliche Form von →Karl.

Karline
Auch: Karlina. →Karoline.

Karma
Aus dem Indisch-pakistanischen. Bedeutung: „Schicksal".

Karola
Auch: Carola. Latinisierte Form von →Karla.

Karolin
Auch: Karolina, Karoline. Weiterbildungen von →Karola.

Karsta
Auch: Carsta. Niederdeutsche Formen von →Christa.

Karstine
Niederdeutsche Form von →Christine.

Karuna
Aus dem Indisch-pakistanischen. Bedeutung: „Mitgefühl".

Kassandra
Auch: Cassandra. Aus dem Griechischen, vermutlich mit der Bedeutung kad = „hervorragend" und andrós = „Mann; Mensch". Nach der Prophetin und Tochter des Priamos.

Katalin
Auch: Kata, Katinka. Slawische und ungarische (Kurz)formen von →Katharina.

Katarzyna
Polnische Form von →Katharina.

Kateline
Andere Form von →Kathleen.

Katharina
Auch: Katharine, Katarina, Katherina, Caterina, Katerina, Kathrina. Aus dem Griechischen, ursprünglich Aikaterinē. Bedeutung: katharos = „sauber; rein".

Käthe
Auch: Kathe, Kate, Käte. Kurzformen von →Katharina.

Käthemie
Koseform aus →Käthe und →Mie.

Kathi
Auch: Kati, Käthi, Käthy. Kurzformen von →Katharina.

Kathinka
Auch: Katinka. Russische Kurzformen von →Jekaterina.

Kathleen
Auch: Cathleen. Englische und irische Formen von →Katharina.

Kathrin
Auch: Kathrein, Katrein. Andere Formen von →Katharina.

Katia
Auch: Kadia, Katina, Katka. Slawische und ungarische Koseformen von →Katherina.

Katja
Auch: Katjana, Katjuscha. Koseformen von →Jekaterina bzw. →Ekaterina.

Katrin
Auch: Katrina. Andere Formen von →Katharina.

Kaya
Aus dem Indianischen. Bedeutung: „ältere Schwester".

Kea
Friesische Kurzform von Namen, die mit „-ke" bzw. „-kea" enden.

Kei
Aus dem Japanischen. Bedeutung: „Verzückung" oder „Geliebte".

Keiki
Aus dem Hawaiischen. Bedeutung: „Tochter".

Kelda
Aus dem Altnordischen. Bedeutung: „Quelle".

Kelila(h)
Aus dem Hebräischen. Bedeutung: „Krone; Sieg".

Kelly
Aus dem Irisch-gälischen. Bedeutung: „Kriegerin".

Kerstin
Auch: Kerstina, Kerstine, Kirstin. Schwedische Formen von →Kristina.

Keshia
Aus dem Afrikanischen. Bedeutung: „die Bevorzugte".

Kiku
Aus dem Japanischen. Bedeutung: „Chrysantheme".

Kim
Aus dem Englisch-irischen. Kurzform des keltischen „Kimball"(= Kriegsanführer). Oder Kurzform von →Kimberley.

Kimberley
Aus dem Altenglischen. Bedeutung: „die von der Weide des Königspalastes".

Kimi
Aus dem Japanischen. Bedeutung: „die Einzigartige".

Kinga
Ungarische (Kurz)Form von →Kunigunde.

Kira
Russische Form von →Kyra.

Kirsten
Auch: Kirstin. Andere Formen von → Kristina.

Kita
Aus dem Japanischen. Bedeutung: „Norden".

Kitty
Auch: Ketty. Englische Kurzformen von →Katharina.

Klara
Auch: Clara. Aus dem Lateinischen. Bedeutung: clarus = „hell; leuchtend; klar".

Klarina
Auch: Klarine, Clarina, Clarine, Klarinda, Klarinde, Clarinde. Weiterbildungen von →Klara bzw. Clara.

Klarissa
Auch: Clarissa. Weiterbildungen von →Klara bzw. Clara.

Klaudia
→Claudia.

Klaudine
Auch: Klaudinette. →Claudine, →Claudinette.

Klea
Aus dem Griechischen. Bedeutung: kleō = „Ruhm; Ehre".

Klematis
→Clematis.

Klemente
Auch: Klementia, Klementina, Klementine. →Clementia bzw. →Clementina.

Klenja
Auch: Klepa, Klera, Klescha. Russische Koseformen von →Kleopatra.

Kleopatra
Aus dem Griechischen. Bedeutung: kleō = „Ruhm; Ehre" und pros patros = „von Seiten des Vaters".

Kleopha
Auch: Kleophea. Aus dem Griechischen. Bedeutung: kleō= „Ruhm; Ehre" und phantos, phaínō = „ans Licht bringen".

Klivia
→Clivia.

Klorinde
Auch: Clorinda, Chlorinde. Aus dem Griechischen. Bedeutung: chloris = „junger Spross; erster Pflanzentrieb". →Chloe.

Klothilde
Auch: Klotilde, Chlothilde. Aus dem Althochdeutschen. Bedeutung: hlut = „laut; berühmt" und hiltja = „Kampf".

Koko
Aus dem Japanischen. Bedeutung: „Storch".

Kolina
Schwedische Kurzform von →Katharina.

Kolomba
Auch: Kolumba, Kolumbana, Kolumbine →Columba.

Konkordia
→Concordia.

Konrade
Auch: Konradine. Weibliche Formen von →Konrad.

Konstantine
Auch: Constantina. Andere Formen von →Konstanze.

Konstanze
Auch: Constanze. Aus dem Lateinischen. Bedeutung: constans = „fest stehen; beständig".

Kora
Auch: Cora. Aus dem Griechischen. Bedeutung: korē = „Mädchen; Tochter". Oder Kurzformen von →Cordelia, →Cordula, →Cornelia.

Kordelia
→Cordelia.

Kordia
Kurzform von →Konkordia.

Kordula
→Cordula.

Korinna
Auch: Korinne, Corinna. →Corina.

Kornelia
→Cornelia.

Korona
→Corona.

Kosima
→Cosima.

Kreszentia
Auch: Kreszenz. Aus dem Lateinischen. Bedeutung: crescentia = „Wachstum; Aufblühen".

Kriemhild(e)
Auch: Krimhild(e), ursprünglich auch Grimhilde. Aus dem Althochdeutschen. Bedeutung: grima = „Maske; Gespenst" und hiltja = „Kampf".

Krista
→Christa.

Kristiane
Auch: Kristin, Kristina, Kristine. Nordische Formen von →Christiane, Christine.

Krysta
Polnische Form von →Christine.

Kudio
Aus dem Afrikanischen. Bedeutung: „die am Montag Geborene".

Kuni
Aus dem Japanischen. Bedeutung: „die vom Land".

Kunigunde
Aus dem Althochdeutschen. Bedeutung: kunni = „Sippe; Geschlecht" und gund = „Kampf".

Kyle
Auch: Kyla. Jiddische Kurzform von →Kelila.

Kyna
Aus dem Irisch-gälischen. Bedeutung: „Weisheit".

Kyra
Auch: Kira, Khira, Cyra. Ursprünglich Kurzform von Kyrana. Aus dem Griechischen mit der Bedeutung „Frau aus Kyrenaika".

Kyrilla
Weibliche Form von →Cyrill.

L

Lada
Kurzform von →Ladislava.

Ladina
Auch: Ladinka. Koseformen von →Ladislava.

Ladislava
Aus dem Slawischen. Ursprünglich Vladislava. Bedeutung: vladi = „Macht; Herrschaft" und slava = „Ruhm".

Laila
Auch: Leila, Leilah. Aus dem Persischen. Bedeutung: „die Dunkle; die Dunkelhaarige". Oder andere Form von → Aila.

Lalita
Aus dem Indisch-pakistanischen. Bedeutung: „die Bezaubernde".

Lamberta
Aus dem Althochdeutschen. Bedeutung: lant = „Land" und beraht = „glänzend".

Lana
Slawische Kurzformen von Namen, die auf „-lana" enden.

Lara
Kurzform von →Larisa. Oder slawische Form von →Laura.

Larissa
Auch: Larisa (ital.). Aus dem Griechischen. Ursprünglich ein Städtenamen. Oder von larós = „lieblich" oder láros = „Möwe".

Lätizia
Auch: Lätitia. Aus dem Lateinischen. Bedeutung: laetitia = „Freude; Fröhlichkeit".

Laura
Italienische (Kurz)Form von →Laurentia.

Laure
Französische (Kurz)Form von →Laurentia.

Laurence
Französische Form von →Laurentia.

Laurentia
Aus dem Lateinischen. Bedeutung: „die aus der Stadt Laurentum" oder von laurea = „Lorbeerkranz; Lorbeerzweig".

Lauretta
Auch: Laurette. Italienische und französische Verkleinerungsformen von →Laura, →Laure.

Laurine
Auch: Laurena. Wahrscheinlich von dem Althochdeutschen laurin = „vom Lorbeerbaum stammend".

Lea
Auch: Leah; Lee (engl.). Biblischer Name hebräischer Herkunft. Bedeutung: lē'āh = „Kuh" oder „die sich Mühe gibt".

Leandra
Weibliche Form von →Leander.

Leda
Aus der griechischen Mythologie. Frau des Tyndareos. Bedeutung unklar.

Leila
→Laila.

Leilani
Aus dem Hawaiischen. Bedeutung: „Kind, Blume des Himmels".

Lelia
Auch: Leliane. Aus dem Niederländischen bzw. Lateinischen. Bedeutung: lelie (niederländ.), lilium (lat.) = „Lilie". Oder aus dem Griechischen. Bedeutung: lálos = „gesprächig".

Lena
Auch: Lene, Leni, Lenke. Kurzformen von →Helene bzw. →Magdalene.

Lenka
Slawische Kurzform von →Magdalene.

Leokadia
Auch: Leokadie, Leocadia. Wahrscheinlich aus dem Griechischen mit der Bedeutung leukós = „weiß".

Leona
Weibliche Form von →Leo.

Leonharda
Auch: Leonarda. Mischform aus dem Lateinischen und Althochdeutschen. Bedeutung: leo(lat.) = „Löwe" und harti (althochdt.) = „hart; stark".

Leonie
Auch: Leonia, Leoni; Leonille (franz.). Weibliche Formen von →Leo, →Leon. Aus dem Lateinischen, bzw. Griechischen. Bedeutung: leo, léōn = „Löwe".

Leonida
Aus dem Russischen griechischer Herkunft. Ursprünglich griechisch Leōnidas. Bedeutung: léōn = „Löwe".

Leonore
Auch: Lenore. (Kurz)Formen von →Eleonore.

Leontine
Weiterbildung von →Leona.

Leopolda
auch: Leopolde, Leopoldine. Weibliche Formen von →Leopold.

Leslie
Auch: Lesley. Aus dem Englischen schottischen Ursprungs. Ursprünglich ein Familienname. (Auch als männlicher Vorname möglich!)

Letice
Englische Form von →Lätizia.

Letizia
→Lätizia.

Levana
Aus dem Hebräischen. Bedeutung: „Mond; weiß".

Lexa
Kurzform von →Alexandra.

Lia
Kurzform von →Julia oder anderen Namen, die mit „-lia" enden.

Liane
Auch: Liana. Kurzformen von →Juliane.

Libera
Aus dem Italienischen. Bedeutung: „die Freie".

Liberty
Englische Form von →Libera.

Libusa
Auch: Libussa. Aus dem Tschechischen. Bedeutung: „Liebchen".

Lida
Kurzform von →Adelheid oder →Ludmilla.

Lidia
Italienische Form von →Lydia.

Lidwina
Auch: Lidvina, Lidwine (franz.). Nach einer altslawischen Göttin.

Liebgard
Aus dem Althochdeutschen. Bedeutung: liub, liob = „lieb" und gard = „Hort; Schutz".

Liebhild
Aus dem Althochdeutschen. Bedeutung: liub, liob = „lieb" und hiltja = „Kampf".

Liebtraud
Auch: Liebetraud, Liebtrud. Aus dem Althochdeutschen. Bedeutung: liub, liob = „lieb" und trud = „Kraft; Stärke".

Lies
Auch: Lis, Liesa, Liese, Liesel. Kurzformen von →Elisabeth.

Lili
Auch: Lilly, Lil, Lill, Lilli. Koseformen von →Elisabeth.

Lilia
Kurzform von →Liliane.

Lilian
Auch: Lillian. Englische Weiterbildung von →Lili bzw. Lilly. Oder aus dem Lateinischen mit der Bedeutung „Lilie".

Liliane
Auch: Liliana. Deutsche und italienische Formen von →Lilian.

Lilith
Biblischer Name hebräischer Herkunft. Bedeutung: „die Nächtliche".

Lilo
Kurzform von →Liselotte.

Lina
Auch: Line. Kurzformen von →Karoline, →Pauline, etc.

Linda
Auch: Linde. Kurzformen von Namen, mit „lind(a)". Aus dem Althochdeutschen mit der Bedeutung linta = „Lindenholzschild" oder lindi = „weich; zart; sanft".

Lindgard
Aus dem Althochdeutschen. Bedeutung linta = „Lindenholzschild" oder lindi = „weich; zart; sanft" und gard = „Hort; Schutz".

Linette
Verkleinerungsform von →Lina.

Lioba
Auch: Liuba, Leoba. Ursprünglich Leobgid, Liobgytha. Bedeutung: liob (althochdt.) = „lieb" und gytha (altengl.) = „Kampf".

Lionne
Weibliche Form von →Leon.

Lisa
Auch: Lise. Kurzformen von →Elisabeth.

Lisbeth
Auch: Liesbeth. →Elisabeth.

Liselotte
Auch: Lieselotte. Mischform aus →Elisabeth und →Charlotte.

Lisenka
Slawische Kurzform von →Elisabeth.

Lisette
Französische Verkleinerungsform von →Lisa bzw. Lise.

Lisia
Italienische Weiterbildung von →Lisa.

Lisiane
Französische Weiterbildung von →Lisa.

Lissy
Auch: Lissi, Lisse, Lissa. Kurzformen von →Elisabeth.

Litonya
Aus dem Indianischen. Bedeutung: „schneller Kolibri".

Liv
Aus dem Nordischen. Bedeutung: hlif (altisländ) = „Wehr; Schutz" oder liv (schwed.) = „Leben".

Livana

→Levana.

Livia
Aus dem Lateinischen. Bedeutung: „aus der röm. Familie der Livier".

Liz
Auch: Lizzy, Lizzi. Englische Kurzformen von →Elisabeth oder →Alice.

Loana
Weiterbildung von →Lona.

Loisa
Kurzform von →Aloisia.

Lola
Auch: Loli, Lolika, Lolita, Lolli, Lolo(ka), Lolitte. Spanische Kurz- und Verkleinerungsformen von →Dolores und →Carlota.

Lomasi
Aus dem Indianischen. Bedeutung: „schöne Blume".

Lona
Auch: Lone. Kurzformen von →Leona oder →Apollonia.

Longina
Aus dem Lateinischen. Bedeutung: longus = „groß gewachsen; lang".

Lora
Slawische Form von →Laura. Oder russische Kurzform von →Larissa.

Lore
Kurzform von →Eleonore oder →Hannelore.

Loredana
Aus dem Italienischen lateinischer Herkunft. Bedeutung: laurea = „Lorbeerkranz; Lorbeerzweig".

Lorella
Weiterbildung von →Laura.

Lorena
Auch: Loreen, Lorraine (franz.). Angloamerikanische Form von Laurena bzw. →Laurentia.

Lorenza
Auch: Lorenzina. Italienische Form von →Laurentia.

Loretta
Auch: Lorette, Lorita, Loritta. Nach dem Wallfahrtsort Loreto (Italien).

Lorina
Kurzform von →Laurentia.

Loris
Italienische und schweizerische Kurzform von →Laurentia.

Lotte
Auch: Lotti, Lotta. Kurzformen von →Charlotte (oder →Liselotte).

Lou
Kurzform von →Louise.

Louise
Auch: Lowis, Lowise, Lowisa. Weibliche Formen von →Lovis.

Loulou
Auch: Lulu. →Lou.

Lu
Kurzform von Namen, die mit „Lu-" beginnen.

Luc
Auch: Luca, Luce. Kurzformen von →Lucrezia, Lucia.

Lucette
Französische Verkleinerungsform von →Lucia.

Lucia
Auch: Lucie, Luzie. Aus dem Lateinischen. Bedeutung: lux, lucis = „Licht".

Luciana
Auch: Luciane, Lucina. Andere Formen von →Lucia.

Lucienne
Französische Form von →Lucia.

Lucilla
Auch: Lucille. Verkleinerungsformen von →Lucia.

Lucinda
Auch: Lucinde. Aus dem Althochdeutschen. Bedeutung: liut = „Volk" und swind = „stark".

Lucrezia
→Lukrezia.

Lucy
Englische Form von →Lucy.

Ludgardis
→Luitgard.

Ludmilla
Aus dem Russischen. Bedeutung: ljud = „Volk" und milyj = „lieb; angenehm".

Ludolfa
Auch: Ludolfine. Weibliche Formen von →Ludolf.

Ludovica
Auch: Lodovica. Italienische Formen von →Ludwiga.

Ludvika
Auch: Ludwika, Ludowika. Slawische Formen von →Ludwiga.

Ludwiga
Weibliche Form von →Ludwig.

Ludwina
→Luitwine.

Luisa
Romanische Form von →Louisa.

Luise
Deutsche Form von →Louise.

Luisella
Auch: Luiselle. Verkleinerungsformen von →Luisa.

Luitberga
Auch: Luitburga. Aus dem Althochdeutschen. Bedeutung: liut = „Volk" und bergan = „schützen".

Luitfriede
Aus dem Althochdeutschen. Bedeutung: liut = „Volk" und fridu = „Friede".

Luitgard
Auch: Lutgard. Aus dem Althochdeutschen. Bedeutung: liut = „Volk" und gard = „Hort; Schutz".

Luitgunde
Aus dem Althochdeutschen. Bedeutung: liut = „Volk" und gund = „Kampf".

Luithilde
Aus dem Althochdeutschen. Bedeutung: liut = „Volk" und hiltja = „Kampf".

Luitwine
Aus dem Althochdeutschen. Bedeutung: liut = „Volk" und wini = „Freund".

Lükardis
Andere Form von →Luitgard.

Lukrezia
Auch: Lucretia. Aus dem Lateinischen. Bedeutung: „aus der Familie der Lucretier".

Lulani
Aus dem Hawaiischen. Bedeutung: „höchster Punkt im Himmel".

Lulu
→Loulou.

Luminara
Weibliche Jedi aus Star Wars.

Lunetta
Aus dem Amerikanischen lateinischer Herkunft. Bedeutung: luna = „Mond".

Lutwine
→Luitwine.

Luzia
Auch: Luzie. →Lucia.

Luzinde
→Lucinde.

Lydia
Aus dem Griechischen. Bedeutung: „die aus Lydien Stammende".

Lyn
Englische Form von →Lina.

Lysandra
Weibliche Form von →Lysander.

Lysiane
Auch: Lysianne, Lizanne (engl.). Weiterbildung von →Lisiane. Oder Mischform aus →Lise und →Anne.

M

Mabel
Auch: Mabella. Ursprünglich Amabel. Aus dem Englischen lateinischer Herkunft. Bedeutung: amabilis = „liebenswürdig".

Madalena
Auch: Maddalena, Madelene. Italienische Formen von →Magdalena.

Madeleine
Auch: Madlon. Französische Formen von →Magdalena.

Madeline
Auch: Maudlin, Maudin, Maud, Mady, Maddy. Englische (Kurz)Formen von →Magdalena.

Madlene
Auch: Madlen, Madelin (schwed.). Deutsche Form von →Madeleine. Oder Kurzform von →Magdalena.

Madlenka
Auch: Magdeline, Madeline, Magdolna (ungar.). Slawische Formen von →Magdalena.

Madina
Kurzform von →Magdalena.

Mae
Englische Kurzform von →Mary.

Mafalda
Italienische Nebenform von →Mathilde.

Magali
Kurzform von →Magelone.

Magda
Kurzform von →Magdalena.

Magdalena
Auch: Magdalene, Magdalen (engl.). Biblischer Name griechischer Herkunft. Bedeutung: „Frau aus Magdala" oder „die Erhabene".

Magelone
Auch: Magalonne (franz.), Magdelone (dän.), Makalonca (slowen.). Andere Formen von →Magdalena.

Maggie
Auch: Maggy, Magga, Mag. Englische Kurzform von →Margarete.

Magna
Aus dem Lateinischen. Ursprünglich ein Beiname. Bedeutung: magnus = „groß (an Ansehen, Geist)".

Magnolia
Ursprünglich ein Blumenname.

Mahala
Aus dem Hebräischen. Bedeutung: „Zartheit".

Mahalia
Englische Form von →Mahala.

Mai
Auch: Maie, Maje. Friesische Kurzformen von →Maria.

Maidie
Amerikanische Kurzform von →Margaret.

Maika
Russische Koseform von →Maria.

Maike
Auch: Meike, Maiken, Meika. Friesische und niederdeutsche (Kurz)Formen von →Maria.

Maj
Schwedische Kurzform von →Maja bzw. →Maria.

Maja
Auch: Maia (griech.). Nach der altrömischen Göttin des Wachstums. Ursprünglich auch Majesta. Auch Kurzform von →Maria. Oder mit der Bedeutung: „die im Mai Geborene".

Male
Auch: Mali. Kurzform von →Amalie bzw. →Malwine.

Malanka
Auch: malenka. Slawische Koseformen von →Melanie.

Malin
Schwedische Kurzform von →Madelene bzw. Madelin.

Malika
Ungarische Koseform von →Malwine.

Malina
Auch: Maline. Englische Koseformen von →Madeline.

Malinda
Auch: Malinde. Aus dem Altenglischen. Bedeutung: „die Vornehme".

Malve
Auch: Malwe. Kurzformen von →Malwine.

Malvida
auch: Malwida. Andere Formen von →Malwina.

Malwina
Auch: Malwine, Malvina, Malvine. Aus dem Althochdeutschen. Bedeutung: mahalen = „öffentlich reden" und wini = „Freund". Oder nach dem Blumennamen Malve.

Manata
Aus dem Georgischen. Bedeutung: „Sie hat mich angestrahlt".

Manda
Auch: Mandi, Mandy (engl.). Kurzformen von →Amanda.

Mandisa
Aus dem Südafrikanischen. Bedeutung: „süß".

Manfreda
Weibliche Form von →Manfred.

Manja
Auch: Mania, Manjana. Slawische Kurz- und Koseformen von →Maria.

Manon
Französische Koseformen von →Maria.

Manuela
Auch: Manuella. Spanische bzw. Kurzformen von →Emanuela.

Mara
Auch: Marah. Biblischer Name hebräischer Herkunft. Bedeutung: mārāh = „bitter; betrübt". Oder aus dem Syrischen mit der Bedeutung mara = „Frau".

Maralda
Aus dem Althochdeutschen. Bedeutung: marah = „Pferd" und waltan = „herrschen; walten".

Marceline
Auch: Marcelle, Marcella (ital.). Weibliche Formen von →Marcel.

Marcia
Englische weibliche Form von →Markus.

Mareen
→Maren.

Marei
Auch: Mareile, Mareili, Mareike. Koseformen von →Maria.

Maren
Dänische Form von →Marina.

Marene
→Maren.

Maret
Auch: Mareta, Marete. Estnische und lettische Kurzformen von →Margarete.

Marfa
Russische Form von →Martha.

Marga
Kurzform von →Margarete.

Margalita
Russische Form von →Margarete.

Margaret
Auch: Margret. Englische und niederländische Form von →Margarete.

Margarete
Auch: Margareta, Margarethe. Aus dem Griechisch-lateinischen. Bedeutung: margarita (lat.), margarites (griech.) „Perle".

Margarita
Auch: Margaritha. Bulgarische, russische und spanische Formen von →Margarete.

Margaritta
Rätoromanische Form von →Margarete.

Margherita
Italienische Form von →Margarete.

Margit
Auch: Margita. Kurzformen von →Margarete.

Margitta
Rätoromanische Kurzform von →Margarete.

Margo
Russische Form von →Margot.

Margone
Auch: Margotine. Französische Formen von →Margot.

Margot
Ursprünglich französische Kurzform von →Margarete bzw. →Marguérite.

Margret
Auch: Margreth, Margrit. (Kurz)Formen von →Margarete.

Marguérite
Französische Form von →Margarete.

Maria
Biblischer Name. Griechische und lateinische Form von →Mirjam.

Mariam
Übergangsform von →Mirjam zu →Maria.

Mariana
Auch: Mariane. Weiterbildung von →Maria.

Marianka
Slawische Koseform von →Maria.

Marianne
Auch: Marianna. Mischform aus →Maria und →Anna.

Marie
Andere, jüngere Form von →Maria. Misch- und Verkleinerungsformen: Marie-Antoinette, Mariechen, Marieke, Mariele, Marile, Marielene, Marielies, Marieliese, Marielore, Marieluise, Marierose, Marietheres, Marielen(e), Marilis, Marilisa.

Mariella
Italienische Verkleinerungsform von →Maria.

Marielle
Französische Verkleinerungsform von →Marie.

Marietta
Italienische Koseform von →Maria.

Mariette
Französische Koseform von →Marie.

Marija
Russische Form von →Maria.

Marika
Ungarische Koseform von →Maria.

Marilu
Italienische Mischform aus →Maria und →Luisa.

Marilyn
Auch: Marilyne, Marylin, Maryline. Englische Verkleinerungsform von →Mary.

Marina
Auch: Marine. Aus dem Lateinischen. Bedeutung: marinus = „das Meer betreffend; zum Meer gehörig".

Marinella
Auch: Marinette. Italienische bzw. französische Verkleinerungsform →Marina.

Marini
Aus dem Afrikanischen (Suaheli). Bedeutung: „frisch; gesund; schön; hübsch".

Mariola
Auch: Mariolina. Weibliche Verkleinerungsformen von →Mario.

Marion
Ursprünglich französische Verkleinerungsform von →Maria bzw. →Marie.

Mariona
Auch: Marionna, Marionne. Weiterbildung von →Marion.

Maris
Auch: Marisa, Marise, Madrisa. Italienische und schweizerische Koseformen von →Maria.

Mariska
Auch: Marischka, Maryse. Ungarische und niederländische Koseformen von →Maria.

Marit
Schwedische Form von →Margit.

Marita
Spanische Koseform von →Maria.

Marja
Slawische Form von →Maria.

Marjorie
Auch: Marjory. Englische Neuform von →Margaret.

Marketta
Finnische Form von →Margareta.

Marleen
Auch: Marlen, Marlene. Mischformen aus →Maria und →Lena.

Marlies
Auch: Marlis, Marliese, Marlise. Mischformen aus →Maria und Kurzformen von →Elisabeth.

Marlitt
Mischform aus →Maria und →Melitta.

Marret
Friesische Kurzform von →Margarete.

Marte
Andere Form von →Martha (bzw. →Martina).

Martha
Auch: Marta, Marthe. Biblische Name griechischer Herkunft. Bedeutung: „Herrin; Lehrerin".

Martina
Weibliche Form von →Martin.

Martine
Französische weibliche Form von →Martin.

Martje
Friesische Form von →Martha (bzw. →Martina).

Marula
Auch: Maruschka, Marusja. Slawische Formen von →Maria.

Mary
Englische Form von →Maria.

Maryla
Polnische Nebenform von →Maria.

Maryse
Französische Form von →Maris(e).

Marzella
Auch: Marcella, Marzellina, Marzelline. Weibliche Formen von →Marzellus.

Marzia
Weibliche Form von →Marzio.

Mascha
Auch: Maschinka. Koseformen von →Marija.

Masika
Aus dem Afrikanischen (Suaheli). Bedeutung: „während der Regenzeit geboren".

Matana
Aus dem Hebräischen. Bedeutung: „Gabe; Geschenk".

Mathilde
Auch: Mathilda, Matilde. Aus dem Althochdeutschen. Bedeutung: maht = „Macht; Kraft" und hiltja = „Kampf".

Matrika
Aus dem Indisch-pakistanischen. Bedeutung: „Mutter".

Mattea
Auch: Matthäa. Weibliche Formen von →Matthäus.

Maud
Auch: Maude. Englische Formen von →Mathilde.

Maura
Aus dem Lateinischen. Bedeutung: „die Mohrin; die aus Mauretanien".

Maureen
Auch: Mairin (irisch). Verkleinerungsformen von →Mary.

Maurilia
Auch: Maurina. Weiterbildungen von →Maura.

Maurizia
Italienische Form von →Maura.

Maxi
Auch: Maxilie. Kurzformen von →Maximiliane.

Maximiliane
Auch: Maximiliana. Aus dem Lateini-

schen. Ursprünglich ein römischer Beiname und Ehrentitel. Bedeutung: maxima, maximiana = „die Größte; die Erhabenste".

May
Kurzform von →Mary.

Maya
→Maja.

Mechthild(e)
Auch: Mechtild. Andere Form von →Mathilde.

Medea
Aus dem Griechischen. Bedeutung: médō(n) = „herrschen" oder medea = „die Kluge"

Medora
Englische Form von →Medea.

Meike
Auch: Meika, Meina. Friesische Kurzformen von Namen, die mit „Mein-" beginnen.

Meinberga
Aus dem Althochdeutschen. Bedeutung: magan, megin = „Kraft, Macht" und bergan = „bergen; schützen".

Meinburg(a)
Aus dem Althochdeutschen. Bedeutung: magan, megin = „Kraft, Macht" und burg = „Schutz; Zuflucht".

Meinharde
Auch: Meinarde. Aus dem Althochdeutschen. Bedeutung: magan, megin = „Kraft, Macht" und harti = „hart; stark".

Meinholde
Weibliche Form von →Meinald.

Meinrade
Aus dem Althochdeutschen. Bedeutung: magan, megin = „Kraft, Macht" und rat = „Ratgeber".

Mela
Auch: Melana, Melanka, Menka. Slawische (Kurz)Formen von →Melanie.

Melanie
Auch: Melania. Aus dem Griechisch-lateinischen. Bedeutung: melania = „die Dunkle; die Schwarze".

Melia
Kurzform von →Amelia.

Melina
Aus dem Lateinischen. Bedeutung: „Frau von der Insel Melos".

Melinda
Aus dem Lateinischen. Bedeutung: mellinia = „Süßigkeit; Honig(trank)".

Meline
Auch: Melina. Kurzformen von →Emmeline bzw. →Ameline.

Melissa
Aus dem Griechischen. Bedeutung: „Biene" auch „Honig".

Melitta
→Melissa.

Mena
Auch: Menna. Friesische Kurzformen von Namen, die mit „Mein-" beginnen.

Mercedes
Nach dem spanischen Kirchen-Fest „Maria de mercede redemptionis captivorum" = Maria von der Gnade der Gefangenenerlösung (24. September).

Meredith
Aus dem Altwalisischen. Bedeutung: „große Führerin".

Meret
Auch: Merita. Schweizerische Kurzform von →Emerentia bzw. Emerita.

Merit
Schwedische (Kurz)form von →Margareta.

Merle
Auch: Merline. Aus dem Angloamerikanischen lateinischer Herkunft. Bedeutung: merula = „Amsel".

Merlin
Aus dem Walisischen. Bedeutung: „Seehügel; Düne". (Auch als männlicher Vorname möglich!)

Merlind(e)
Aus dem Althochdeutschen. Bedeutung: mari = „berühmt“ und linta = „Lindenholzschild“.

Merret
Auch: Merta. Friesische, dänische und schwedische Kurzformen von →Margarete.

Merve
Aus dem Angelsächsischen althochdeutscher Herkunft. Ursprünglich Maerwine. Bedeutung: mari = „berühmt“ und wini = „Freund“.

Messina
Aus dem Lateinischen. Bedeutung: „die mittlere (Tochter)“.

Mette
Auch: Metta, Metteka. Friesische Kurzformen von →Mechthild.

Mia
Auch: Mi, My. Kurzformen von →Maria bzw. →Mary.

Micaela
Italienische und spanische Form von →Michaela.

Michaela
Biblischer Name hebräischer Herkunft. Bedeutung: mikhā'ēl = „Wer ist wie Gott?“.

Michalina
Russiche Weiterbildung von →Michaela.

Michela
Italienische Form von →Michaela.

Micheline
Englische und französische Form von →Michaela.

Michelle
Auch: Michèle. Französische Formen von →Michaela.

Mie
Kurzform von →Marie.

Mignon
Auch: Mignet. Aus dem Französischen. Bedeutung: „niedlich; zierlich“.

Mila
Kurzform von →Ludmilla.

Milana
Weibliche Form von →Milan.

Milda
Kurzform von Namen, die mit „Mild-“ beginnen.

Mildburg
Aus dem Althochdeutschen. Bedeutung: mildi = „freundlich“ und burg = „Schutz; Zuflucht“.

Mildred
Englische Form von →Miltraud.

Milena
Weiterbildung von →Mila.

Milla
Auch: Milli, Milly. Kurzformen von →Ludmilla, →Camilla, →Maximiliana.

Miltraud
Auch: Miltrud. Aus dem Althochdeutschen. Bedeutung: milti = „freundlich“ und trud = „Kraft; Stärke“.

Milva
Auch: Milvia. Aus dem Lateinischen. Bedeutung: „(Tauben)Falke“. Oder eine Mischform aus →Maria und →Ilva.

Mimi
Kurzform von →Wilhelmine, →Emilie, →Margarete.

Mina
Auch: Mine. Kurzformen von →Wilhelmine, →Hermine.

Mineke
Niederländische Form von →Mina.

Minerva
Nach der römischen Göttin Minerva, Tochter des Jupiter, Göttin der Weisheit. Aus dem Griechisch-lateinischen. Bedeutung: ménos, mens = „Denken; Geist“.

Minette
Französische Verkleinerungsform von →Wilhelmine.

Minika
Kurzform von →Dominika.

Minja
Kurzform von →Wilhelmina.

Minka
Polnische Kurzform von →Wilhelmina.

Minna
Selbstständige Kurzform von →Wilhelmina.

Minnegard
Auch: Mingard. Aus dem Althochdeutschen. Bedeutung: minnja = „Liebe" und gard = „Hort; Schutz".

Minni
Auch: Minnie, Minne. Kurzformen von Namen, die mit „Min-" beginnen.

Mira
Kurzform von →Mirabella, →Miranda, →Palmira, →Mirella.

Mirabella
Auch: Mirabell, Mirabel. Aus dem Lateinischen. Bedeutung: mirabilis = „wunderbar; bewundernswert".

Miranda
Auch: Mirande. Aus dem Lateinischen. Bedeutung: mirandus = „bewundernswert".

Mirandolina
Verkleinerungsform von →Miranda.

Mireille
Auch: Mirielle. Aus dem Französischen. Bedeutung: „die Bewundernswerte".

Mirella
Italienische Form von →Mirabella oder →Mireille.

Mireta
Auch: Miretta. Verkleinerungsformen von →Mira.

Mirjam
Auch: Miriam, Myriam, Myrjam, Mirja. Aus dem Hebräischen. Wahrscheinliche Bedeutung: mirjām = „die Widerspenstige; die Ungezähmte". Andere Form von →Maria.

Mirka
Weibliche Form von →Mirko.

Mitzi
Auch: Mizzi, Mizzy. Koseformen von →Maria.

Miwa
Aus dem Japanischen. Bedeutung: „weitblickend".

Miya
Aus dem Japanischen. Bedeutung: „Tempel".

Miyuki
Aus dem Japanischen. Bedeutung: „tiefer Schnee".

Modesta
Auch: Modeste. Aus dem Lateinischen. Bedeutung: modestus = „bescheiden; sanftmütig".

Moira
Aus dem Griechischen. Bedeutung: „Schicksal, Glück". Oder aus dem Irisch-gälischen mit der Bedeutung „die Große".

Molly
Englische Koseform von →Mary.

Mona
Kurzform von →Ramona, →Monika. Oder Kurzform von Madonna (= „meine Frau").

Moni
Kurzform von →Monika.

Monika
Auch: Monica. Aus dem Griechischen. Bedeutung: monachós = „allein lebend; Mönch". Oder aus dem Lateinischen mit der Bedeutung monere = „erinnern; ermahnen".

Monique
Französische Form von →Monika.

Morena
Aus dem Italienischen. Bedeutung: „dunkel; schwarz".

Mura
Russische Kurzform von →Marija. Oder

aus dem Japanischen mit der Bedeutung „Dorf".

Muriel
Auch: Meriel. Aus dem Keltischen. Bedeutung: muir = „Meer" und geal = „strahlend; hell".

Musidora
Aus dem Griechischen. Bedeutung: „Geschenk der Musen".

Myrna
Aus dem Englischen keltischer Herkunft. Bedeutung: „sanft".

Myrta
Auch: Myrtha, Myrthe. Ursprünglich ein Pflanzenname.

N

Nada
Slawische Kurzform von →Nadjeschda.

Nadia
Auch: Nadja, Nadya. Kurzformen von →Nadjeschda.

Nadine
Auch: Nadina. Englische und niederländische Form von →Nadjeschda.

Nadinka
Ungarische Koseform von →Nadjeschda.

Nadjeschda
Auch: Nadezda. Aus dem Russischen. Bedeutung: „Hoffnung".

Naemi
Auch: Naomi, Noeme, Noemi, Naima, Noomi, Naimi, Naema. Biblischer Name hebräischer Herkunft. Bedeutung: naama = „die Liebliche".

Nahtanha
Aus dem Indianischen. Bedeutung: „Kornblume".

Naja
Aus Grönland. Bedeutung: „kleine Schwester".

Nalani
Aus dem Hawaiischen. Bedeutung: „Ruhe der Himmel".

Namika
Aus dem Türkischen bzw. Arabischen. Bedeutung: „Schreiberin".

Nana
Französische Koseform von →Anna.

Nancy
Englische Koseform von →Anne.

Nanda
Kurzform von →Ferdinanda.

Nanina
Koseform von →Anna bzw. →Annina.

Nanja
Russische Koseform von →Anastasija.

Nanna
Nach der nordischen Göttin Nanna, Frau des Balder. Oder Koseform von →Amanda, →Anna, →Johanna, →Marianna.

Nannette
Auch: Nanette, Nanetta. Französische Verkleinerungsformen von →Anna.

Nanni
Auch: Nanne. Kurzformen von →Anne, →Marianna.

Nanon
Französische Koseform von →Anna.

Nastasja
Kurzform von →Anastasia.

Natalia
Auch: Natalie. Aus dem Lateinischen. Bedeutung: dies natalis = „Tag der Geburt" (= Weihnachten).

Natalina
Weiterbildung von →Natalia.

Natalija
Russische Form von →Natalia.

Natascha
Russische Koseform von →Natalija.

Navit
Aus dem Hebräischen. Bedeutung: „schön; nett".

Nediva
Aus dem Hebräischen. Bedeutung: „edel".

Neele
Auch: Nele, Neela, Neelke, Neeltje. Friesische Kurzformen von →Cornelia.

Nelda
Kurzform von →Thusnelda.

Nelia
Auch: Nella. Kurzformen von →Cornelia.

Nelli
Auch: Nelly, Nell. Kurzformen von →Cornelia, →Helene, →Eleonore.

Netta
Auch: Nette, Netti, Netty. Kurzformen von →Jeanette, →Annette, →Antoinette.

Nicla
Italienische Form von →Nicola.

Nicola
Weibliche Form von →Nikolaus. (Auch als männlicher Vorname möglich!)

Nicole
Auch: Nicolle. Französische weibliche Form von →Nikolaus.

Nicoletta
Auch: Nikoletta. Verkleinerungsformen von →Nicola, →Nicla.

Nicolette
Verkleinerungsform von →Nicole.

Nihal
Aus dem Türkischen bzw. Persischen. Bedeutung: „Zweig; Spross".

Nike
Aus dem Griechischen. Bedeutung: „Sieg".

Nikola
Weibliche Form von →Nikolaus.

Nikoline
Auch: Nicoline. Weiterbildungen von →Nikola.

Nina
(Kurz)form von →Antonia, →Annina und Namen, die auf „-(n)ina" enden.

Ninette
Auch: Ninetta. Französische bzw. italienische Verkleinerungsform von →Nina.

Nini
Kurzform von →Eugenia, →Katharina, etc.

Ninina
Spanische Koseform von →Marcelina.

Ninon
Französische Form von →Nina.

Niowi
Aus dem Griechischen. Bedeutung: „fruchtbare Mutter".

Nirveli
Aus dem Indisch-pakistanischen. Bedeutung: „(Kind des) Wasser(s)".

Nishi
Aus dem Japanischen. Bedeutung: „Westen".

Nituna
Aus dem Indianischen. Bedeutung: „meine Tochter".

Nives
Aus dem Italienischen bzw. Schweizerischen. Bedeutung: „Schnee; die Schneeweiße".

Nizana
Aus dem Hebräischen. Bedeutung: „Knospe".

Noelani
Aus dem Hawaiischen. Bedeutung: „die Schöne vom Himmel".

Noëlle
Aus dem Französischen (Nouel) lateinischen Ursprungs. Bedeutung: dies natalis = „Geburt(stag) des Herrn". In Frankreich heute Bezeichnung für Weihnachten.

Noeme
Auch: Noemi. →Naemi.

Nolda
Kurzform von →Arnolde.

Nona
Nach der römischen Geburtsgöttin Nona.

Nonna
Auch: Nonny. Schwedische Kurzformen von →Eleonora, →Yvonne.

Nora
(Kurz)form von →Eleonora.

Norberta
Aus dem Althochdeutschen. Bedeutung: nord = „Norden" und beraht = „glänzend".

Nordrun
Aus dem Althochdeutschen. Bedeutung: nord = „Norden" und runa = „Geheimis; Zauber".

Noreen
Irische Form von →Nora.

Norgard
Aus dem Althochdeutschen. Bedeutung: nord = „Norden" und gard = „Hort; Schutz".

Norhild(e)
Aus dem Althochdeutschen. Bedeutung: nord = „Norden" und hiltja = „Kampf".

Norina
Italienische Weiterbildung von →Nora.

Norma
Aus dem Englischen lateinischer Herkunft. Bedeutung: „(göttliches) Gebot; Regel".

Notaku
Aus dem Indianischen. Bedeutung: „brummender Bär".

Notburg(a)
Aus dem Althochdeutschen. Bedeutung: not = „Gefahr; Bedrängnis" und burga = „Schutz; Zuflucht".

Nour
Aus dem Arabischen. Bedeutung: „Licht".

Nuala
Aus dem Irisch-gälischen. Bedeutung: „die Weißschultrige".

Nunzia
Kurzform von →Annunziata.

Nuri
Aus dem Hebräischen. Bedeutung: „Feuer".

Nuria
Aus dem Spanischen. Nach einem Muttergottesbild in Nuria (Katalonien).

O

Oceana
Auch: Ozeana. Nach dem „Ozean; Meer".

Octavia
Auch: Oktavia. Aus dem Lateinischen. Nach der Familie der Octavier.

Octavie
Französische Form von →Octavia.

Oda
Auch: Ota. Weibliche Formen von →Otto bzw. →Udo. Oder Kurzformen von Namen, die mit „Od-" beginnen.

Odalinde
Auch: Olinde. Aus dem Althochdeutschen. Bedeutung: ot = „Besitz" und linta = „Lindenholzschild" oder lindi = „weich; zart".

Odeda
Aus dem Hebräischen. Bedeutung: „stark".

Odelia
Aus dem Griechischen. Bedeutung: oide = „Lied".

Odette
Nach dem nordgermanischen Gott Odin (= Wotan; Toten- und Sturmgott).

Odila
Auch: Otila. →Ottilie.

Odilberta
→Otberta.

Odilberga
Auch: Otberga. Aus dem Althochdeutschen. Bedeutung: ot = „Besitz" und bergan = „bergen; schützen".

Odile
Französische Form von →Ottilie.

Odilgard
Aus dem Althochdeutschen. Bedeutung: ot = „Besitz" und gard = „Hort; Schutz".

Odilie
Auch: Odilia. →Ottilie.

Odine
→Odette.

Ofira
Auch: Ophira. Aus dem Hebräischen. Bedeutung: „Gold".

Ogin
Aus dem Indianischen. Bedeutung: „Wildrose".

Okelani
Aus dem Hawaiischen. Bedeutung: „die aus dem Himmel".

Oki
Aus dem Japanischen. Bedeutung: „mitten im Ozean".

Olcay
Aus dem Türkischen bzw. Arabischen. Bedeutung: „Glück". (Auch als männlicher Vorname möglich!)

Olena
Aus dem Russischen griechischer Herkunft. Bedeutung: „Licht".

Olga
Russische Form von →Helga.

Oliana
Aus dem Hawaiischen. Bedeutung: „Oleander".

Olisa
Aus dem Afrikanischen. Bedeutung: „Gott".

Oliva
→Olivia.

Olive
Französische Form von →Olivia.

Olivia
Aus dem Lateinischen. Bedeutung: oliva = „Ölbaum, Olive". Zweige des Ölbaums sind Symbol des Friedens.

Olofa
Auch: Olova, Oluva. Schwedische weibliche Formen von →Olaf.

Olympia
Auch: Olimpia (ital.). Aus dem Griechischen. Bedeutung: Olymp = Berg in Griechenland, „Sitz der Götter".

Ona
Auch: Oneka. Aus dem Baskischen. Bedeutung: „die Gute; die Gesegnete".

Onawa
Aus dem Indianischen. Bedeutung: „die Hellwache".

Onida
Aus dem Indianischen. Bedeutung: „die Ersehnte".

Onna
Vermutlich aus dem Althochdeutschen. Bedeutung: unnan = „erlauben; lieben".

Ophelia
Aus dem Griechischen. Bedeutung: ōphéleia = „Hilfe; Beistand".

Ophélie
Französische Form von →Ophelia.

Oralee
Aus dem Hebräischen. Bedeutung: „Ich habe Licht".

Oralie
Englische Form von →Aurelia.

Orane
Französische Form von →Orania bzw. →Urania.

Orania
Auch: Oriana. Andere Form von →Urania.

Orella
Baskische Form von →Aurelia.

Orla
Kurzform von →Orsola.

Orlanda
Italienische und spanische Form von →Rolanda.

Ornella
Italienische Verkleinerungsform von →Orania. Oder aus dem Italienischen mit der Bedeutung „Esche".

Orsola
Auch: Orseline, Orsina, Orsine. Italienische Formen von →Ursula.

Orsolya
Ungarische Form von →Ursula.

Ortensia
→Hortensia.

Orthia
Kurzform von Namen, die mit „Ort-" beginnen.

Orthild(e)
Aus dem Althochdeutschen. Bedeutung: ort = „(Waffen-)Spitze" und hiltja = „Kampf".

Ortlind(e)
Aus dem Althochdeutschen. Bedeutung: ort = „(Waffen-)Spitze" und linta = „Lindenholzschild".

Ortraud
Auch: Ortrud. Aus dem Althochdeutschen. Bedeutung: ort = „(Waffen-)Spitze" und trud = „Kraft; Stärke".

Ortrun
Aus dem Althochdeutschen. Bedeutung: ort = „(Waffen-)Spitze" und runa = „Geheimnis; Zauber".

Osane
Aus dem Baskischen. Bedeutung: „die Heilende".

Osberta
Aus dem Germanischen. Bedeutung: ans = „Gott" und beraht (althochdt.) = „glänzend".

Osmunde
Aus dem Germanischen. Bedeutung: ans = „Gott" und munt (althochdt.) = „Schutz".

Ostara
Aus dem Angelsächsischen. Bedeutung: eastre = „Frühlingsgöttin".

Osterhild
Aus dem Althochdeutschen. Bedeutung: ostar = „Frühlingslicht" und hiltja = „Kampf".

Osterlind
Aus dem Althochdeutschen. Bedeutung: ostar = „Frühlingslicht" und linta = „Lindenholzschild" oder lindi = „weich; zart".

Oswalda
Auch: Oswalde. Aus dem Germanischen. Bedeutung: ans = „Gott" und waltan (althochdt.) = „walten; herrschen".

Oswine
Aus dem Germanischen. Bedeutung: ans = „Gott" und wini (althochdt.) = „Freund".

Ota
→Oda.

Otberga
→Odilberga.

Otberta
Aus dem Althochdeutschen. Bedeutung: ot = „Besitz" und beraht = „glänzend".

Otfriede
Aus dem Althochdeutschen. Bedeutung: ot = „Besitz" und fridu = „Friede".

Otgund(e)
Aus dem Althochdeutschen. Bedeutung: ot = „Besitz" und gund = „Kampf".

Othild(e)
Aus dem Althochdeutschen. Bedeutung: ot = „Besitz" und hiltja = „Kampf".

Otlinde
Auch: Ottlinde. Aus dem Althochdeutschen. Bedeutung: ot = „Besitz" und linta = „Lindenholzschild".

Ottavia
Italienische Form von →Octavia.

Ottegebe
Auch: Ottogebe. Aus dem Althochdeutschen. Bedeutung: ot = „Besitz" und geba = „Geschenk; Gabe".

Otti
Kurzform von Namen, die mit „Ot-" beginnen.

Ottilie
Auch: Ottilia. Aus dem Althochdeutschen. Bedeutung: ot = „Besitz; Habe".

Otwine
Aus dem Althochdeutschen. Bedeutung: ot = „Besitz" und wini = „Freund".

Oxana
Ukrainische Nebenform von →Xenia.

Ozeana
→Oceana.

P

Padma
Aus dem Indisch-pakistanischen. Bedeutung: „Lotos".

Padmé Amidala
Königin von Naboo aus Star Wars.

Paka
Aus dem Afrikanischen (Suaheli). Bedeutung: „Kätzchen".

Pakize
Aus dem Türkischen bzw. Persischen. Bedeutung: „die Reine".

Palila
Aus dem Hawaiischen. Bedeutung: „Vogel".

Palmira
Aus dem Italienischen, nach dem kirchlichen Feiertag Palmsonntag. Bedeutung: palma = „Handfläche; Palme".

Paloma
Aus dem Spanischen. Bedeutung: „Taube".

Pamela
Auch: Pamelina. Aus dem Englischen griechischer Herkunft. Bedeutung: pam = „ganz" und mélos = „Lied; Gesang".

Pamina
Aus dem Griechischen. Bedeutung: pám-mēnis = „Vollmond(nacht)".

Pancha
Spanische Koseform von →Francisca.

Pandora
Aus dem Griechischen. Bedeutung: pan = „ganz" und doron = „Gabe; Geschenk".

Pankratia
Auch: Pankrazia. Aus dem Griechischen. Bedeutung: pankratēs = „allmächtig; allgegenwärtig".

Paola
Italienische Form von →Paula.

Pascale
Aus dem Französischen lateinischer Herkunft. Bedeutung: paschalis = „zu Ostern (geboren)".

Pat
Englische Kurzform von →Patricia.

Patricia
Auch: Patrizia. Aus dem Lateinischen. Bedeutung: patricia = „die Patrizierin". (Patricier = die ältesten und angesehensten römischen Familien.)

Patsy
Auch: Patty. Englische Kurzformen von →Patricia.

Paula
Aus dem Lateinischen. Ursprünglich ein Beiname. Bedeutung: paula = „klein; die Kleine".

Paulette
Auch: Pauletta. Französische Verkleinerungsform von →Paula.

Pauline
Auch: Paolina (ital.). Weiterbildungen von →Paula.

Pavla
Slawische Form von →Paula.

Paye
Aus dem Türkischen bzw. Persischen. Bedeutung: „Würde". (Auch als männlicher Vorname möglich!)

Pazia
Aus dem Hebräischen. Bedeutung: „aus Gold".

Pearl
Aus dem Angloamerikanischen. Bedeutung: „Perle".

Peggy
Englische Koseform von →Margaret.

Pelagia
Aus dem Griechischen. Bedeutung: pélagos = „die offene See".

Penelope
Aus dem Griechischen. Bedeutung: pene = „Gewebe", lepein = „auflösen" („die Reine"; „die Nackte"). In der griechischen Mythologie Frau des →Odysseus, Mutter des →Telemachos.

Penny
Englische Kurzform von →Penelope.

Pepa
Spanische Koseform von →Josefa.

Pepita
Auch: Pepeta. Spanische Koseformen von →Josefa.

Peppina
Rätoromanische Koseform von →Josefina.

Perdita
Aus dem Englischen lateinischer Herkunft. Bedeutung: perdita = „verloren". Schwedische Form von →Peter.

Peregrina
Aus dem Englischen lateinischer Herkunft. Bedeutung: peregrinus = „Fremdling; Reisender".

Peri
Aus dem Türkischen bzw. Perischen. Bedeutung: „Fee".

Perry
Koseform von →Peregrina.

Pernetta
Andere Form von →Petronilla.

Pernilla
Auch: Pernille. Dänische und schwedische Formen von →Petronella.

Peronella
Italienische Form von →Petronella.

Petra
Aus dem Lateinischen bzw. Griechischen. Bedeutung: pétra, petrós = „Fels; Stein".

Petrina
Auch: Petrine. Weiterbildungen von →Petra.

Petrissa
Auch: Petrisse. Weiterbildungen von →Petra bzw. weibliche Form von →Petrus.

Petronella
Auch: Petronilla. Italienische Verkleinerungsformen von →Petronia.

Petronelle
Auch: Petronille. Französische Verkleinerungsformen von →Petronia.

Petronia
Aus dem Lateinischen. Ursprünglich: „zum altrömischen Geschlecht der Petronier gehörig". (petrós (griech.) = „Fels; Stein".)

Petula
Aus dem Lateinischen. Bedeutung: petulans = „heiter; ausgelassen".

Phila
Aus dem Griechischen. Bedeutung: philai = „lieben; liebkosen; küssen".

Philine
Aus dem Griechischen. Bedeutung: philai, philéon = „lieben; liebkosen; küssen".

Philippa
Auch: Philippus (lat.). Bedeutung: „der Pferdefreund"; philos = „Freund; Liebhaber" und hippos = „Pferd".

Philippine
Französische Form von →Philippa.

Philomela
Auch: Philomele. Aus dem Griechischen. Bedeutung: „Freundin des Gesangs".

Philomena
Auch: Philomene, Philumena. Aus dem Griechischen. Bedeutung: philai, philéon = „lieben; liebkosen; küssen" und oumós, emós = „mir bestimmt".

Phöbe
Auch: Phoebe. Aus dem Griechischen. Bedeutung: phoib →= „die Strahlende".

Phyllis
Auch: Phillis. In der griechischen Mythologie Geliebte des Demophoon. Bedeutung: phyllás = „Laub; Blätter".

Pia
Aus dem Lateinischen. Bedeutung: pius = „fromm; tugendhaft; gottesfürchtig".

Pieta
Weiterbildung von →Pia.

Piera
Auch: Pierina. Italienische Form von →Petra.

Pierrette
Auch: Perette, Pierrine. Französische Verkleinerungsform von →Petra.

Pikka
Lappländische Kurzform von →Birgitta.

Pilar
Aus dem Spanischen. Bedeutung: „Pfeiler; Säule".

Pinga
Aus dem Indisch-pakistanischen. Bedeutung: „schwarz" (anderer Name der Hindu-Göttin Shakti).

Piper
Aus dem Altenglischen. Bedeutung: „Flötenspielerin".

Pippa
Italienische Kurzform von →Philippa bzw. →Filippa.

Pippilotta
Nach Astrid Lindgrens „Pippi Langstrumpf". Evtl. Mischform aus →Pippa und →Lotte.

Piraye
Aus dem Türkischen bzw. Persischen. Bedeutung: „Zier; Schmuck".

Pirkko
Finnische Kurzformvon →Birgitta.

Piroschka
Auch: Piroska, Piriska. Ungarische Form von →Prisca.

Pita
Aus dem Afrikanschen. Bedeutung: „die vierte Tochter".

Placida
Auch: Placidia (ital.). Aus dem Lateinischen. Bedeutung: placide = „ruhig; sanft; friedlich".

Pola
Slawische Form von →Paula.

Poldi
Kurzform von →Leopoldine

Polyxenia
Aus dem Griechischen. Bedeutung: „sehr gastfreundlich".

Pretiosa
Auch: Preziosa. Aus dem Lateinischen. Bedeutung: pretiosus = „kostbar; wertvoll".

Prisca
Auch: Priska (tschech.). Aus dem Lateinischen. Bedeutung: „nach alter Art; streng; ernsthaft".

Priscilla
Weiterbildung von →Prisca.

Prudentia
Aus dem Lateinischen. Bedeutung: „Klugheit; Vorsicht; Einsicht".

Pualani
Aus dem Hawaiischen. Bedeutung: „himmlische Blume".

Pulcheria
Aus dem Lateinischen. Bedeutung: pulchra = „schön".

Q

Qamar
Aus dem Arabischen. Bedeutung: „Mond".

Qitura
Aus dem Arabischen. Bedeutung: „Duft".

Queena
Aus dem Altenglischen. Bedeutung: „Königin".

Queenie
Koseform von →Queena.

Querida
Aus dem Spanischen. Bedeutung: „Geliebte".

Quintina
Aus dem Lateinischen. Bedeutung: „die Fünfte".

Quirina
Weibliche Form von →Quirinus.

Quiterie
Aus dem Französischen lateinischer Herkunft. Bedeutung: „ruhig; friedlich".

R

Rabea
Aus dem Arabischen. Bedeutung: „Mädchen".

Rabia
Auch: Rabi. Aus dem Arabischen. Bedeutung: „Frühling".

Rachel
Biblischer Name hebräischer Herkunft. Bedeutung: rāchēl = „Mutterschaf".

Rachele
Auch: Rachelle. Italienische Formen von →Rachel.

Rachil
Russische Form von →Rachel.

Rada
Kurzform von Namen, die mit „Rade-" beginnen.

Radegund(e)
Aus dem Althochdeutschen. Bedeutung: rat = „Ratgeber" und gund = „Kampf".

Radka
Kurzform von →Radomilla.

Radomila
Auch: Radmilla. Aus dem Slawischen. Bedeutung: rad = „froh" und mily = „lieb; angenehm".

Rafaela
Auch: Raffaela (ital.). →Raphaela.

Ragnhild
→Reinhild.

Rahel
→Rachel.

Raimunde
Auch: Reimunde. Ursprünglich: Raginmunde. Aus dem Althochdeutschen. Bedeutung: ragin = „Rat; Beschluss" und munt = „Schutz".

Raja
Aus dem Russischen. Bedeutung: „Paradies".

Ramiye
Aus dem Arabischen. Bedeutung: „Bogenschützin".

Ramona
Spanische Form von →Raimunde.

Rana
Aus dem Türkischen bzw. Arabischen. Bedeutung: „lieblich; schön".

Randi
Auch: Randy. Englische Kurzformen von →Reinhild.

Rani
Auch: Ranee, Rania. Aus dem Indisch-pakistanischen. Bedeutung: „Königin".

Ranka
Aus dem Slowenischen. Bedeutung: rany, rano = „ früh".

Raphaela
Biblischer Name hebräischer Herkunft. Bedeutung: „Gott heilt".

Raquel
Spanische Form von →Rachel.

Ratberta
Aus dem Althochdeutschen. Bedeutung: rat = „Ratgeber" und beraht = „glänzend"

Ratburg(a)
Aus dem Althochdeutschen. Bedeutung: rat = „Ratgeber" und burg = „Schutz; Zuflucht".

Ratgard
Aus dem Althochdeutschen. Bedeutung: rat = „Ratgeber" und gard = „Hort; Schutz".

Rathild(e)
Aus dem Althochdeutschen. Bedeutung: rat = „Ratgeber" und hiltja = „Kampf".

Raunhild
→Runhild.

Rautgunde
Aus dem Althochdeutschen. Bedeutung: raut, rat = „Ratgeber" und gund = „Kampf".

Raya
Kurzform von →Raymonde.

Raymonde
Französische Form von →Raimunde.

Rea
Auch: Rhea. In der griechischen Mythologie Mutter des Zeus.

Rebekka
Auch: Rebecca. Biblischer Name hebräischer Herkunft. Bedeutung: ribeqāh = „die Fesselnde".

Recha
→Reka.

Regelinde
Auch: Reglinde, Reglindis, Reilinde. Aus dem Althochdeutschen. Bedeutung: ragin, regin = „Rat; Beschluss" und lindi = „weich; zart; nachgiebig".

Regina
Auch: Regine. Aus dem Lateinischen. Bedeutung: „Königin".

Regiswinde
Auch: Regiswinda. Aus dem Althochdeutschen. Bedeutung: ragin, regin = „Rat; Beschluss" und swinde = „stark; schnell".

Regula
Aus dem Lateinischen. Bedeutung: „Regel (des Glaubens)".

Reimute
Aus dem Althochdeutschen. Bedeutung: ragin, regin = „Rat; Beschluss" und muot = „Geist; Gesinnung".

Reinalde
→Reinolde.

Reinberta
Aus dem Althochdeutschen. Bedeutung: ragin, regin = „Rat; Beschluss" und beraht = „glänzend".

Reinburg(a)
Aus dem Althochdeutschen. Bedeutung: ragin, regin = „Rat; Beschluss" und burg = „Schutz; Zuflucht".

Reinfriede
Aus dem Althochdeutschen. Bedeutung: ragin, regin = „Rat; Beschluss" und fridu = „Friede".

Reingard
Aus dem Althochdeutschen. Bedeutung: ragin, regin = „Rat; Beschluss" und gard = „Hort; Schutz".

Reinharda
Auch: Reinharde, Reinhardine. Aus dem Althochdeutschen. Bedeutung: ragin, regin = „Rat; Beschluss" und harti = „hart; stark".

Reinhild(e)
Aus dem Althochdeutschen. Bedeutung: ragin, regin = „Rat; Beschluss" und hiltja = „Kampf".

Reinholde
Auch: Reinolde, Reinolda. Aus dem Althochdeutschen. Bedeutung: ragin, regin = „Rat; Beschluss" und waltan = „walten; herrschen".

Reinka
Kurzform von →Reinharda.

Reintraud
Auch: Reintrud. Aus dem Althochdeutschen. Bedeutung: ragin, regin = „Rat; Beschluss" und trud = „Kraft; Stärke".

Reja
Auch: Rejana, Rejane. Kurzformen von →Awreja.

Reka
Biblischer Name hebräischer Herkunft. Bedeutung: rekhab = „weich; zart".

Rella
Ungarische Kurzform von →Aurelia.

Rena
Kurzform von Namen, die mit „Rein-" beginnen. Oder Kurzform von →Renate bzw. →Verena.

Renate
Aus dem Lateinischen. Bedeutung: renatus = „wiedergeboren".

Rendel
Niederdeutsche Kurzform von →Reinhild.

Renée
Französische Form von →Renate.

Renette
Verkleinerungsform von →Renée.

Reni
Kurzform von →Irene bzw. →Renate.

Renja
Russische Kurzform von →Regina.

Renka
Auch: Renke. Friesische Kurzformen von →Reinharda.

Renza
Kurzform von →Lorenza.

Resi
Kurzform von →Therese.

Rhea
→Rea.

Rhonda
Aus dem Englischen. Ursprünglich ein Flussname.

Ria
Kurzform von →Maria.

Rica
Auch: Rika. Kurzformen von →Erika, →Ricarda.

Ricarda
Spanische Form von →Richarda.

Riccarda
Italienische Form von →Richarda.

Richarda
Auch: Richardine, Richardis, Rikarda. Aus dem Althochdeutschen. Bedeutung: rihhi = „reich; mächtig" und harti = „hart; stark".

Richhild(e)
Aus dem Althochdeutschen. Bedeutung: rihhi = „reich; mächtig" und hiltja = „Kampf".

Richlind(e)
Aus dem Althochdeutschen. Bedeutung: rihhi = „reich; mächtig" und linta = „Lindenholzschild".

Richmute
Auch: Richmodis. Aus dem Althochdeutschen. Bedeutung: rihhi = „reich; mächtig" und muot = „Geist; Gesinnung".

Ricka
Auch: Ricke, Rickele, Rickeltje. Friesische Kurzformen von Namen, die mit „Rich-" beginnen.

Rika
Auch: Rike, Rikea. Niederländische und friesische Kurzformen von →Friederike, →Henrike.

Rina
Kurzform von Namen, die mit „-rina" enden.

Rita
Italienische (Kurz)Form von →Margherita.

Rixa
Auch: Rixta, Rixt, Rixte. Friesische Kurzformen von Namen, die mit „Rich-" beginnen.

Roberta
Auch: Roberte, Robertine. Aus dem Althochdeutschen. Bedeutung: hroth (germ.) = „Ruhm" und beraht = „glänzend".

Robina
Auch: Robin(e). Englische Formen von →Roberta.

Roda
Auch: Rhoda. Aus dem Griechischen. Bedeutung: rhódon = „Rose".

Rodegard
Aus dem Althochdeutschen. Bedeutung: hroth (germ.) = „Ruhm" und gard = „Hort; Schutz".

Rodehild(e)
Aus dem Althochdeutschen. Bedeutung: hroth (germ.) = „Ruhm" und hiltja = „Kampf".

Rodelind
Aus dem Althochdeutschen. Bedeutung: hroth (germ.) = „Ruhm" und linta = „Lindenholzschild".

Rohana
Aus dem Indisch-pakistanischen. Bedeutung: „Sandelholz".

Rolanda
Auch: Rolande. Weibliche Form von →Roland.

Roma
Kurzform von →Romana.

Romaine
Französische Form von →Romana.

Romana
Aus dem Lateinischen. Bedeutung: „die Römerin".

Romika
Ungarische Koseform von →Romana.

Romilda
Auch: Romilde, Rumilde. Aus dem Althochdeutschen. Bedeutung: hruom = „Ruhm; Ehre" und hiltja = „Kampf".

Romy
Auch: Romi. Kurzformen von →Romana bzw. →Rosemarie.

Rona
auch: Ronnie, Ronny. Kurzformen von →Corona, →Veronika.

Ros
Kurzform von Namen, die mit „Ros-" beginnen.

Rosa
Auch: Rose. Ursprünglich ein Blumenname.

Rosabella
Aus dem Italienischen. Bedeutung: „schöne Rose".

Rosamaria
→Rosemarie.

Rosalba
Aus dem Italienischen. Bedeutung: „weiße Rose".

Rosalie
Auch: Rosalia. Weiterbildungen von →Rosa.

Rosalind(e)
Auch: Roselinde. →Rodelind.

Rosamunde
Aus dem Althochdeutschen. Bedeutung: hruom = „Ruhm; Ehre" und munt = „Schutz".

Rosangela
→Rosa und →Angela.

Rosanna
→Rosa und →Anna.

Rosaria
→Rosa und →Maria.

Roseline
Auch: Roselyne. →Rosalinde.

Roselita
→Rosita.

Rosellina
Auch: Rosella. Italienische Verkleinerungsformen von →Rosa.

Rosemarie
Auch: Rosemaria, Rosmarie, Rosemary (engl). →Rosa und →Maria.

Rosetta
Auch: Rosette. Italienische und französische Verkleinerungsform von →Rosa.

Rosi
Kurzform von Namen, die mit „Ros-" beginnen.

Rosika
Ungarische Koseform von →Rosa.

Rosilde
→Rosa und →Hilde.

Rosina
Auch: Rosine. Aus dem Lateinischen. Bedeutung: rosinus = „rosenfarbig".

Rosita
Auch: Rositha. Spanische Verkleinerungsformen von →Rosa.

Rosmarie
→Rosemarie.

Rossana
Italienische Form von →Roxana.

Roswita
Auch: Roswitha. Aus dem Althochdeutschen bzw. Germanischen. Bedeutung: hros = „Pferd; Ross" oder hroth (germ.) = „Ruhm; Ehre" und swinde = „stark".

Rotraud
Auch: Rotraut. Aus dem Althochdeutschen. Bedeutung: hroth (germ.) = „Ruhm; Ehre" und trud = „Kraft; Stärke".

Rowena
Wahrscheinlich aus dem Keltischen mit der Bedeutung „die Weißhaarige". Auch angelsächsische Prinzessin.

Roxana
Auch: Roxane, Roxanne. Aus dem Persischen. Bedeutung: raoschna = „licht; hell; glänzend" oder „Morgenröte".

Ruby
Aus dem Englischen. Bedeutung: „Rubin(rot)".

Rudolfa
Weibliche Form von →Rudolf.

Rudolfine
→Rudolfa.

Rufina
Aus dem Lateinischen. Ursprünglich ein Beiname. Bedeutung: rufus = „rot; die Rote; die Rothaarige".

Rumena
Aus dem Bulgarischen. Bedeutung: „mit roten Wangen".

Runa
Auch: Rune. Aus dem Althochdeutschen. Bedeutung: runa = „Geheimnis; Zauber".

Runhild(e)
Aus dem Althochdeutschen. Bedeutung: runa = „Geheimnis; Zauber" und hiltja = „Kampf".

Ruperta
Aus dem Althochdeutschen. Bedeutung: hruom, hroth (germ.) = „Ruhm" und beraht = „glänzend".

Ruri
Aus dem Japanischen. Bedeutung: „Smaragd".

Rut
Skandinavische Form von →Ruth.

Rutgard
Aus dem Althochdeutschen. Bedeutung: hruom, hroth (germ.) = „Ruhm" und gard = „Hort; Schutz".

Ruth
Biblischer Name hebräischer Herkunft. Bedeutung: ruth = „Freundin; Freundschaft".

Ruthild(e)
→Rodehild(e).

Rüya
Aus dem Türkischen bzw. Arabischen. Bedeutung: „Vision".

S

Sabine
Auch: Sabina. Ursprünglich ein römischer Beiname für jemanden aus dem Volk der Sabiner.

Sabrina
Aus dem Angloamerikanischen. Nach der Nymphe vom Fluss Severn (England).

Sachi
Aus dem Japanischen. Bedeutung: „Glück; Glückskind".

Sadie
Amerikanische Kurzform von → Sarah.

Sadhana
Aus dem Indisch-pakistanischen. Bedeutung: „Hingabe; Eifer".

Sadira
Aus dem Indisch- pakistanischen. Bedeutung: „Lotusbaum".

Safiye
Aus dem Arabischen. Bedeutung: „rein".

Sagara
Aus dem Indisch-pakistanischen. Bedeutung: „Ozean".

Sahar
Aus dem Arabischen. Bedeutung: „Morgendämmerung".

Saida
Aus dem Arabischen. Bedeutung: „die Glückliche".

Sakari
Aus dem Indisch-pakistanischen. Bedeutung: „die Süße".

Sakura
Aus dem Japanischen. Bedeutung: „Kirschblüte".

Salli
Auch: Sally. Kurzformen von →Sarah.

Salome
Biblischer Name griechischer Herkunft. Bedeutung: salōmē = „die Friedliche".

Salvina
Auch: Salwa. Aus dem Lateinischen. Bedeutung: salvus = „gesund; wohlbehalten".

Salwija
Slawische Form von →Salvina.

Sam
Auch: Sammy. Kurzformen von →Samantha.

Samantha
Aus dem Amerikanischen hebräischer Herkunft. Bedeutung: schimeāth = „die Hörende; die Gehorchende".

Samira
Aus dem Arabischen. Bedeutung: „Unterhalterin".

Samuela
Englische weibliche Form von →Samuel.

Sandra
Auch: Sandy, Sandria. Kurzformen von →Alexandra bzw. →Alessandra.

Sandrina
Auch: Sandrine. Verkleinerungsformen von →Sandra.

Sanja
Russische Kurzform von →Aleksandra.

Sanna
Auch: Sanne. Kurzformen von →Susanne.

Sanuye
Aus dem Indianischen. Bedeutung: „Wolke im Abendrot".

Sanya
Aus dem Indisch-pakistanischen. Bedeutung: „die am Samstag Geborene".

Saphira
Biblischer Name griechischer Herkunf. Bedeutung: saphira = „Saphir; Edelstein" oder „die Schöne".

Sara
→Sarah.

Sarah
Biblischer Name hebräischer Herkunft. Bedeutung: ßārāh = „Fürstin; Herrin".

Sarina
Weiterbildung von →Sarah.

Sascha
Kurzform von →Aleksandra (bzw. Aleksascha).

Saskia
Niederländische weibliche Form von →Sachso.

Satinka
Aus dem Indianischen. Bedeutung: „Zaubertänzerin".

Sato
Aus dem Japanischen. Bedeutung: „Zucker".

Sayo
Aus dem Japanischen. Bedeutung: „in der Nacht geboren".

Scarlet(t)
Aus dem Englischen. Bedeutung: scarlet = „scharlachrot".

Schirin
Aus dem Persischen. Bedeutung: „die Süße".

Scholastika
Aus dem Lateinischen. Bedeutung: „die Lernende; Schülerin".

Schöntraud
Neubildung aus „schön" und „-traud"-Namen (trud [althochdt.] = „Kraft").

Schura
Russische Kurzform von →Sascha.

Schwabhild
Aus dem Althochdeutschen. Bedeutung: svaba = „Schwäbin" und hiltja = „Kampf".

Sebalde
Weibliche Form von →Sebald bzw. →Siegbald.

Sebastiane
Aus dem Griechischen. Bedeutung: sebastós = „verehrungswürdig; erhaben".

Sébastienne
Französische Form von →Sebastiane.

Sebesta
Böhmische Form von →Sebastiane.

Seffa
auch: Seffi. Kurzformen von →Josefa.

Selene
Auch: Seline. Nach der griechischen Mondgöttin Selēnē (Schwester des Helios).

Selima
Aus dem Hebräischen. Bedeutung: „friedlich".

Selina
Auch: Seline. →Celine bzw. →Celestina.

Selma
Kurzform von →Anselma.

Senta
Auch: Senda. Kurzformen von →Crescentia bzw. →Vincenta.

Sephora
Aus dem Hebräischen. Bedeutung: „Schönheit".

Seraphine
Auch: Seraphina, Seraphia, Serafine, Serafina (ital.). Biblischer Name aus dem Hebräischen. Bedeutung: seraphim = „der Brennende; der Feurige" oder saraph = „Schlange". (Im Alten Testament sechsflügelige Wesen bzw. Engel).

Serena
Aus dem Lateinischen. Bedeutung: „heiter; glücklich".

Sergia
Aus dem Lateinischen. Ursprünglich ein altrömischer Familienname der Sergier. Bedeutung: servus = „Diener; Sklave"

bzw. sergente (altitalienisch) = „Gerichtsdiener".

Servera
Aus dem Lateinischen. Bedeutung: servare = „retten".

Shadia
Aus dem Arabischen. Bedeutung: „Sängerin".

Shannon
Aus dem Irisch-gälischen. Bedeutung: „die kleine Weise".

Sharon
Aus dem Angloamerikanischen, vermutlich nach dem biblischen Ortsnamen Scharon.

Sheila
Englische Form von →Silja.

Shika
Aus dem Japanischen. Bedeutung: „Reh".

Shina
Aus dem Japanischen. Bedeutung: „die Gute; die Tugendhafte".

Shirley
Aus dem Angloamerikanischen. Ursprünglich ein Familienname nach einer Ortsbezeichnung.

Shiva
Aus dem Sanskrit. Bedeutung: „der Gütige; der Gnädige" oder „der Freund". Hinduistischer Gott. Auch als männlicher Vorname möglich!

Sibilla
Auch: Sibille. →Sibylle.

Sibylle
Auch: Sibylla; Sibyl, Sybil (engl.). Aus dem Griechischen. Bedeutung: sios (dios)boyl →= „Gottesraterin". (Weissagerinnen und Priesterinnen des Apollo).

Sida
Kurzform von →Sidonia.

Sidonia
Auch: Sidonie. Aus dem Lateinischen. Bedeutung: „die Sidonierin" (aus der Stadt Sidon, Phönizien).

Sidney
Englische Form von →Sidonia.

Siegberta
Aus dem Althochdeutschen. Bedeutung: sigu = „Sieg" und beraht = „glänzend".

Siegburg(a)
Aus dem Althochdeutschen. Bedeutung: sigu = „Sieg" und burg = „Schutz".

Siegfriede
Aus dem Althochdeutschen. Bedeutung: sigu = „Sieg" und fridu = „Friede".

Sieghild(e)
Aus dem Althochdeutschen. Bedeutung: sigu = „Sieg" und hiltja = „Kampf".

Sieglinde
Auch: Siglinde. Aus dem Althochdeutschen. Bedeutung: sigu = „Sieg" und linta = „Lindenholzschild" oder lindi = „weich; zart".

Siegmona
→Siegmunda.

Siegmunda
Auch: Siegmunde, Sigismunde, Sigismonda (ital.). Aus dem Althochdeutschen. Bedeutung: sigu = „Sieg" und munt = „Schutz".

Siegrid
→Sigrid.

Siegrun
→Sigrun.

Siegtraud
Auch: Siegtrud. Aus dem Althochdeutschen. Bedeutung: sigu = „Sieg" und trud = „Kraft; Stärke".

Sievertje
Niederdeutsche und friesische weibliche Form von →Siegward.

Sigga
Auch: Siggan. Nordische Kurzformen von →Sigrid.

Sigismunde
→Siegmunda.

Siglind
→Sieglinde.

Signe
Ursprünglich Signild. Aus dem Althochdeutschen. Bedeutung: sigu = „Sieg“ und hiltja = „Kampf“.

Sigrid
Auch: Siegrid. Aus dem Altisländischen. Bedeutung: sigr = „Sieg“ und fridhr = „schön“.

Sigrun
Auch: Siegrun. Aus dem Althochdeutschen. Bedeutung: sigu = „Sieg“ und runa = „Geheimnis; Zauber“.

Sigune
Auch: Sigun, Sigunn. Aus dem Altisländischen. Bedeutung: sigr = „Sieg“ und unn = „Welle; Woge“.

Silja
Auch: Silje. Finnische und schwedische Form von →Cecilia bzw. →Cäcilie.

Silke
Auch: Silka. Schwedische, niederdeutsche und friesische Form von →Cäcilie.

Silva
Schwedische und tschechische Form von →Silvia.

Silvana
Aus dem Italienischen lateinischer Herkunft. Bedeutung: silva = „Wald“.

Silvelin
Koseform von →Silva bzw. →Silvia.

Silvetta
Auch: Silvette. Italienische und französische Verkleinerungsformen von →Silvia.

Silvia
Auch: Sylvia. Aus dem Lateinischen. Bedeutung: silva = „Wald“.

Silvie
Französische Form von →Silvia.

Silvina
Auch: Sylvina. Weiterbildungen von →Silvia.

Simone
Auch: Simona. Biblischer Name aus dem Griechischen bzw. Hebräischen. Bedeutung: simōn (griech.), schimōn (hebr.) = „erhört; Erhörung“.

Simonette
Auch: Simonetta. Französische und italienische Verkleinerungsformen von →Simone.

Sina
Kurzform von Namen, die mit „-sina“ enden.

Sinead
Irische Form von →Johanna.

Sinikka
Aus dem Finnischen. Bedeutung: sini = „blau“.

Sinja
Slawische Kurzform von Namen, die mit „-sina“ bzw. „-sine“ enden.

Sira
Italienische Kurzform von →Sirena.

Sirena
Aus dem Griechisch-lateinischen. Bedeutung: sirenis (lat.), seirēn = weibliche Wesen der griech. Mythologie, die Seefahrer ins Meer locken sollten.

Siri
Auch: Sirid, Sirin (finn.). Schwedische Formen von →Sigrid.

Sirun
Kurzform von →Sigrun.

Sisile
Irische Form von →Cäcilie.

Siska
Schwedische Kurzform von →Franziska.

Sissa
Auch: Sissan, Sissi. Schwedische Kurzformen von →Cecilia.

Sissy
Auch: Sissi. Kurzformen von →Elisabeth bzw. →Cecily.

Sista
Aus dem Schwedischen. Bedeutung: „det sista barnet“ = „das letzte Kind“.

Sita
Auch: Sitta. Kurzform von →Rosita, →Teresita bzw. italienische Form von →Zita.

Sitara
Aus dem Indianischen. Bedeutung: „Morgenstern“.

Siti
Aus dem Afrikanischen (Suaheli). Bedeutung: „Dame“.

Sixta
Weibliche Form von →Sixtus.

Sixtina
Weiterbildung von →Sixta.

Slavka
Slawische Kurzform von Namen, die „slawa“ (= Ruhm) enthalten.

Sofia
Auch: Sofie. →Sophie.

Solange
Aus dem Französischen lateinischer Herkunft. Bedeutung: solemnis = „feierlich; festlich“.

Soley
Nach einem isländischen Blumennamen.

Solveig
Ursprünglich Solvig. Aus dem Altnordischen. Bedeutung: salr = „Haus“ und vig = „Kampf“.

Sonja
Auch: Sonia. Russische Verkleinerungsform von →Sofia bzw. Sophia, →Sophie.

Sonnele
Oberdeutsche Kurzform von Namen, die mit „Sonn-“ beginnen.

Sonngard
Neubildung aus „Sonne“ und gard (althochdt.) = „Hort; Schutz“.

Sonnhild
Neubildung aus „Sonne“ und hiltja (althochdt.) = „Kampf“.

Sonntraud
Neubildung aus „Sonne“ und trud (althochdt.) = „Kraft; Stärke“.

Sook
Aus dem Koreanischen. Bedeutung: „Reinheit“.

Sophie
Auch: Sophia. Aus dem Griechischen. Bedeutung: „Weisheit“.

Sora
Aus dem Indianischen. Bedeutung: „zwitschernder Vogel“.

Soraya
Aus dem Persischen bzw. Sanskrit. Bedeutung: su = „gut; wohl“ und raja = „König; Fürst“ bzw. rajya = „Reich“.

Soroka
Auch: Sorka. Slawische Kurzformen von →Seraphina.

Stana
Auch: Stanka, Stanica, Stasja. Kurzformen von →Stanislawa.

Stanislawa
Aus dem Polnischen bzw. Tschechischen. Bedeutung (urslawisch): stati = „werden“ oder stanz = „Festigkeit; Härte“ und slava = „Ruhm; Ehre“.

Stanze
Auch: Stanzi. Kurzformen von →Konstanze.

Stasi
Kurzform von →Anastasia.

Stefana
Auch: Stefania, Stephana. Andere Formen von →Stephanie.

Stefanida
Russische Form von →Stephanie.

Steffi
Kurzform von →Stephanie.

Stella
Aus dem Lateinischen. Bedeutung: „Stern“.

Stephane
Schweizerische Form von →Stephanie.

Stephanie
Auch: Stefanie. Aus dem Griechischen. Bedeutung: stéphanos = „Kranz; (Märtyrer)Krone".

Stephine
Französische Form von →Stephanie.

Stillfrieda
Auch: Stillfriede. Aus dem Althochdeutschen. Bedeutung: stilli = „still" und fridu = „Friede".

Stilla
Kurzform von →Stillfrieda.

Stina
Auch: Stine, Stintje. Friesische Kurzformen von →Christine, →Ernestine, →Augustine.

Su
Auch: Sue. Englische Kurzformen von →Susanne.

Sukoji
Aus dem Afrikanischen. Bedeutung: „erste Tochter nach einem Sohn".

Sulamith
Biblischer Name hebräischer Herkunft. Bedeutung: schulammith = „die Friedliche; die Unversehrte".

Suleika
Aus dem Arabischen. Bedeutung: „Verführerin".

Suletu
Aus dem Indianischen. Bedeutung: „fliegen wie ein Vogel".

Sulpizie
Auch: Sulpicia. Aus dem Lateinischen. Bedeutung: „aus dem römischen Geschlecht der Sulpicier".

Sultana
Aus dem Rumänischen nach dem türkischen Herrschertitel Sultan.

Sunhild(e)
→Swanhild(e).

Sunna
Auch: Sünne. Vermutlich aus dem Altfriesischen mit der Bedeutung „Sonne".

Susa
Italienische Kurzform von →Susanne.

Susan
Auch: Susann. Biblischer Name hebräischer Herkunft. Bedeutung: schuschan = „(rote) Lilie".

Susanka
Slawische Koseform von →Susanne.

Susanne
Auch: Susanna (ital.). Biblischer Name griechischer bzw. hebräischer Herkunft. Bedeutung: sousanna (griech.), schoshanna (hebr.) = „Lilie".

Susen
Schwedische Kurzform von →Susanne.

Susetta
Auch: Susette, Suzette. Italienische bzw. französische Verkleinerungsformen von →Susanna bzw. →Suzanne.

Susi
Auch: Susy, Suse. Kurzformen von →Susanne.

Suzanne
Französische Form von →Susanne.

Suzu
Aus dem Japanischen. Bedeutung: „Glöckchen".

Svane
Kurzform von Namen, die mit „Swan-" (= Schwan) beginnen.

Svea
Aus dem Schwedischen. Bedeutung: „die Schwedin".

Svenja
Weibliche Form von →Sven.

Svetlana
Auch: Swetlana. Aus dem Russischen. Bedeutung: „hell".

Swana
Aus dem Althochdeutschen. Bedeutung: „Schwan". Auch Kurzform von Namen, die mit „Swan-" beginnen.

Swanburg
Aus dem Althochdeutschen. Bedeu-

tung: swan = „Schwan" und burg = „Schutz; Zuflucht".

Swanhild(e)
Aus dem Althochdeutschen. Bedeutung: swan = „Schwan" und hiltja = „Kampf".

Swante
Auch: Svante (schwed.). Kurzform von Svantopolk = „Kriegsvolk".

Swantje
Auch: Swaantje, Swaneke. Friesische Formen von Namen, die mit „Swan-" beginnen.

Swetlana
Auch: Svetlana. Aus dem Russischen. Bedeutung: swetly = „hell".

Swidgard
Aus dem Althochdeutschen. Bedeutung: swinde = „stark; geschwind" und gard = „Hort; Schutz".

Swinde
Aus dem Althochdeutschen. Bedeutung: swinde = „stark; geschwind".

Sybil
Auch: Sybille. →Sibylle.

Sylvaine
Französische Form von →Silvana.

Sylvia
Finnische und schwedische Form von →Silvia.

Sylvie
Auch: Silvie. Französische Formen von →Silvia.

Sylvette
Französische Form von →Silvetta.

Sylviane
Auch: Sylvianne. Weiterbildungen von →Silvia, →Sylvia.

Syrina
Erweiterte Form von →Siri(n).

T

Tabea
Lateinische Form von →Tabitha.

Tabitha
Auch: Tabita. Biblischer Name griechischer Herkunft. Bedeutung: „Gazelle".

Tahire
Aus dem Arabischen. Bedeutung: „rein; sauber".

Taima
Aus dem Indianischen. Bedeutung: „Donnerhall".

Takara
Aus dem Japanischen. Bedeutung: „Schatz".

Takenya
Aus dem Indianischen. Bedeutung: „zustoßender Falke".

Taki
Aus dem Japanischen. Bedeutung: „Wasserfall".

Takuhi
Aus dem Armenischen. Bedeutung: „Königin".

Tala
Aus dem Indianischen. Bedeutung: „Wolf".

Taleja
Auch: Taletta, Taleke, Tale. Niederdeutsche und friesische Kurzform von → Adelheid.

Talesia
Baskische Form von →Adelheid.

Talibe
Aus dem Türkischen bzw. Arabischen. Bedeutung: „Schülerin".

Talida
Andere Form von →Alida. Friesische Kurzform von →Adelheid.

Talika
Auch: Talka, Talke. Friesische Kurzform von →Adelheid.

Talitha
Aus dem Aramäischen. Bedeutung: „Mädchen".

Tallulah
Aus dem Indianischen. Bedeutung: „sprudelnde Quelle; fließendes Wasser".

Tamara
Biblischer Name hebräischer Herkunft. Bedeutung: tāmār = „Dattelpalme".

Tamina
Weibliche Form von →Tamino.

Tania
Romanische Form von →Tanja.

Tanja
Russische Kurzform von →Tatjana.

Tanjura
Andere Form von →Tatjana.

Tara
Aus dem Irisch-gälischen. Bedeutung: „Gipfel; Felsspitze".

Tasida
Aus dem Indianischen. Bedeutung: „Reiter(in)". (Auch als männlicher Vorname möglich!)

Tasja
Auch: Tassja. Russische Kurzformen von →Anastasia.

Tata
Russische Kurzform von →Tatjana bzw. →Natalja.

Tatjana
Auch: Tatiana. Aus dem Russischen lateinischer Herkunft. Nach Tatius, einem König der Sabiner und Mitregent des Romulus.

Tatsu
Aus dem Japanischen. Bedeutung: „Drache".

Tatum
Aus dem Amerikanischen, mittelenglischer Herkunft. Bedeutung: „die den anderen zujubelt".

Tawia
Aus dem Afrikanischen. Bedeutung: „die nach Zwillingen Geborene".

Teida
Friesische Kurzform von →Adelheid.

Tela
Auch: Tele. Friesische und niederdeutsche Kurzform von →Adelheid.

Telsa
Auch: Telse, Telseke. Niederdeutsche und friesische Kurzform von →Elisabeth.

Teodora
Italienische Form von →Theodora.

Teresa
Italienische, spanische und englische Form von →Theresa.

Teresita
Spanische Verkleinerungsform von →Teresa.

Terezie
Tschechische Form von →Theresa. Auch: Terézie (ungarisch).

Terzia
Aus dem Lateinischen. Bedeutung: tertia = „die Dritte".

Tess
Auch: Tessa, Tessy. Englische Kurzformen von →Teresa.

Tetja
Auch: Tetta. Friesische Kurzformen von Namen, die mit „Diet-" beginnen.

Tetsu
Aus dem Japanischen. Bedeutung: „Stahl".

Teudelinde
Auch: Theudelinde. Andere Form von →Theodelinde.

Thaddäa
Weibliche Form von →Thaddäus.

Thaddée
Französische Form von →Thaddäa.

Thao
Aus dem Vietnamesischen. Bedeutung: „Höflichkeit".

Thea
Kurzform von →Dorothea bzw. →Theodora.

Theda
Auch: Theite, Theida. Kurzform von → Adelheid.

Thekla
Aus dem Griechischen. Ursprünglich: Theokleia. Bedeutung: theós = „Gott" und kléos = „guter Ruf; Ruhm; Ehre".

Theoda
Kurzform von Namen, die mit „Theo-" beginnen.

Theodelinde
Auch: Theodolinde. Andere Form von →Dietlind(e).

Theodora
Auch: Theodore. Aus dem Griechischen. Bedeutung: theós = „Gott" und dōron = „Geschenk; Gabe".

Theodosia
Andere Form von →Theodora.

Theophora
Aus dem Griechischen. Bedeutung: theós = „Gott" und phorá = „das Tragen".

Theresa
Auch: Theres, Therese, Theresia. Aus dem Griechischen nach der Insel Thera (Ägais/Santorini).

Thérès(e)
Auch: Térèse. Französische Formen von →Theresa.

Theresina
Andere Form von →Theresa.

Thery
Auch: Thesi, Thesy. Kurzformen von →Theresa.

Thona
Kurzform von →Antonia.

Thusnelda
Auch: Thusnelde, Tusnelda. Vermutlich aus dem Althochdeutschen. Bedeutung: turs = „Riese" und hiltja = „Kampf".

Thymiane
Aus dem Griechischen. Bedeutung: „Räucherwerk".

Tiada
Auch: Tjada, Tiade, Tjade, Tjarde. Kurzformen von Namen, die mit „Diet-" beginnen.

Tiana
Kurzform von →Christiana.

Tiberia
Weibliche Form von →Tiberius.

Tibeta
Auch: Tibetha. Friesische Formen von →Dietberga.

Tida
Niederdeutsche und friesische Kurzform von →Adelheid.

Tiffany
Aus dem Amerikanischen griechischer Herkunft. Bedeutung: „Erscheinung Gottes".

Tilde
Auch: Thilde. Kurzformen von →Mathilde.

Tilla
Auch: Tilli, Tilly. Kurzformen von →Mathilde bzw. →Ottilie.

Tilse
Kurzform von →Elisabeth.

Tina
Auch: Tine, Tini. Kurzform von Namen, die mit „-tina" enden.

Tinette
Französische Verkleinerungsform von →Antoinette.

Tinka
Kurzform von →Katinka.

Tirza
Biblischer Name hebräischer Herkunft. Bedeutung: tir ´sāh = „Anmut; Lieblichkeit".

Tizia
Auch: Titia. Italienische Kurzform von →Lätizia bzw. →Tiziana.

Tiziana
Weibliche For von →Titianus.

Toma
Russische Kurzform von →Tamara.

Tona
Kurzform von →Antonia.

Toni
Auch: Tony. Kurzformen von →Antonia bzw. →Antonie.

Tonia
Kurzform von →Antonia.

Tonja
Kurzform von →Antonija.

Topsy
Friesische weibliche Form von →Tobias.

Tora
Auch: Thora. Nach dem germanischen Donnergott Thor.

Tordis
Auch: Thordis. Aus dem Nordischen. Bedeutung: Thor = germ. Donnergott und dis (altschwed.) = „Göttin".

Torgard
Auch: Thorgard. Aus dem Nordischen. Bedeutung: Thor = germ. Donnergott und gardh = „Hort; Schutz".

Torgerd
Schwedische Form von →Torgard.

Torgund
Auch: Thorgund, Torgun, Torgunn. Aus dem Nordischen. Bedeutung: Thor = germ. Donnergott und gund (althochdt.) = „Kampf".

Torhild
Auch: Torhilda, Törilla. Aus dem Nordischen. Bedeutung: Thor = germ. Donnergott und hiltja (althochdt.) = „Kampf".

Tori
Aus dem Japanischen. Bedeutung: „Vogel".

Torid
Auch: Thorid, Turid. Aus dem Nordischen. Bedeutung: Thor = germ. Donnergott und fridhr, fridu (althochdt.) = „Friede".

Torina
Auch: Thorina. Weiterbildungen von →Tora.

Toska
Auch: Tosca. Aus dem Italienischen. Bedeutung: „Frau aus der Toskana".

Tosja
Russische Kurzform von →Antonina bzw. →Antonija.

Tracy
Auch: Tracie. Englische Koseformen von →Therese.

Traude
Auch: Traudel, Traute. Kurzformen von →Gertraud.

Traudhild(e)
Aus dem Althochdeutschen. Bedeutung: trud = „Kraft; Stärke" und hiltja = „Kampf".

Traudlinde
Aus dem Althochdeutschen. Bedeutung: trud = „Kraft; Stärke" und lindi = „weich; zart; mild".

Treumunde
Aus dem Altsächsischen. Bedeutung: triuwi = „treu; wahr" und munt = „Schutz".

Treva
Aus dem Walisischen. Bedeutung: „die Häusliche".

Trina
auch: Trine. Kurzformen von →Katharina.

Trinette
Verkleinerungsform von →Trine.

Trinidad
Aus dem Spanischen. Bedeutung: „Dreieinigkeit".

Trix
Auch: Trixi, Trixa. Kurzformen von →Beatrix.

Trudberta
Aus dem Althochdeutschen. Bedeutung: trud = „Kraft; Stärke" und beraht = „glänzend".

Trude
Kurzform von →Gertrud.

Trudgard
Aus dem Althochdeutschen. Bedeutung: trud = „Kraft; Stärke" und gard = „Schutz; Hort".

Trudhild(e)
→ Traudhild(e).

Trudi
Auch: Trudy. Kurzformen von →Gertrud.

Trudlinde
→Traudlinde.

Tula
Aus dem Indisch-pakistanischen. Bedeutung: „die im Zeichen der Waage Geborene".

Tulla
Auch: Tulle. Kurzformen von Sankt →Ursula.

Tullia
Aus dem Irisch-gälischen. Bedeutung: „die Friedliche; die Stille".

Turid
→Torid.

Tusja
Russische Koseform von →Natalija.

Tyra
Auch: Thyra. Aus dem Schwedischen. Latinisierte Form des altdänischen Namens Thyrvi bzw. Torvi. Bedeutung: Thor = germanischer Donnergott und wig (althochdt.) = „Kampf".

U

Ubena
Ursprünglich Name eines Afrikadampfers, der 1945 Flüchtlinge aus der Bucht von Danzig nach Kopenhagen brachte.

Uda
Auch: Ude, Oda. Friesische Kurzformen von Namen, die mit „Od-" beginnen.

Udele
Andere Form von →Adele.

Ulani
Aus dem Hawaiischen. Bedeutung: „die Fröhliche".

Uletta
Romanische Verkleinerungsform von →Ulla bzw. Ula.

Ulfhild
Andere Form von →Wolfhild.

Ulima
Aus dem Arabischen. Bedeutung: „die Weise".

Ulita
Auch: Ulitta. Russische Kurzformen von →Julieta bzw. →Julia.

Uljana
Russische Kurzform von →Juliana.

Ulla
Auch: Ula. Kurzformen von →Ursula. Oder schwedische Kurzform von →Hulda.

Ulrika
Dänische und schwedische Form von →Ulrike.

Ulrike
Aus dem Althochdeutschen. Bedeutung: uodal = „Erbgut; Heimat" und rihhi = „mächtig; reich". Weibliche Form von →Ulrich.

Ulrique
Französische Form von →Ulrike.

Ultima
Aus dem Lateinischen. Bedeutung: „die Letzte; (das letzte Kind)".

Uma
Aus dem Indisch-pakistanischen. Bedeutung: „Mutter".

Umay
Aus dem Türkischen. Bedeutung: „Hoffnung".

Umeko
Aus dem Japanischen. Bedeutung: „Kind der Pflaumenblüte".

Una
Aus dem Englischen irischer Herkunft. Ursprünglich: Oona. Bedeutung: uan = „Lamm".

Undine
Aus dem Lateinischen. Bedeutung: unda = „Welle". (Weiblicher Geist; Nixe; Meerjungfrau).

Urania
Aus dem Griechischen. Bedeutung: „Himmel".

Urmina
Niederländische Nebenform von →Hermine.

Ursa
Aus dem Lateinischen. Bedeutung: ursus = „Bär".

Ursel
Kurzform von →Ursula.

Ursetta
Verkleinerungsform von →Ursina.

Ursina
Auch: Ursine. Schweizerische Form von →Ursula.

Ursola
Spanische Form von →Ursula.

Ursula
Verkleinerungsform von →Ursa.

Ursulina
Romanische Form von →Ursuline.

Ursuline
Auch: Ursulane. Nach einer Novizin der „Ursulinen". (Klostergemeinschaft nach der Hl. Ursula).

Uta
Auch: Utta, Ute. Aus dem Althochdeutschen. Ursprünglich: Uota. Andere Form von →Oda.

Utina
Aus dem Indianischen. Bedeutung: „Frau meines Landes".

Utlinde
Andere Form von →Otlinde.

V

Valborg
Nordische Form von →Walburga.

Valenta
Aus dem Lateinischen. Bedeutung: valens = „gesund sein; sich wohl fühlen".

Valentina
Auch: Valentine. Weiterbildungen von →Valenta.

Valeriane
Weiterbildung von →Valerie.

Valerie
Auch: Valeria. Aus dem Lateinischen. Bedeutung: valere = „gesund, stark sein".

Valerija
Russische Form von →Valerie.

Valeska
Polnische Form von →Valerie. Auch Verkleinerungsform von →Vladislavka.

Vanadis
Beiname der nordischen Göttin Freya.

Vanda
Italienische und schwedische Form von →Wanda.

Vanessa
Bekannt durch Jonathan Swifts Gedicht „Cadenus und Vanessa" (1726), nach einem Anagramm des Namens seiner Geliebten Esther Vanhomrigh.

Vania
Auch: Vanja. Vermutlich aus dem Russischen, eine Wortdrehung des männlichen Namens →Ivan bzw. →Iwan.

Vanna
Kurzform von →Giovanna.

Varena
Rätoromanische Form von →Verena.

Varinka
Slawische Koseform von →Warwara.

Vega
Aus dem Arabischen. Bedeutung: „die Untergehende" (nach dem Stern Wega).

Velvet
Aus dem Englischen. Bedeutung: „Samt".

Velvina
Auch: Velvor. Amerikanische Weiterbildungen von →Velvet.

Venetia
Aus dem Lateinischen. Bedeutung: „aus Venedig (Venetien) stammend".

Venus
Aus dem Lateinischen. Bedeutung: „Liebreiz; Sinnlichkeit". Nach der römischen Göttin der Liebe.

Vera
Auch: Wera (slaw.). Aus dem Russischen. Bedeutung: vera = „Glaube". Auch Kurzform von →Verena oder →Veronika.

Verena
Selbstständige (Kurz)Form von →Veronika.

Vérène
Französische Form von →Verena.

Verita
Aus dem Lateinischen. Bedeutung: „Wahrheit".

Verona
(Kurz)Form von →Veronika.

Veronika
Aus dem Griechischen. Ursprünglich: →Berenike, Beronike. Bedeutung: phērēnikē = „Siegbringerin". Oder auch aus dem Lateinischen mit der Bedeutung vera ikon = „wahres Bild" (aus der Bibel, nach der Veronika Christus das Schweißtuch gereicht hat).

Véronique
Französische Form von →Veronika.

Veruschka
Russische Koseform von →Vera.

Vesta
Aus dem Lateinischen. Bedeutung: „Herd".

Veva
Auch: Vevi. Kurzformen von →Genoveva.

Vibeke
Dänische Form von →Wibke.

Vicki
Auch: Vicky. Kurzformen von →Viktoria.

Vida
Auch: Vidette. Englische Kurzform von →Davida.

Vidonia
Aus dem Portugiesischen. Bedeutung: „Weinrebe".

Viktoria
Auch: Victoria. Aus dem Lateinischen. Bedeutung: vincere = „siegen".

Viktorina
Auch: Viktorine. Weiterbildungen von →Viktoria.

Viliana
Aus dem Russischen. Vermutlich Neubildung aus den Initialen Vladimir Lenins.

Vilja
Aus dem Finnischen ungarischen Ursprungs. Bedeutung: „Reichtum; Güte".

Vilma
Ungarische und litauische Form von →Wilma.

Vina
Aus dem Spanischen. Bedeutung: „vom Weinberg".

Vinzenta
Auch: Vinzentia, Vinzentina. Aus dem Lateinischen. Bedeutung: vincere = „siegen".

Viola
Aus dem Lateinischen. Bedeutung: „Veilchen".

Violetta
Italienische Form von →Viola.

Violette
Französische Verkleinerungsform von →Viola.

Virgilia
Ursprünglich ein altrömischer Familienname. Weibliche Form von →Virgil.

Virginia
Auch: Virginie. Aus dem Lateinischen. Bedeutung: virgo = „Jungfrau". Oder nach dem altrömischen Familiennamen Virginius.

Virna
Italienische Kurzform von →Virginia.

Vita
Kurzform von →Viktoria. Oder aus dem Lateinischen mit der Bedeutung „Leben".

Vittoria
Italienische Form von →Viktoria.

Viveka
Auch: Vivica. Schwedische Formen von →Vibeke.

Viviana
Auch: Viviane, Vivian. Aus dem Lateinischen. Bedeutung: vivus = „lebendig; lebhaft".

Vivien
Auch: Viviane. Englische Formen von →Viviana.

Vivienne
Französische Form von →Viviana.

Vladislavka
Polnische weibliche Form von →Wladimir.

Vlaska
Andere Form von →Valeska.

Volkberta
Aus dem Althochdeutschen. Bedeutung: folc = „Volk" und beraht = „glänzend".

Volkhild(e)
Aus dem Althochdeutschen. Bedeutung: folc = „Volk" und hiltja = „Kampf".

Vollina
Auch: Volle. Friesische Kurzformen von Namen, die mit „Volk-" beginnen.

Volma
Weibliche, friesische Form von →Volkmar.

Vreana
Rätoromanische Form von →Veronika.

Vreni
Auch: Vroni, Vrona. Kurzformen von →Veronika.

W

Wakanda
Aus dem Indianischen. Bedeutung: „Zaubermacht".

Walburg(a)
Auch: Walburge, Walborg, Walpurga, Walpurgis, Waldburga. Aus dem Althochdeutschen. Bedeutung: waltan = „walten; herrschen" und burg = „Schutz; Zuflucht".

Walda
Kurzform von Namen, die mit „Wald-" beginnen.

Waldegund(e)
Aus dem Althochdeutschen. Bedeutung: waltan = „walten; herrschen" und gund = „Kampf".

Waldtraut
Auch: Waltraut, Waltraud. Aus dem Althochdeutschen. Bedeutung: waltan = „walten; herrschen" und thrudhr (alt-

nord.) = „mutiges Weib" oder thrydh (altengl.) = „Kraft" oder trut (althochdt.) = „lieb; treu".

Walfriede
Aus dem Althochdeutschen. Bedeutung: waltan = „walten; herrschen" und fridu = „Friede".

Wallis
Aus dem Altenglischen. Bedeutung: „die aus Wales Stammende".

Wally
Auch: Walli. Kurzformen von →Walburga, →Valerie oder →Valentine.

Walpurga
→Walburga.

Waltheide
Aus dem Althochdeutschen. Bedeutung: waltan = „walten; herrschen" und heit = „Art; Wesen".

Walthild(e)
Aus dem Althochdeutschen. Bedeutung: waltan = „walten; herrschen" und hiltja = „Kampf".

Waltraud
→Waldtraut.

Waltrud
Auch: Waltrudis, Waltrude. →Waldtraut.

Waltrun
Aus dem Althochdeutschen. Bedeutung: waltan = „walten; herrschen" und runa = „Geheimnis; Zauber".

Wanda
Auch: Wandula, Wandala, Wendila. Aus dem Slawischen. Bedeutung: „die Wendische; die Slawische". Oder nach dem Stammesnamen der Wandalen (Vandalen).

Wanja
→Vanja. (Auch als männlicher Vorname möglich!)

Warenka
Russische Koseform von →Barbara.

Warja
Russische Kurzform von →Barbara.

Warwara
Russische Form von →Barbara.

Weda
Auch: Wedeke, Weede. Aus dem Althochdeutschen. Bedeutung: witu = „Wald". Weibliche Form von →Wedekind.

Welda
→Walda.

Wellemina
Rheinische und friesische Form von →Wilhelmina bzw. →Wilhelma.

Welmot
Auch: Welmuth. Friesische Formen von →Wilmut.

Wendelburg
Aus dem Althochdeutschen. Bedeutung: wendel = Stammesname der Wandalen und burg = „Schutz; Zuflucht".

Wendelgard
Aus dem Althochdeutschen. Bedeutung: wendel = Stammesname der Wandalen und gard = „Hort; Schutz".

Wendeline
Selbständige Kurzform von Namen, die „Wendel-" beginnen.

Wendy
Auch: Wendi. Kurzformen von Namen, die mit „Wendel-" beginnen.

Wendila
Auch: Wendula. →Wanda.

Wenona
→Winona.

Wera
→Vera.

Werna
Kurzform von Namen, die mit „Wern-" beginnen.

Wernburg
Aus dem Althochdeutschen. Bedeutung: warjan, werjan = „wehren" und burg = „Schutz; Zuflucht".

Werngard
Aus dem Althochdeutschen. Bedeutung: warjan = „wehren" und gard = „Hort; Schutz".

Wernhild(e)
Aus dem Althochdeutschen. Bedeutung: warjan = „wehren" und hiltja = „Kampf".

Whitney
Aus dem Altenglischen. Bedeutung: „von der weißen Insel".

Wiberta
→Wigberta.

Wibke
Auch: Wibeke, Wiebke, Wiepke. Friesische Kurzformen von Namen, die mit „Wig-" beginnen.

Wibrande
→Wigbrand.

Wiburg
→Wigburg.

Wieka
Auch: Wieke. Niederländische Kurzformen von →Ludowi(e)ka.

Wigberta
Aus dem Althochdeutschen. Bedeutung: wig = „Kampf" und beraht = „glänzend".

Wigburg(a)
Aus dem Althochdeutschen. Bedeutung: wig = „Kampf" und burg = „Schutz; Zuflucht".

Wilfriede
Auch: Wilfride, Willfriede, Willefriede. Aus dem Althochdeutschen. Bedeutung: willo = „Wille" und fridu = „Friede".

Wilgard
Aus dem Althochdeutschen. Bedeutung: willo = „Wille" und gard = „Hort; Schutz".

Wilgund(e)
Aus dem Althochdeutschen. Bedeutung: willo = „Wille" und gund = „Kampf".

Wilhelma
Auch: Wilhelmine, Wilhelmina. Bedeutung: willo = „Wille" und helm = „Helm; Schutz".

Willa
Auch: Willia, Willi. Kurzformen von →Wilhelma.

Wilma
Kurzform von →Wilhelma bzw. →Wilhelmine.

Wilmken
Niederdeutsche Verkleinerungsform →Wilhelma bzw. →Wilhelmine.

Wilrun
Aus dem Althochdeutschen. Bedeutung: willo = „Wille" und runa = „Geheimnis; Zauber".

Wiltraud
Auch: Wiltrud. Aus dem Althochdeutschen. Bedeutung: willo = „Wille" und trud = „Kraft; Stärke".

Winema
Aus dem Indianischen. Bedeutung: „weiblicher Häuptling".

Winfrieda
Auch: Winfriede. Aus dem Althochdeutschen. Bedeutung: wini = „Freund" und fridu = „Friede".

Winifred
Andere Form von →Winfrieda.

Winnie
Englische Kurzform von →Winifred.

Winona
Aus dem Indianischen. Bedeutung: „erstgeborene Tochter".

Wintrud
Aus dem Althochdeutschen. Bedeutung: wini = „Freund" und trud = „Kraft; Stärke".

Wira
Aus dem Keltischen. Bedeutung: „die Freundliche vom Schloss".

Wisgard
Aus dem Althochdeutschen. Bedeu-

tung: wisi = „weise; erfahren" und gard = „Hort; Schutz".

Wisgund
Aus dem Althochdeutschen. Bedeutung: wisi = „weise; erfahren" und gund = „Kampf".

Wolfgund
Auch: Wolfgunde. Aus dem Althochdeutschen. Bedeutung: wolf = „Wolf" und gund = „Kampf".

Wolfhild(e)
Aus dem Althochdeutschen. Bedeutung: wolf = „Wolf" und hiltja = „Kampf".

Wolfrun
Aus dem Althochdeutschen. Bedeutung: wolf = „Wolf" und runa = „Geheimnis; Zauber".

Wolftraud
Auch: Wolftrud. Aus dem Althochdeutschen. Bedeutung: wolf = „Wolf" und trud = „Kraft; Stärke".

Wunna
Aus dem Althochdeutschen. Bedeutung: „große Freude; Wonne".

Wyanet
Aus dem Indianischen. Bedeutung: „schön".

Wynne
Aus dem Altwalisischen. Bedeutung: „blond; hell".

Wyomia
Andere Form von →Winona.

X

Xandra
Kurzform von →Alexandra.

Xaveria
Auch: Xaviera. Weibliche Form von →Xaver.

Xenia
Aus dem Griechischen. Bedeutung: „die Gastfreundliche". Oder Kurzform von →Polyxenia.

Xenja
Russische Form von →Xenia. Andere Form von →Axinja.

Xochil
Aus dem Mexikanischen. Bedeutung: „Blume".

Xylona
Aus dem Griechischen. Bedeutung: „Waldmädchen".

Y

Yaluta
Aus dem Indianischen. Bedeutung: „sprechende Frau(en)".

Yamka
Aus dem Indianischen. Bedeutung: „knospende Blume".

Yara
→ Jara.

Yarkona
Aus dem Hebräischen. Bedeutung: „grün".

Yasemin
Türkische Form von →Jasmin.

Yasiman
Indische Form von →Jasmin.

Yasmin
Auch: Yasmine. →Jasmin.

Yasu
Aus dem Japanischen. Bedeutung: „die Ruhige; die Friedliche".

Yemina
Aus dem Hebräischen. Bedeutung: „rechte Hand".

Yenene
Aus dem Indianischen. Bedeutung: „Zauberin".

Yetta
Aus dem Altenglischen. Bedeutung: „die Geberin".

Ylva
Aus dem Nordischen. Bedeutung: „Wölfin".

Yoki
Aus dem Indianischen. Bedeutung: „blauer Vogel".

Yoko
Aus dem Japanischen. Bedeutung: „Kind des Meeres".

Yola
Kurzform von →Yolanda.

Yolanda
Auch: Yolande, Yolanthe. →Jolanda.

Yon
Aus dem Birmanischen. Bedeutung: „Hase".

Yori
Aus dem Japanischen. Bedeutung: „die Vertrauenswürdige".

Yuki
Aus dem Japanischen. Bedeutung: „Schnee".

Yvette
Auch: Yvetta. Aus dem Französischen althochdeutschen Ursprungs. Bedeutung: iwa = „Eibe". Weibliche Form von →Yves.

Yvonne
Auch: Ivonne. Aus dem Französischen althochdeutschen Ursprungs. Bedeutung: iwa = „Eibe".

Z

Zada
Aus dem Arabischen. Bedeutung: „die Glückliche".

Zahide
Weibliche Form von →Zahit.

Zahra
Aus dem Arabischen. Bedeutung: „Blüte".

Zain
Aus dem Arabischen. Bedeutung: „hübsch".

Zala
Auch: Zalona. Zusatzname für bulgarische Namen mit der Bedeutung „gesund; heil".

Zandra
Englische Koseform von →Alexandra.

Zara
Auch: Zarah. Spanische Formen von →Sara bzw. Sarah.

Zarina
Weibliche Form von →Zarin.

Zatiye
Weibliche Form von →Zati.

Zawadi
Aus dem Afrikanischen (Suaheli). Bedeutung: „Geschenk".

Zäzilie
Deutsche Form von →Cäcilie.

Zdenka
Tschechische Form von →Sidonia.

Zelda
Englische Form von →Griselda.

Zelia
Nach der griechischen Göttin Zēlō.

Zella
Kurzform von →Marzella.

Zelma
Andere Form von →Selma.

Zena
Kurzform von →Zenobia.

Zenia
Englische Form von →Xenia.

Zenobia
Aus dem Griechischen. Bedeutung: zeno = „Zeus" und bios = „Leben".

Zenovia
Russische Form von →Zenobia.

Zenta
→ Senta.

Zerdali
Aus dem Türkischen. Bedeutung: „wilde Aprikose".

Ziena
Auch: Zientje. Friesische Kurzformen von →Gesina oder Namen, die mit „-sina" enden.

Zilia
Venezianische und baskische Form von →Celia bzw. →Celestina.

Zilla
Auch: Zilly. Kurzformen von →Cäcilia. Oder aus dem Hebräischen mit der Bedeutung: „Schutz".

Zina
Friesische Kurzformen von →Gesina oder Namen, die mit „-sina" enden.

Zinnia
Ursprünglich ein Blumenname.

Zippora
Biblischer Name hebräischer Herkunft. Bedeutung: sippōrāh = „Vöglein; Sperling".

Ziska
Auch: Zissi, Zissy. Kurzformen von →Franziska.

Zita
Auch: Cita. Aus dem Lateinischen. Bedeutung: citatus = „geschwind; schnell; flink".

Zoe
Aus dem Griechischen. Bedeutung: „Leben".

Zofia
Polnische Form von →Sophie.

Zölestine
→Cölestine.

Zora
Slawische Form von →Aurora.

Zorina
Auch: Zorine. Englische Formen von →Zora.

Zsa Zsa
Ungarische Form von →Susanne.

Zsuzsi
Ungarische Form von →Susanne bzw. Susi.

Zuleika
→ Suleika.

Zuri
Aus dem Afrikanischen (Suaheli). Bedeutung: „schön".

Zwaantje
Auch: Zwanette. Friesische Verkleinerungsformen von Namen, die mit „Swan-" beginnen.

Der große Namenstagskalender

Januar

1. Immanuel
2. Makarios, Gregor, Otfried, Basilius, Dietmar, Adelhard
3. Genoveva, Odilo, Adele, Telemach
4. Angelika, Angela, Christiane, Marius, Elisabeth, Anneliese
5. Emilia, Johann Nepomuk, Gerlach, Roger, Raphaela
6. Kaspar, Melchior, Balthasar, Gertrud
7. Reinhold, Valentin, Raimund, Sigrid, Knud
8. Severin, Erhard, Gudula, Thorsten
9. Adrian, Hadrian, Julian, Alice, Alexia
10. Paul, Paulus, Leonie, Gregor, Wilhelm, Pietro
11. Thomas, Theodosius, Paulinus
12. Ernst, Tatjana, Tanja, Xenia, Hilda, Antonio, Johann Kaspar
13. Jutta, Yvette, Hilmar, Helmar, Hildemar, Hilarius, Veronica
14. Rainer, Felix, Engelmar, Berno, Maria, Mira
15. Arnold, Mauro, Maurus, Deirdre, Dierdre, Habakuk, Francisco, Paul
16. Marcel, Marcellus, Tilman, Thilo, Till, Priscilla, Tasso, Dietwald
17. Anton, Antonius, Malwina, Rosalina, Rosalind, Sulpicius, Beatrix
18. Margitta, Margit, Margarethe, Priska, Ulfried, Uwe, Regina
19. Mario, Marius, Pia, Martha, Heinrich, Hagen
20. Fabian, Sebastian, Ursula, Ute
21. Agnes, Meinrad, Ines
22. Vinzenz, Dietlinde, Theodelinde, Gaudenz, Anastasius, Walther
23. Hartmut, Emerentia, Heinrich, Ildefons(o), Eugen, Reinhold, Nikolaus
24. Franz, Vera, Arno
25. Wolfram, Eberhard, Bodomar
26. Timotheus, Titus, Paula, Robert
27. Angela, Alrun, Alraun, Julian, Antonia, Tonia, Tonja, Georg
28. Thomas, Manfred, Caroline, Carola
29. Gerhard, Gerd, Gert, Josef, Valerius, Julius, Julian, Karl
30. Martina, Adelgunde, Serena, Balthilde, Mary, Clarissa
31. Johannes, Marcella, Eusebius, Emma, Luisa, Ludovica

Februar

1. Brigitta, Reginald, Barbara, Siegbert, Severus, Katharina
2. Bodo, Maria Katharina, Jakob, Alfred
3. Blasius, Oskar, Berlinda, Maria-Claudia, Maria-Helena
4. Andreas, Veronika, Rabanus Maurus, Gilbert, Johanna, Hektor
5. Agatha, Albuin, Adelheid, Melvin, Elke
6. Dorothea, Doris, Dorit, Dorthe, Aline, Gaston, Amand(us), Paul
7. Richard, Ava, Ronan, Moses
8. Elfrieda, Hieronymus , Jacoba, Jacqueline, Anna-Margareta, Annegret, Josefina, Philipp
9. Apollonia, Anne-Kathrin, Anna-Katherina, Alto, Aldo, Lona, Lambert, Erich
10. Scholastika, Siegmar, Silvano, Wilhelm, George
11. Maria Lourdes, Theodora, Theodor, Eleonora, Lore
12. Benedikt, Eulalia, Gregor, Helmward, Helfried, Reginald
13. Christina, Irmhild, Adolf, Castor, Gosbert, Jordan
14. Valentin, Cyrill, Method(ius)
15. Siegfried, Jovita, Georgia, Faustin, Friedrich
16. Juliana, Liane, Iliana, Pamela, Philippa, Pippa
17. Alexis, Alexius, Isfried, Lukas, Luca, Benignus, Marianne
18. Constanze, Konstantia, Simon, Simone, Simona, Angelico, Koloman
19. Irmgard, Irma, Hedwig, Hadwig, Bonifaz, Konrad, Corrado, Alvaro
20. Corona, Falko, Jacinta, Amata, Aimée, Eucharius, Heinrich, Leo
21. Petrus, Gunhild, Gunilla, Gunna, German, Irena, Irene, Enrica, Henrika
22. Isabella, Maralda, Mara, Margarita
23. Romana, Romina, Raffaela, Willigis, Otto
24. Matthias, Eunice, Edelbert,
25. Walburga, Walpurga, Adeltrud, Adelhelm, Sebastian, Bastian
26. Gerlinde, Ottokar, Edigna, Edna, Edina, Dionys, Denis, Dennis, Alexander
27. Gabriel, Marko, Markward, Baldur, August, Leander
28. Roman, Silvana, Siloana, Loana, Oswald, Sirin, Sira

(29. Oswald, August)

März

1. Albin, Roger, Leontina, Eudokia, Dunja, David, Rüdiger
2. Volker, Agnes, Karl, Hubert
3. Kunigunde, Camilla, Leif, Friedrich, Frederik, Tobias
4. Kasimir, Edwin, Odwin, Humbert, Christopher, Walburga
5. Gerda, Garda, Olivia, Dietmar, Ingomar
6. Fridolin, Nicola, Nicoletta, Coletta, Rosa, Amalie
7. Reinhard, Felicitas, Perpetua, Volker, Jean, Johannes
8. Johannes, Gerhard, Michael
9. Franziska, Francesca, Bruno, Dominik, Anne(tte), Gregor
10. Emil, Gustav, Maria-Elisabeth, Marlies, Marilies, John
11. Rosina, Euphrosina, Ulrich, Heinrich, Theresia
12. Beatrix, Almut, Adelmut, Serafina, Fina, Maximilian, Engelhard
13. Judith, Pauline, Leander, Gerald, Rodrigo, Roderick, Salomon
14. Mathilde, Eva, Evelyn, Eveline, Einhard
15. Klemens, Louise, Zacharias, Lucrezia
16. Herbert, Heribert, Rüdiger, Gundomar, Guntmar
17. Gertrud, Gertraud, Patrick, Patricius, Jan
18. Edward, Eduard, Sibylle, Sibilla, Cyrill
19. Josef, Josefa, Josefine, Marcel
20. Claudia, Wolfram, Gisbert, Irmgard
21. Christian, Axel, Emilia
22. Lea, Elmar, Reinhilde, Clemens-August
23. Otto, Rebekka, Marbod
24. Karin, Katharina, Elias, Heidelinde, Aldemar, Almar, Elmar, Margaret, Matthias
25. Annunziata, Dismas, Lucia, Maria-Rosa, Judith, Gracia
26. Ludger, Manuel, Manuela, Emanuel, Larissa, Lara
27. Augusta, Heimo, Ernst, Frowin
28. Guntram, Ingbert, Adelheid, Johanna
29. Helmut, Ludolf, Berthold, Ragnar, Gladys
30. Amadeus, Diemut, Armand, Roswitha
31. Cornelia, Conny, Nelly, Cora, Benjamin, Amos, Klemens

April

1. Irene, Irina, Chiona, Hugo, Nunio, Nuno
2. Franz, Maria, Mirjam, Sandra, Sandrina
3. Richard, Josepha, Dorothea
4. Isidor, Konrad, Kurt, Heinrich, Platon
5. Crescentia, Vinzenz, Juliane, Liane, Iliane
6. Sixtus, Wilhelm, Michael, Michele, Renata, Pierina, Petra
7. Ralph, Johann Baptist, Burkhard, Goran, Orsina, Orsolina
8. Walter, Beate, Rose-Marie
9. Waltraud, Waldetrud, Maria
10. Gernot, Notger, Holda, Hulda, Ezechiel, Engelbert, Maddalena, Magdalena
11. Stanislaus, Hildebrand, Rainer, Gemma
12. Herta, Julius, Zeno, Joana, Giuseppe
13. Ida, Gilda, Gildis, Martin
14. Ernestine, Erna, Elmo, Hedwig, Lidwina, Valerian
15. Anastasia, Una, Unna, Oona, Damian,
16. Bernadette, Magnus, Hartmut
17. Eberhard, Wanda, Isadora, Rudolf, Rolf
18. Werner, Wigbert, Alexander, Barbara
19. Gerold, Emma, Leo, Timo, Arminia
20. Odetta, Hildegund, Cornelia, Servanus, Christoph(er)
21. Alexandra, Sandra, Anselm, Anselma, Selma, Konrad
22. Alfred, Cajus, Kai, Kaj, Leonidas, Wolfhelm
23. Georg, Jörg, Jürgen, Adalbert, Gerhard, Teresa-Maria
24. Wilfried, Egbert, Virginia, Virna, Fidelis, Theodor
25. Markus, Marco, Franka, Hermann, Erwin
26. Helene, Jelka, Ilka, Consuela, Consuelo, Trudbert, Ratbert, Pedro
27. Zita, Petrus
28. Hugo, Pierre, Peter, Ludwig, Theodora, Vitalis
29. Katharina, Kathrin, Katja, Roswitha, Dieter, Dietrich
30. Pauline, Silvio, Silvius, Pius, Quirin, Rosamunde, Hildegard

Mai

1. Josef, Arnold, Augustin, Peregrin, Jeremias, Ricardo, Armin
2. Athanasius, Siegmund, Boris, Zoe, Antonin, Wibke
3. Philipp(us), Jakobus, Viola, Violetta, Alexander, Béla
4. Florian, Guido, Valeria, Martin, Brixius
5. Gotthard, Sigrid, Jutta
6. Gundula, Gunda, Antonia, Markward, Maria-Caterina, François
7. Gisela, Silke, Gila, Gilla, Gislinde, Notker, Gernot, Helga, Olga
8. Ida, Ulrike, Ulla, Klara, Friedrich, Friederike, Wolfhilde
9. Beat, Caroline, Volkmar, Ottokar
10. Isidor, Gordian, Liliana, Lilia, Damian, Solange, Job, Hiob, Antonin
11. Joachim, Jochen, Achim, Gangolf, Lucinda, Lucina, Francesco
12. Pankratius, Achileas, Imelda, Irmhild, Joan(n)a
13. Servatius, Rolanda, Orlanda, Fatima
14. Bonifatius, Ismar, Christian, Maria-Domenica, Korona
15. Sophie, Sonja, Hertraud, Hertrud, Rupert, Gerbert, Halvard, Heinrich
16. Johann Nepomuk, Adolf, Brendan, Brandon, Simon, Johann, Hans
17. Dietmar, Pascal, Antonella, Walter, Elga
18. Erich, Erik, Erika, Johannes, Burkhard, Alexandra, Felix
19. Ivo, Yvon, Yvonne, Kuno, Coelestin, August, Verena
20. Bernhardin, Elfriede, Mirella, Mira, Henrietta, Hendrina
21. Hermann, Wiltrud, Konstantin, Henning
22. Julia, Rita, Ortwin, Emil
23. Renate, Renata, Renée, Désirée, Desideria, Almerida, Alma, Quintus, Bartholomäus
24. Dagmar, Esther, Magdalena Sophie, Johanna, Susanna, Wendelin
25. Urban, Beda, Maria Magdalene, Gregor, Eilhard, Heribert
26. Marianne, Maria-Anna, Philipp, Elvin, Alwin, Alvis
27. August(in), Bruno, Randolph, Matthias
28. Wilhelm, Wilhelmine, German, Germain, Viktor, Margaret
29. Erwin, Irmtraud, Irmtrud, Maximin, Bona, Julia Anna
30. Ferdinand, Fernando, Johanna, Jeanne, Reinhild, Emmelia
31. Petra, Petronella, Mechthild, Helma, Helmtrud, Hiltrud, Siegwin

Juni

1. Simeon, Silka, Silvana, Konrad, Justin
2. Armin, Erasmus, Rasmus, Asmus, Blandina, Marcellinus, Petrus
3. Karl, Silvia, Silvana, Hildburg, Johannes
4. Christa, Klothilde, Iona, Yona, Jona, Quirin, Werner, Francesco
5. Winfried Bonifatius, Erika, Ferdinand
6. Norbert, Bertrand, Kevin, Claudius, Claude, Falk
7. Robert, Gottlieb, Anita, Ana, Bogumil, Sophie-Thérèse, Adolar, Eoban
8. Medardus, Elga, Ilga, Chlodwig, Giselbert
9. Grazia, Gratia, Annamaria, Annemarie, Ephraim, Primus, Felician, José
10. Diana, Heinrich, Heinz, Bardo, Eustachius
11. Paula, Barnabas, Alice, Jolenta, Jolanthe
12. Guido, Leo, Florinda, Fiorina, Mercedes
13. Antonius, Bernhard, Benilda, Bernhild, Randolf
14. Hartwig, Meinrad, Eppo, Burkhard
15. Veit, Vitus, Lothar, Gebhard, Germaine, Germana
16. Benno, Luitgard, Quirin, Julietta, Kunigunde
17. Adolf, Volker, Alena, Alinda, Alina, Rainer
18. Elisabeth, Ilsa, Ilse, Elsa, Marina, Maria Dolores, Markus, Roxana, Osanna, Rossana
19. Juliana, Giuliana, Romuald, Gervas(ius), Kriemhild, Michaela, Rathold, Modest, Andreas
20. Adalbert, Florentina, Florencia, Benina, Mafalda, Margarethe
21. Alois(ius), Aloisia, Alban, Ralf, Radolf
22. Rotraud, Thomas, John, Paulin(us), Achatius, Achaz, Eberhard
23. Edeltraud, Ortrud, Marion, Marie, Josef
24. Johannes, Reingard, Friso, Hannes, Hanno
25. Eleonora, Ella, Ellen, Lore, Nora, Dorothea, Dora, Doris, Dorit, Prosper, Gunthard, Wilhelm
26. David, Konstantin, Vigil(ius), Johannes, Otwin
27. Hemma, Heimo, Cyrill, Heimo, Crescens, Aureus, Maximus, Benvenuto
28. Harald, Ekkehard, Irenäus, Diethild, Vincenta
29. Peter, Paul, Gero, Judith, Salome, Notker
30. Otto, Bertram, Ehrentrud, Erich, Ernst

Juli

1. Dietrich, Aaron, Theobald, Dietwald, Eckart, Eckhard
2. Wiltrud, Sven, Peter, Jakob
3. Thomas, Ramon, Ramona, Anatol, Josef
4. Ulrich, Berta, Elisabeth, Hasso, Hatto, Wilhelm
5. Albrecht, Kira, Kyrilla, Kyra, Letizia, Anton(ius)
6. Marietta, Maria-Theresia, Maresa, Marisa, Godelewa, Dominica, Dominique
7. Willibald, Edelburga, Ethel, Edda, Firmin
8. Kilian, Amalia, Amelia, Edgar, Priscilla, Aquila, Maria
9. Veronika, Hermine, Pauline, Agilolf, Adrian
10. Knud, Engelbert, Raphael, Amalia, Amelie,
11. Olga, Oliver, Benedikt, Rachel
12. Siegbert, Henriette, Felix, Fortunat(us), Eleonore, Andrée, Andrea, Johannes
13. Heinrich, Sarah, Arno, Mildred, Silas, Johann Philipp
14. Roland, Camillo, Kamill(us), Goswin, Ulrich, Jacobus, Francisco
15. Bonaventura, Egon, Bernhard, Waldemar, Wladimir, Anne-Marie, Rudolf
16. Carmen, Irmgard, Marie-Madeleine, Maria
17. Gabriella, Charlotte, Angelika, Angelique, Donata, Alexius, Marina
18. Arnulf, Ulf, Arne, Friedrich, Frederik, Radegund(e)
19. Marina, Maren, Mara, Mascha, Reto, Bernold, Bernulf, Rufina, Justa
20. Margaretha, Greta, Grit, Elias, Volkmar, Bernhard
21. Daniel, Daniela, Stella, Stilla, Julia
22. (Maria) Magdalena, Marlene, Magda, Lena, Lenka, Maria, Elvira
23. Birgitta, Birgit, Britta, Berit, Birte, Appllinaris, Liborius, Marcia
24. Christoph(orus), Sieglinde, Christina, L(o)uise, Kunigunde
25. Jakob(us), Valentina, Thea, Herta, Thomas
26. Anna, Joachim, Jochen, Achim, Gloria, Dinah, Anja, Annika, Anita, Annette, Annina, Nina
27. Rudolf, Rolf, Raoul, Berthold, Pantaleon, Natalia, Maria-Graziella
28. Adele, Ada, Adela, Innozenz, Alfonsa, Beat
29. Martha, Olaf, Ladislaus, László, Lucilla, Flora
30. Ingeborg, Inga, Petrus, Botho, Beatrix, Leopold, Bogdan
31. Ignatius, Ignaz, Joseph, Germain, German

August

1. Alfons, Kenneth, Peter, Ewald
2. Eusebius, Adriana, Adrienne, Peter-Julian, Pierre-Julien
3. Lydia, August, Nikodemus, Benno
4. Johannes, Hannes, Hanno, Rainer, Sid(ney), Cecilia, Celina, Celia
5. Oswald, Dominica, Domenica, Eva-Maria, Jan(usz)-Henryk
6. Gilbert, Berta, Hermann, Jacqueline
7. Kajetan, Afra, Albert, Sixtus, Donato, Friedrich
8. Dominik(us), Cyriac, Elger, Hartwig
9. Edith, Altmann, Roman, Hademar, Franz
10. Laurenz, Laurentius, Lars, Astrid, Asta, Erik, Erich, Tibor
11. Klara, Philomena, Donald, Nikolaus, Susanna
12. Radegund(e), Innozenz, Hilaria, Leo, Carl
13. Hippolyt, Pontian, Marko, Marco, Cassian, Wigbert, Gertrude, Concordia, Johannes
14. Meinhard, Maximilian, Eberhard
15. Assunta, Arnulf, Mechthild, Adam, Napoleon
16. Stefan, Rochus, Rocco, Alfried, Theodor
17. Gudrun, Hyazinth, Janine, Jeannine, Janina, Amor
18. Helena, Elena, Eleni, Rainald, Rinaldo, Reinhold, Claudia
19. Sebald, Johann, Jean, Julius, Reglinde
20. Bernhard, Bernd, Ronald, Oswin, Samuel, Björn
21. Pius, Maximilian, Gracia, Baldwin, Balduin, Franz
22. (Maria) Regina, Timotheus, Timo, Tim, Siegfried
23. Rosa, Isolde, Zachäus, Matthias, Richhild(e)
24. Bartholomäus, Michaela, Emilia
25. Ludwig, Elvira, Ebba, Josef, Louis, Ebba
26. Patricia, Miriam, Teresa, Gregor
27. Monika, Gebhard, Vivian, Cäsar(ius)
28. Augustin(us), Adelinda, Adeline, Aline, Alinda, Elmar, Hermes
29. Sabina, Sabine, Verona, Beatrice, Theodora, Fedora
30. Felix, Heribert, Rebekka, Amadeus, Ingeborg
31. Raimund, Aidan, Paulinus, Sieglinde, Marcello

September

1. Verena, Ruth, Ägidius, Noemi, Naomi, Pelagius, Josch(u)a
2. Ingrid, René, Salomon, Apollinaris, Oliver
3. Gregor, Silvia, Phoebe, Sophia, Sonja, Yvon, Denis, Gilbert
4. Rosalie, Rosalia, Ida, Iris, Irmgard
5. Roswitha, Urs, Hermine, Marie-Therese
6. Magnus, Gundolf, Bertram, Alexis
7. Regina, Otto, Ralph, Stefan, Markus, Melchior
8. Adrian, Hadrian, Belina, Sergius, Allan, Alain
9. Otmar, Edgar, Pedro, Petrus, Emma
10. Diethard, Isabella, Isabel, Carlo, Karl, Nikolaus
11. Helga, Felix, Regula, Ludwig, Josef Christian
12. Maria, Marika, Mara, Maja, Mareike, Maika, Gerfried, Guido
13. Notburg(a), Tobias, Johannes, Aimée, Amata
14. Albert, Cornelius, Cornelia, Conan
15. Dolores, Melitta, Melissa, Roland, Gustav, Godelinde
16. Ludmilla, Cornelius, Milena, Edith(a)
17. Hildegard, Robert, Ariane, Ariadne, Colomba, Columba, Paloma
18. Lambert, Herlinde, Ricarda, Reinfried, Joseph
19. Wilhelmine, Wilma, Januarius, Theodor, Igor
20. Hertha, Eustach(ius), Candida, Susanna, Fausta, André Kim, Paul Chong
21. Matthäus, Deborah, Jonas, Moira, Maureen, Iphigenia, Gerolf
22. Mauritius, Moritz, Maurizio, Gunhild, Wolftraud
23. Linus, Thekla, Gerhild, Rotraud, Pio, Pius
24. Rupert, Virgil, Gerhard, Hermann, Mercedes
25. Klaus, Nikolaus, Serge, Sergej, Irmfried, Immo
26. Kosmas, Damian, Cosima, Justine, Eugenie, René, Meinhard, Kaspar
27. Vinzenz, Hiltrud, Dietrich, Dirk, Siegmund, Gotthelf, Eberhard, Erhard
28. Wenzel, Lioba, Giselher, Lorenzo, Thiemo, Dietmar, Adelrich
29. Michael, Michaela, Gabriel, Gabriela, Raphael, Raphaela
30. Hieronymus, Urs, Victor, Alfred, Jerôme, Geronimo

Oktober

1. Remigius, Theresia, Emanuel, Manuel, Werner, Francisco, Franz
2. Gideon, Luitger, Gottfried, Balthasar
3. Ewald, Udo, Bianca, Adelgott
4. Franz, Edwin, Aurora, Quentin, Damaris
5. Herwig, Meinolf, Galina, Flavia, Placido, Attila, Anna
6. Bruno, Adalbero, Melanie, Renato, René, Maria-Nicola
7. Rosa Maria, Rosemarie, Justina, Jörg, Gerold
8. Günther, Laura, Hannah, Anna, Simeon, Demetrius
9. Sibylle, Sara, Dionysius, Johannes, Günther, Gunther, Emanuela, Abraham
10. Viktor, Samuel, Gereon, Cassius, Florentius, Samuel, Daniel, Daniela
11. Alexander, Sascha, Lex, Sandro, Bruno, Jakon, Manuela, Maria, Edelburga, Edda
12. Maximilian, Horst, Pilar, Herlinde, Serafin, Jakob
13. Koloman, Edward, Eduard, Belinda, Gerald, Reinwald
14. Burkhard, Calixtus, Fausto, Hildegunde
15. Theresia, Teresa, Thekla, Aurelia
16. Hedwig, Gallus, Gordon, Margaretha
17. Rudolf, Marie-Louise, Augusta, Gabriella, Ignatius
18. Lukas, Gwen, Gwendolin, Joel, Petrus, Justus
19. Frieda, Isaak, Jean, Paul, Laura, Daphne
20. Wendelin, Ira, Irina, Irena, Vitalis, Anna, Annina, Nina, Franz-Alexander
21. Ursula, Ulla, Celina, Celine, Selina, Irmtraud, Constanze, Clementine
22. Cordula, Cora, Corinna, Salome, Ingbert, Ulbert, Blandina
23. Johannes, Severin, Sören, Uta, Oda, Bertrand
24. Anton(ius), Armella, Alois, Aloisia, Nathan
25. Ludwig, Lutz, Darja, Daria, Chlodwig, Arnold
26. Amandus, Amanda, Albin, Wieland, Siegwald, Josephine, Eloïse
27. Sabina, Wolfhard, Christa, Vincent, Manfred
28. Simon, (Judas) Thaddäus, Alfred, Georg
29. Ermelinda, Melinda, Irmlinde, Linda, Ingold, Narziss(us)
30. Dieter, Alfons, Angelo, Rupert
31. Wolfgang, Quentin, Christoph, Notburg(a)

November

1. Harald, Luitpold, Arthur
2. Tobias, Angela, Margaretha, Marguérite
3. Hubert, Pirmin, Martin,Viktor, Ida, Winifred
4. Karl, Karla, Karoline, Modesta, Reinhard, Eilbert, Egilbert
5. Emmerich, Imre, Zacharias, Berthild(e), Bernhard, Bernd
6. Leonhard, Christine, Kerstin, Kirsten, Sibylle
7. Engelbert, Carina, Florentius, Ernst
8. Gottfried, Willehad, Claudio, Claudius, Johannes, Ian, Maximiliana
9. Theodor, Herfried, Roland, Rainulf, Arel(ius)
10. Leo, Andrea, Andreas, Jens, Johannes, Justus
11. Martin, Senta, Innozentia
12. Christian, Carsten, Kunibert, Levin, Liebwin, Diego
13. Eugen, Stanislaus, Livia, Carl, Herbert, Sieghard
14. Sidonia, Sidonius, Nikolaus, Wilfried, Bernhard
15. Leopold, Leopoldine, Albert, Marinus, Ilona, Helena, Arthur
16. Margarita, Otmar, Edmund
17. Gertrud, Hilda, Florin, Victoria, Gregor
18. Odo, Alda, Roman, Leonardo, Cosimo, Karolina
19. Elisabeth, Bettina, Tina, Lisa, Elisa, Else, Ilse, Lisbeth, Mechthild
20. Edmund, Corbinian, Felix
21. Amalberga, Amalie, Amelia, Alma, Elma, Amelie, Amelina, Melina, Amy, Rufus
22. Cäcilia, Silja, Silke, Celia, Celina, Lia, Lilly, Salvator, Philemon
23. Clemens, Klemens, Detlef, Columban, Felicitas, Felicia, Trudo, Trudbert
24. Flora, Albert, Herta, Andreas
25. Katharina, Kathrin, Katja, Käthe, Karen, Katinka, Elisabeth, Elsbeth, Egbert, Margaretha, Greta
26. Konrad, Kurt, Anneliese, Anna-Elisabeth, Niko, Delphina, Leonhard, Leonardo
27. Uta, Oda, Brunhild(e), Albrecht, Adalbert, Modest
28. Berta, Jakob, Hademund, Stephan, Noah
29. Friedrich, Friederike, Frieda, Jutta, Christine
30. Andreas, Andrea, Volkert, Volkhard, Gerwald, Griselda

Dezember

1. Blanka, Bianca, Natalie, Natascha, Eligius, Eloi, Edmund, Charles, Charlotte
2. Bibiana, Lucius, Jan, Hertha
3. Franz Xaver, Jason, Gerlinde, Attalia, Johann Nepomuk
4. Barbara, Johannes, Adolf, Christian, Osmond
5. Gerald, Reinhard, Niels, Nils, Anno
6. Nikolaus, Klaus, Denise, Dionysia, Henrike, Heike
7. Ambros(ius), Benedikte, Benedetta, Gerald
8. Edith, Sabine, Elfriede
9. Valerie, Liborius, Eucharius, Pierre, Reinmar, Abel
10. Emma, Imma, Loretta, Eulalia, Angelina, Joann-Georg, Diethard
11. Arthur, Tassilo, Daniel, David, Joseph
12. Johanna, Hartmann, Dietrich, Konrad, Hanna(h), Jana, Ivana, Janina, Jovanka, Joana
13. Lucia, Ottilia, Odilia, Jodok(us), Edda, Edburg(a)
14. Berthold, Johannes, Franziska
15. Christiane, Nina, Paola, Carlo, Wunibald
16. Adelheid, Heidi, Heide, Heidemarie, Heidrun, Sturmius, Albina, Dankrad, Reinhold, Elke
17. Lazarus, Jolanda, Viviana, Vivien(ne), Olympia, Johannes
18. Luise, Gratian, Samantha, Philipp, Nad(j)escha, Nadja, Nadina
19. Susanna, Benjamin, Edwina, Urban
20. Julius, Holger, Eike, Eiko, Eugen
21. Ingmar, Ingo, Peter, Dominik
22. Jutta, Francesca, Marian, Christian, Cäcilie
23. Victoria, Johannes, Margot, Marguerite-Marie, Dagobert, Ivo, Yves
24. Adam, Eva, Hanno, Constanca
25. Natalis, Noël, Noëllle, Anastasia, Eugenia, Petrus, Josefina
26. Stephan(us), Stephanie, Richlinde, Vinzenta, Vincenta
27. Johannes, Hannes, Fabiola, Rüdiger, Baldo
28. Mattea, Donna, Thaddäus
29. Thomas, David, Tamara, Jessica, Jonathan
30. Hermine, Ermina, Minna, Herma, Minka, Lothar, Germar, Elfrieda, Alfreda
31. Silvester, Sylvester, Melanie, Apollonia, Lona, Catherine-Zoë